Hermann Weber

„Weiße Flecken" in der Geschichte

Die KPD-Opfer der Stalinschen Säuberungen und ihre Rehabilitierung

isp-pocket 41

Auf Wunsch informieren wir Sie regelmäßig über das
Verlagsprogramm. Eine Postkarte an den isp-Verlag,
Postfach 11 10 17, D-6000 Frankfurt a. M. 1 genügt.

internationale sozialistische publikationen

isp-Verlag GmbH, Postfach 11 10 17, D-6000 Frankfurt a. M. 1
1. Auflage: März 1989
© isp-Verlag GmbH, Frankfurt a. M.
Druck und Bindearbeiten: Nexus Verlag, Frankfurt a. M.

ISBN 3-88332-166-4

Inhalt

Vorwort 7

1. Kapitel
Die Säuberungen 11

Die Stalinschen Säuberungen in der Sowjetunion 11
Die deutschen Opfer Stalins 16
Wer geriet in die Säuberungen? 23
Deutsche Kommunisten im Schauprozeß 1936 27
Der Umfang der Säuberungen 32

2. Kapitel
Die Rehabilitierungen 43

Die Haltung der deutschen Kommunisten nach 1945 43
Das „Biographische Lexikon" von 1970 48
Die Nennung von Namen als „Rehabilitierung"? 50
Die aktuelle Diskussion 55
Historische „Kenntnisse" eines Journalisten
und eines Kultusministers 60
Die SED und die Rehabilitierungen 65

3. Kapitel
Die Stalin-Opfer
Liste und biographische Daten 80

242 ermordete oder verschollene deutsche
Kommunisten 86
25 in der UdSSR Verhaftete, die überlebten 124

Anhang 130
ZK-Mitglieder der KPD in der Weimarer Republik 130
Die Mitglieder des Politbüros (Polbüro) der KPD
in der Weimarer Republik 132

Dokumente 134
  1 Resolution des ZK der KPD zu den
     konterrevolutionären trotzkistisch-
     sinowjewistischen Verbrechen gegen
     die Arbeiterklasse 134
  2 Das ZK der KPD an das ZK der KPdSU 137
  3 Verbalnote 138
  4 Die Agententätigkeit der Neumann-Gruppe 139
  5 A. J. Wyschinski „Gerichtsreden" 140
  6 Die Partei wird stärker, wenn sie ihre Reihen
     säubert! 141
  7 Günter Judick
     Kommunisten — von der Partei vergessen? 145
  8 Günter Judick
     „...weil sie auf jeden Fall Opfer ungerechter
     Verfolgung sind" 149
  9 Aus den „Thesen" des ZK der SED zum
     70. Jahrestag der Gründung der KPD 152
10 Hermann Weber
     Die „weißen Flecken" in der Geschichte 154
11 Siegfried Mendel
     Hermann Webers weiße Flecken 158
12 Leserbriefe an *Die Wahrheit*, Oktober 1988 160
13 Axel Lochner
     „Weiße Flecken" oder „weiße Weste"?
     Wir brauchen eine offene Geschichtsdebatte 163
14 Prof. Dr. Wadim Jerussalimskij
     Die neue Sicht der eigenen Geschichte 166
15 Roy Medwedjew
     Wer kennt die Opfer, nennt die Zahlen? 169

Verzeichnis der Abkürzungen 171

Personenregister 173

Über den Autor

Hermann Weber, Dr. phil. ordentl. Professor für Politische Wissenschaft und Zeitgeschichte, Leiter des Arbeitsbereichs „Geschichte und Politik der DDR" an der Universität Mannheim.

Geb. 1928 in Mannheim. 1947 bis 1949 SED-Parteihochschule „Karl Marx", danach Publizist. 1968 Promotion, 1970 Habilitation, 1973 apl. Professor, seit 1975 ordentl. Professor.

Zahlreiche Veröffentlichungen zu Theorie, Politik und Geschichte des Kommunismus, des Sozialismus und der Arbeiterbewegung. Hauptwerke: Die Wandlung des deutschen Kommunismus, 2. Bde., Frankfurt 1969; Geschichte der DDR, München 1985.

Weitere Veröffentlichungen u. a.: Konflikte im Weltkommunismus, München 1964; Demokratischer Kommunismus, Hannover 1969, 2. Aufl. Berlin (West) 1979; Lenin, Reinbek 1970, 12. Aufl. 1988; Das Prinzip links, Hannover 1973; Hauptfeind Sozialdemokratie. Strategie und Taktik der KPD 1929-1933, Düsseldorf 1981.

Letzte Veröffentlichungen: Die DDR 1945-1986 (Oldenbourg Grundriß der Geschichte, Bd. 20), München 1988; Kommunistische Bewegung und realsozialistischer Staat. Beiträge zum deutschen und internationalen Kommunismus. Hrsg. Werner Müller, Köln 1988; Kleine Geschichte der DDR, 2. Aufl. Köln 1988. Kommunistischer Widerstand gegen die Hitler-Diktatur 1933-1939, Berlin (West) 1988.

Vorwort

Im Oktober 1987 wurde ein internationaler Aufruf „Für die Rehabilitierung der Opfer der Moskauer Prozesse" veröffentlicht, den Wissenschaftler und Politiker in zahlreichen Ländern unterstützten. Nachdem der Oberste Gerichtshof der UdSSR am 4. Februar 1988 das Urteil gegen 20 (von 21) Angeklagte des dritten Moskauer Schauprozesses von 1938 (Bucharin u. a.) „wegen Nichtbestehens einer Straftat" aufhob, haben sich im April 1988 deutsche Unterzeichner an den Botschafter der UdSSR in Bonn gewandt, um ihm den Appell zur Rehabilitierung aller Opfer der Moskauer Prozesse zu überreichen. In dem von Jakob Moneta, Hermann Weber, Peter von Oertzen, Lew Kopelew und Winfried Wolf unterschriebenen Brief an den Botschafter hieß es u. a.:

„Erlauben Sie uns, sehr geehrter Herr Botschafter, Sie vor allem auch darauf hinzuweisen, daß zahlreiche deutsche Kommunisten — Männer und Frauen —, die auf der Flucht vor den Nazis Asyl in Ihrem Land suchten und fanden, ebenfalls zu denen gehören, die in der Stalin-Ära liquidiert worden sind. Obwohl die Unterzeichner nicht Mitglied der Kommunistischen Partei sind, halten wir es für angebracht alle Opfer der stalinistischen ‚Säuberung' zu rehabilitieren. Wir erinnern daran, daß zu ihnen Mitglieder des Politbüros der KPD gehörten wie Hugo Eberlein, Leo Flieg, Heinz Neumann, Hermann Remmele, Hermann Schubert, Fritz Schulte und Heinrich Süßkind. Zu ihnen gehörte der Leiter des Rotfrontkämpferbunds Willi Leow, der Leiter der Roten Hilfe Deutschlands Willi Koska, der Chefredakteur der ‚Roten Fahne' Werner Hirsch, der Jurist des ZK Felix Halle und der Parteitheoretiker Kurt Sauerland. Leider ist allein die Liste der deutschen kommunistischen Opfer noch sehr lang. Es gehören aber auch zu ihnen all jene Künstler wie Carola Neher, Schriftsteller, Intellektuelle und andere, die mit der Sowjetunion sympathisierten und gerade deshalb dort Asyl suchten, um dann als Feind und Verräter verleumdet und umgebracht zu werden".

Nach der Übergabe des Appells in der sowjetischen Botschaft am 29. April 1988 wurde auf einer anschließenden Pressekonferenz nochmals speziell auf das Schicksal deutscher Kommunisten in den Stalinschen Säuberungen aufmerksam gemacht. Das löste schon rasch eine Diskussion aus, die von der Entwicklung in der Sowjetunion noch forciert wurde. Dort rehabilitierte im Juni 1988 das Oberste Gericht sowohl die Angeklagten des Schauprozesses von 1936 (Sinowjew, Kamenew u. a.) als auch des Prozesses von 1937 (Radek, Pjatakow u. a.). Im Juli 1988 wurden Bucharin, Rykow und andere Angeklagte der Schauprozesse sogar wieder „posthum in die Partei" aufgenommen.

In der Bundesrepublik entzündeten sich heftige Diskussionen um die deutschen Opfer Stalins. Zunächst ging die DKP auf das Thema ein, in ihrem Organ „UZ" behauptete sie am 4. Mai „Sie sind alle rehabilitiert" und nannte 10 der 14 im Brief an die Botschaft erwähnten Personen (vgl. Dok. 7 im Anhang). Ende Juni behandelte die DKP die Verfolgung dann allerdings differenzierter (vgl. Dok. 8). Im Juni nahm auch die SED erstmals direkt zum Problem Stellung. In ihren „Thesen" zum 70. Jahrestag der KPD-Gründung verweist sie „zufällig" lediglich auf die gleichen 10 KPD-Führer, deren Namen schon in der „UZ" gestanden hatten (vgl. Dok. 9). Die folgenden Debatten griffen die Rehabilitierungen mehrfach auf (vgl. Dok. 10). Schließlich glaubte das SEW-Organ „Wahrheit", durch plumpe Verunglimpfung das Thema als erledigt „abhaken" zu können (vgl. Dok. 11). Doch Leserbriefe an das Westberliner Blatt (vgl. Dok. 12) zeigten, wie sehr die Mitglieder der DKP, der SEW und auch der SED das heikle Problem der KPD-Opfer der Stalinschen Säuberungen beunruhigt. Nachdem sowjetische Historiker nun auch die Säuberungen der Kommunistischen Internationale ansprachen, wurde auch außerhalb der Kommunistischen Parteien erkannt, daß die Säuberungen und Rehabilitierungen nicht nur ein historisches Ereignis sind, sondern sich darin vielmehr brisante politische Probleme verdeutlichen. Da aber noch immer konkrete Unterlagen über Hintergründe und Ausmaß der Stalinschen Verfolgungen unter den KPD-Führern fehlen, schien es geboten, endlich die Säuberungen sowie die Rehabilitierungen in einem Band zu thematisieren. Im Anhang sind Dokumente zur Thematik abgedruckt (Auslassungen durch drei Punkte in Klammern gekennzeichnet), wobei jeweils die Originalüberschriften beibehalten wurden. Vor allem aber soll in diesem Band — trotz der schwierigen Materiallage — gezeigt werden, wer von den deutschen Emigranten während der Säuberung verhaftet wurde oder umkam. Für Mithilfe bei dieser komplizierten Suche danke ich dem Mitarbeiter meines Lehrstuhls, Ulrich Mählert, der auch am Personenregister mitarbeitete. Insgesamt konnte mit 242 Personen die bisher umfangreichste Liste der KPD-Opfer der Stalinschen Säuberungen zusammengestellt werden. Da auch 25 verhaftete Funktionäre, die überlebten, aufgenommen sind, sowie 70 weitere Inhaftierte, werden fast 350 Verfolgte genannt. Soweit möglich wurden biographische Daten dieser Personen zusammengetragen. Bleibt zu hoffen, daß durch die Öffnung der sowjetischen Archive oder durch volle Rehabilitierung der Opfer bald noch genauere Daten vorliegen.

Autor und Verlag bitten alle Leser, die irgendwelche Hinweise zu den hier genannten oder anderen Opfern geben können, um Mitteilung.

Mannheim, im Februar 1989   Hermann Weber

1. Kapitel
Die Säuberungen

Die Stalinschen Säuberungen in der Sowjetunion

Die Ermordung deutscher Kommunisten im sowjetischen Exil ist nur in Zusammenhang mit den Stalinschen „Säuberungen" zu verstehen. Diese haben in der UdSSR zwischen 1936 und 1938 unzählige Opfer unter den sowjetischen Kommunisten gefordert, aber sie haben auch ausländische Kommunisten schwer getroffen. Die Säuberungen sind in der kritischen Literatur vielfach dargestellt worden.[1] Seit den Rehabilitierungen werden sie nun zunehmend auch von der sowjetischen Geschichtsschreibung thematisiert. Dabei stellte sich heraus, daß in den Stalinschen Säuberungen nicht nur über eine Million sowjetische Kommunisten ermordet wurden, sondern darüber hinaus breite Schichten der Bevölkerung. Jetzt haben die sowjetischen Historiker den Massenmord in Kuropaty (Belorußland) aufgedeckt, dem mindestens 100.000 Menschen zum Opfer fielen, die meist ohne Gerichtsverfahren umgebracht wurden. Heute beschreiben sowjetische Zeugen die unsäglichen Methoden: „Die Exekutionen erfolgten ebenfalls gruppenweise, jedoch nicht mit

---

1 Vgl. u. a. Roy Medwedew, *Die Wahrheit ist unsere Stärke. Geschichte und Folgen des Stalinismus.* Frankfurt 1973. — Hermann Weber, *Stalinismus. Zum Problem der Gewalt in der Stalin-Ära*, in R. Crusius und M. Wilke (Hrsg.), *Der XX. Parteitag und seine Folgen.* Frankfurt 1977 — Robert Conquest, *Am Anfang starb Genosse Kirow*, Düsseldorf 1970. — Joel Carmichael, *Säuberung*, Berlin (West) 1972. — Boris Lewytzkyi, *Vom roten Terror zur sozialistischen Gesetzlichkeit*, München 1961. — Zum Sinowjew-Prozeß vgl. Leo Sedow, *Rotbuch über den Moskauer Prozeß 1936. Trotzkis Sohn klagt an.* 4. Aufl. ISP-Verlag, Frankfurt 1988.

Genickschüssen. Die Opfer wurden in einer Front vor der Grube aufgestellt, jeder bekam einen Pfropfen in den Mund, der mit einem Lappen zugebunden wurde. Dann wurde aus dem Gewehr auf den Kopf der Person ‚an der Flanke' so geschossen, daß die Kugel zwei Menschen zugleich durchbohrte ... Sie sparten Patronen." Die meisten der Ermordeten waren einfache Leute, sie wurden offenbar „liquidiert", um das vorgegebene „Soll" an „Volksfeinden" zu „erfüllen". Von dieser ungeheuerlichen Seite der Säuberungen und dem dafür verantwortlichen Stalinismus distanziert sich jetzt ein sowjetischer Autor mit der Forderung: „Jeder anständige Mensch sollte den Stalinismus, diese widerwärtige, verlogene, bestialische und volksfeindliche Erscheinung bekämpfen."[2]

Die Zahl der im „Gulag" Inhaftierten jener Zeit wird auf über 10 Millionen geschätzt; da es Sippenhaft gab, waren auch die Familienangehörigen der Verhafteten von Repressalien betroffen. Die Säuberungen von 1936 bis 1938 (denen 1949 und nochmals 1952/53 Säuberungen folgten, die nach Stalins Tod im März 1953 schließlich abgebrochen wurden) verursachten einen Aderlaß der sowjetischen Kommunistischen Partei und darüber hinaus — was hier thematisiert werden soll — ausländischer Kommunisten.

Von den in Revolution und Bürgerkrieg führenden sowjetischen Kommunisten wurden die bekanntesten in der Säuberung 1936 bis 1938 verhaftet und ermordet. In drei großen, spektakulären „Schauprozessen" wurden über 50 maßgebliche Führer des Sowjetkommunismus vor Gericht gestellt: im August 1936 Sinowjew, der erste Vorsitzende der Komintern, Kamenew, der Stellvertreter Lenins als Regierungschef und weitere 14 Parteifunktionäre. Im Januar 1937 folgte der zweite Schauprozeß gegen ehemalige Politbüro- und ZK-Mitglieder wie Juri Pjatakow, Karl Radek (der lange Zeit die deutschen Kommunisten anleitete) und L. Serebrjakow sowie weitere führende Kommunisten. Schließlich standen im März 1938 21 Angeklagte vor Gericht, darunter der Parteitheoretiker und Nachfolger Sinowjews als Komintern-Vorsitzender Nikolai Bucharin (von Lenin einst „Liebling der Partei" genannt), Christian Rakowski, Führer der ukrainischen Sowjetrepublik, G. G. Jagoda, bis 1936

---

2 „*Moskau News*", Nr. 11, November 1988, S. 18.

Leiter der Geheimpolizei und N. N. Krestinski, der einzige, der sich zunächst weigerte, ein Geständnis abzulegen.

Für die Beschuldigungen wurden in den Schauprozessen keinerlei Beweise erbracht, zur Verurteilung genügten allein die absurden Geständnisse der Angeklagten. Ausgerechnet die Führer der Revolution von 1917, die die Sowjetunion begründeten, „gestanden" nun, sie wollten den Sowjetstaat abschaffen, den Kapitalismus restaurieren.

Daß diese Geständnisse mit Folter und psychischem Terror erpreßt wurden, ist durch offizielle Rehabilitierungen der Verurteilten 1988 offengelegt. Inzwischen kritisiert die sowjetische Geschichtsschreibung sowohl körperliche als auch seelische Foltern, betont aber zugleich: „Allerdings gab es auch Angeklagte, die der menschlichen Natur trotzten und durch nichts in die Knie zu zwingen waren. Laut Gerichtsakten wurden zum Prozeß Pjatakow-Radek 36 Fälle bearbeitet, von denen jedoch nur 19 verhandelt wurden. Ob wir die Namen der Unerschütterlichen je erfahren?"[3]

Die Parteiführer, die erschossen wurden, mußten zuvor in den Tribunalen erniedrigende Beschimpfungen über sich ergehen lassen. Und zwar vom Hauptankläger Wyschinski. Dieser hatte bezeichnenderweise 1917 noch die Menschewiki unterstützt und damals sogar einen Haftbefehl gegen Lenin unterschrieben. Wyschinski 1936: „Ich fordere, daß diese tollgewordenen Hunde allesamt erschossen werden."

Neben den Schauprozessen fanden zahlreiche Prozesse unter Ausschluß der Öffentlichkeit statt, so gegen Tuchatschewski und die Armeeführung im Juni 1937 und gegen die Altbolschewiki Jenukidse, Karachen u. a. im Dezember 1937. Ebenso gab es ungezählte Prozesse gegen regionale und lokale Parteichefs, aber auch Mitglieder in der Provinz. Noch größer war die Zahl der Parteiführer, die stillschweigend erschossen wurden, weil sie sich geweigert hatten, Geständnisse abzulegen. Die Folgen der Stalinschen Säuberungen von 1936 bis 1938 waren verheerend. Da eine Million Mitglieder der KPdSU verhaftet wurden und fast alle ums Leben kamen — wie der Sowjethistoriker Medwedjew berichtet — ist die Säuberung zur größten Kommunistenverfolgung aller Zeiten geworden. Vor allem aber vernichtete Stalins

---

3   J. Ambarzumov, *Die Opfer der Moskauer Schauprozesse sind rehabilitiert*, in: „*Moskau News*", Nr. 8, August 1988, S. 10.

Geheimpolizei die alte Garde des Bolschewismus, das gesamte Führungskorps aus der Revolutionszeit.

Zu Lenins Lebzeiten waren neben ihm folgende KP-Führer Mitglied des Politbüros: Swerdlow, er starb 1919; Bucharin, Kamenew, Krestinski, Rykow, Sinowjew und Serebrjakow, alle wurden in Schauprozessen verurteilt; Preobraschenski, ihn liquidierte das NKWD stillschweigend als „Volksfeind"; Tomski beging Selbstmord, und Trotzki wurde ermordet. Der einzige, der überlebte, war Stalin.

Dem Zentralkomitee gehörten in der für das Bestehen der Sowjetmacht entscheidenden Periode zwischen 1919 und 1921 insgesamt 25 Personen an. Davon starben vier vor den Säuberungen: Lenin, Dzierzynski, Artem und Stutschka. Zwei verloren allen Einfluß: Muranow und Stassowa. Allein zehn wurden in Schauprozessen verurteilt und hingerichtet: Sinowjew, Kamenew, Jewdokimow, I. N. Smirnow, Radek, Serebrjakow, Bucharin, Rykow, Rakowski und Krestinski. Vier wurden ohne öffentlichen Prozeß als „Volksfeinde" erschossen: Beloborodow, Preobraschenski, Rudsutak und Smilga. Tomski verübte Selbstmord, Trotzki wurde ermordet. Damit überlebten außer Stalin nur Andrejew und Kalinin die Säuberungen unbeschadet.

Von den 32 Mitgliedern des Politbüros zwischen 1919 und 1938 fielen nicht weniger als 17 der Säuberung zum Opfer. Die Schreckensbilanz ergibt weiter: 40 Mitglieder des Zentralkomitees der KPdSU wurden liquidiert, 18 frühere Volkskommissare (d. h. Regierungsmitglieder), 16 Botschafter und Gesandte, fast sämtliche Vorsitzende der einzelnen Republiken wurden erschossen oder kamen in der Verbannung in Sibirien um. Auch in der sowjetischen Armee wütete die Säuberung. Ihr fielen beinahe alle 80 Mitglieder des 1934 geschaffenen Obersten Kriegsrates und vermutlich 40.000 höhere Offiziere zum Opfer. Allein aus dem höheren Offizierskorps verschwanden: drei von fünf Marschällen (Tuchatschewski, Blücher, Jegorow), sowie 13 von 15 Armeekommandeuren. Sämtliche Befehlshaber der Marine wurden erschossen. Die Folgen dieser Dezimierung der Armeeführung 1937/38 bekam die Sowjetunion beim Überfall durch Hitler-Deutschland zu verspüren.

Doch selbst diejenigen Kommunisten, die Stalin zur Macht gebracht und immer treu zu ihm gestanden hatten, gerieten in die Mühlen der Säuberungen. Chruschtschow gab 1956 bekannt, daß von den Mitgliedern des ZK, das der XVII. Parteitag der KPdSU 1934 wählte, 70 Prozent „verhaftet und liquidiert wurden" und auch von den fast 2000 Delegierten 1108 Personen, also über die Hälfte, „unter der Beschuldigung gegenrevolutionärer Verbrechen verhaftet" wurden.

Terror und Gewalt nahmen 1938 unvorstellbare Formen an. Niemand, bis in die höchsten Spitzen des Staates und der Partei hinein, war davor sicher, Opfer Stalins, Jeschows und des NKWD zu werden. Der Kommunistenführer Barmine, zuletzt sowjetischer Gesandter in Athen, äußerte sich unmißverständlich:

> „Es war nicht die Liquidierung einer Verschwörung, es war nicht der Versuch feindlicher Parteien, es war nicht die Unterdrückung einer Opposition. Es war die systematische Vernichtung all jener, die mit ihrem klaren Verständnis der sozialistischen Sache gedient hatten und sich der kaltblütigen Verwandlung ihres Staates in einen totalitären Sklavenstaat widersetzten. Es war eine Gegenrevolution."[4]

Im März 1939 trat der XVIII. Parteitag der KPdSU zusammen, und Stalin verkündete nach der Säuberung, daß der „Sozialismus" nun endgültig aufgebaut sei. Die KPdSU zählte noch 1.600.000 Mitglieder, 300.000 weniger als vor der Säuberung (Mitglieder und Kandidaten zusammen gingen von 2,8 Millionen auf 2,47 Millionen zurück).[5] Nur etwa 20.000 Veteranen aus der Zeit vor 1918 waren 1939 übriggeblieben. Da die Partei 1918 immerhin 270.000 Mitglieder gezählt und es sich dabei meist um junge Menschen gehandelt hatte, muß der größte Teil der Altkommunisten bei den Stalinschen Säuberungen ausgeschlossen oder ermordet worden sein. 130.000 Mitglieder der Partei waren 1939 seit dem Jahre 1920 in der KP. Damals aber zählte die Kommunistische Partei 730.000 Mitglieder. Auch der Großteil dieser 600.000 Kommunisten ist wohl Stalin zum Opfer gefallen.[6] Innerhalb von 15 Jahren, zwischen 1923 und 1938, wurden

---

4 A. Barmine, *Einer der entkam.* Wien o. J. (1947), S. 453.
5 *Die Kommunistische Partei der Sowjetunion (KPdSU)*, Berlin (Ost) 1958, S. 90.
6 Vgl. Wolfgang Leonhard, *Schein und Wirklichkeit in der Sowjetunion*, Berlin (West) 1952, S. 68f. — Vgl. auch Roy Medwedew, *Wo blieb die eine Million verhafteter Kommunisten? „Archipel Gulag II"*, in: Rudi Dutschke/Manfred Wilke (Hrsg.), *Die Sowjetunion, Solschenizyn und die westliche Linke*, Reinbek b. Hamburg, 1975, S. 226 ff.

nicht weniger als 2,5 Millionen Mitglieder aus der KPdSU ausgeschlossen.

Die Säuberung stellte den folgenschwersten Einschnitt in der Sowjetgeschichte dar. Sie zog einen Schlußstrich unter die gesellschaftliche Entwicklung, die seit den zwanziger Jahren zur Herrschaft der Apparate, der hauptamtlichen Bürokratie unter Stalin geführt hatte. Nun wurden alle die Kräfte beseitigt, die durch ihre Verbundenheit mit der revolutionären Tradition der neuen Herrschaft gefährlich werden konnten.

Zugleich bildete die Säuberung den Ausgangspunkt zu einem neuen System. Schließlich steigerte sich die absolute Macht Stalins zu einer despotischen Willkürherrschaft, die erst nach seinem Tod 1953 und mit den ersten Schritten der Entstalinisierung unter Chruschtschow ab 1956 endete.

Die deutschen Opfer Stalins

Die Willkürherrschaft Stalins und seiner Gefolgsleute, insbesondere der Geheimpolizei, forderte nicht nur Opfer in der KPdSU. Repressalien richteten sich auch gegen die Führer der Kommunistischen Internationale. Die beiden Vorsitzenden der Komintern, Sinowjew und Bucharin wurden hingerichtet, zugleich der Apparat der Komintern fast völlig dezimiert. Die wichtigsten Führungskräfte wurden liquidiert. Ossip Pjatnizki, der Leiter des Organisationsbüros, wurde ebenso Opfer der Säuberung wie Jakob Mirow-Abramow, der Leiter der Abteilung Internationale Verbindungen (OMS), oder der Leiter der Kaderabteilung, Alichanow. Ermordet wurden Bela Kun, der ehemalige Führer der ungarischen Räterepublik und Leiter des Balkanreferats sowie Waldemar Knorin, der Leiter des Mitteleuropäischen Sekretariats. Mit diesen international bekannten Kominternfunktionären verhaftete und ermordete das NKWD auch deren wichtigste Mitarbeiter, dadurch wurden ganze Abteilungen des Kominterapparats, des EKKI, in den Säuberungen liquidiert.

Betroffen waren darüber hinaus die exilierten Parteileitungen. Die Führer der KP Polens wurden fast ausnahmslos ermordet, die Partei sogar wegen angeblicher Unterwanderung durch Agenten im August 1938 von Stalins Kominternführung aufgelöst. Diese Maßnahme wurde erst im Februar 1956 für „ungerechtfertigt" erklärt, die polnischen Kommunisten rehabilitierten ihre Opfer. Die jugoslawischen Kommunisten sollen durch die Säuberung 800 Tote zu beklagen haben, darunter vier ehemalige Generalsekretäre. Auch über 100 Funktionäre der italienischen Kommunisten sowie Mitglieder der Kommunistischen Parteien Rumäniens, Spaniens, der Schweiz (darunter Fritz Platten, der Lenins Rückreise 1917 organisiert hatte), Ungarns, Österreichs, Griechenlands, Irlands, Indiens und der drei baltischen Republiken wurden umgebracht.

Vor allem aber wurden auch deutsche Kommunisten verfolgt. Die KPD war seit 1933 durch das NS-Regime in die Illegalität gedrängt. Die Verfolgungen der Gestapo zwangen die Führung und viele Funktionäre ins Ausland zu flüchten, um von dort aus den Kampf gegen Hitler fortzusetzen. Dies war für die Emigranten schwierig, weil ihnen viele Exilländer nur zögernd Asyl gewährten und ihnen meist keinerlei politische Tätigkeit gestatteten, nicht einmal Arbeitserlaubnis gaben. So erhofften viele deutsche Kommunisten im sowjetischen Exil mit der Unterstützung der führenden Staatspartei KPdSU für sich — und oft auch Angehörige — eine bessere persönliche und politische Situation. Soweit die Parteiführung zustimmte, emigrierten daher Kommunisten in die UdSSR. Deren Verfassung von 1925 hatte in Artikel 12 festgelegt: „Die RFSR gewährt das Asylrecht allen Ausländern, die wegen ihrer Tätigkeit im Dienst der revolutionären Befreiungsbewegung Verfolgungen ausgesetzt sind." Und die Verfassung von 1936 enthielt in Artikel 129 den Passus: „Die UdSSR gewährt Bürgern auswärtiger Staaten, die wegen Verfechtung der Interessen der Werktätigen oder wegen wissenschaftlicher Betätigung oder wegen nationalen Befreiungskampfes verfolgt werden, das Asylrecht."

Die kommunistische Internationale Rote Hilfe schrieb im Zusammenhang mit dem schweren Los der deutschen Emigranten noch Anfang 1936: „Mit großer Genugtuung muß schließlich die Bedeutung und die Leistungen der Sowjetunion für die Gewährung des vollen Asylrechts hervorgehoben werden. Die Sowjetunion, in deren Verfassung das Asylrecht ausdrücklich verankert wurde, ist das einzige Land, das nicht nur allen verfolgten Freiheitskämpfern Asyl und Arbeit gibt, sondern auch die vollen politischen Rechte als gleichberechtigte Sowjetbürger gewährt."[7]

Auch von daher war die Erwartung groß, in der UdSSR sichere Zuflucht vor Hitler zu finden und dort Möglichkeiten für den Kampf gegen das NS-Regime zu haben. Gerade die deutschen Kommunisten hatten vor 1933 die Sowjetunion als ihr „Vaterland" bezeichnet und waren zugleich auf Stalin eingeschworen. Sie vertrauten nun auf die solidarische Hilfe der KPdSU Stalins.

Nur ein Teil der emigrierten deutschen Kommunisten gelangte allerdings in die Sowjetunion. Von den etwa 10.000 kommunistischen Flüchtlingen ging die Mehrzahl zunächst nach Frankreich und in die Tschechoslowakei, später nach England, kleinere Gruppen in die Schweiz und nach Schweden.

Die KPD hatte anfangs nur ihre besonders bekannten und daher gefährdeten Spitzenpolitiker ins Exil geschickt, untere Funktionäre sollten den Widerstand im Reich organisieren. Doch übersiedelten wegen der Gefahren durch immer neue Verhaftungswellen sämtliche Mitglieder des Politbüros im Herbst 1933 nach Paris. Die Führung wollte über sogenannte Grenzstellen den Widerstand im Innern anleiten. Dazu benötigte das Exil aber eine entsprechende Infrastruktur. So beorderte die KPD weitere Funktionäre in die Emigration. Da vor dem wachsenden Druck des Gestapo-Terrors ohnehin zahlreiche Kommunisten ins Ausland flüchteten, wuchs ihre Zahl im Exil ständig an. Das galt auch für das Führungskorps. Im Oktober 1935 berichtete Wilhelm Pieck auf einer KPD-Konferenz in Moskau, daß von den 422 leitenden Parteifunktionären in Deutschland 24 ermordet und 219 inhaftiert worden waren, aber 125 im Exil lebten. Bereits seit 1935 residierte der Kern des Politbüros in Moskau, und der Kreis ihrer Mitarbeiter im Parteiapparat nahm zu, immer mehr KPD-Funktionäre hielten sich inzwischen in der Sowjetunion auf.

Diejenigen führenden Kommunisten, die aus Hitler-Deutschland entkommen waren und sich nicht im Westen, sondern in sowjetischer Emigration befanden, gerieten nun zum überwiegenden Teil in die Mühlen der Stalinschen Säuberungen. Aber auch von den unteren Funktionären ebenso wie von progressiven Schriftstellern und Künstlern, die in den Jahren der Säuberung ab

---

7 „*Rundschau über Politik, Wirtschaft, Arbeiterbewegung*", Basel, Heft 13, 1936, S. 527.

1936 im sowjetischen Exil lebten, wurden viele verhaftet und ermordet. Die Liste der hier zusammengetragenen Namen der Stalin-Opfer ist lückenhaft. Solange die Archive der Forschung verschlossen bleiben, kann nur ein Teil der nach 1936 ermordeten deutschen Kommunisten namentlich aufgeführt werden, und es bleiben Fragen offen. Bei der schwierigen Quellenlage läßt sich bei einigen verschollenen Funktionären nicht mit Sicherheit sagen, ob sie in den Säuberungen umkamen. Auch dies wird thematisiert, etwa am Beispiel des Reichstagsabgeordneten Franz Doll. Bereits dieser Ansatz einer systematischen Erfassung läßt jedoch schon das geradezu ungeheuerliche Ausmaß der Verfolgungen erkennen.

Während der Stalinschen Säuberungen ab 1936 sind von den mehreren Tausend Kommunisten, die vor der Gestapo Zuflucht in der Sowjetunion gesucht hatten oder von der Partei dorthin delegiert waren, vermutlich Tausende inhaftiert und davon etliche hundert ermordet worden. Die deutschen Kommunisten hatten so gleichermaßen unter dem Terror ihres Erzfeindes Hitler und seiner Gestapo, aber auch Stalins und des NKWD also der eigenen Führung, zu leiden. So bestand die Tragödie dieser Stalin-Opfer vor allem darin, daß sie nicht wie die des Hitler-Terrors wegen ihres Widerstands von ihren schlimmsten Feinden inhaftiert, gefoltert und ermordet wurden, sondern von Gleichgesinnten, daß sie in den „Folterhöllen der NKWD" (so heute der sowjetische Historiker Jerussalimski[8]) auf Befehl ihres Idols Stalin fälschlich als Agenten der Gestapo beschimpft, ihrer Ehre beraubt und schließlich ermordet wurden. Es wäre gar nicht erstaunlich, wenn der Hinweis zuträfe, Hermann Remmele — einer der populärsten Führer der KPD, 1924 einige Monate Vorsitzender der Partei, der dann neben Ernst Thälmann (und Heinz Neumann) von 1929 bis 1932 die KPD leitete — sei im NKWD-Gefängnis irrsinnig geworden. Aus dieser Sicht war die Stalinsche Säuberung für die Kommunisten katastrophaler als der Hitler-Terror.

Bei einem Blick auf die Führungsorgane der KPD wird diese erschreckende Tatsache deutlich erkennbar. Die Spitze der KPD in der Weimarer Republik bildete das 1920 geschaffene Politische Büro, das Politbüro, damals Polbüro genannt. Von den

---

8 „*Unsere Zeit*" *(UZ)*, vom 2. Dezember 1988, S. 15.

43 Mitgliedern bzw. Kandidaten, die diesem Gremium zu irgendeinem Zeitpunkt zwischen 1920 und 1933 angehörten, fielen mehr Personen der Stalinschen Säuberung zum Opfer als dem Terror Hitlers.[9]

In Deutschland wurden zwischen 1933 und 1945 fünf Politbüro-Mitglieder aus der Zeit der Weimarer Republik ermordet: 1934 John Schehr, 1939 Walter Stoecker (der freilich nur drei Monate im Jahr 1924 dem Politbüro angehörte), 1943 Konrad Blenkle, 1944 Ernst Thälmann und Ernst Schneller. Werner Scholem, 1940 im KZ Buchenwald ermordet, gehörte zwar 1924 dem Politbüro an, er war aber bereits 1926 aus der KPD ausgeschlossen worden. In der Sowjetunion kamen während der Stalinschen Säuberungen fünf Mitglieder und zwei Kandidaten des Politbüros der KPD der Weimarer Republik ums Leben: Hugo Eberlein, Leo Flieg, Hermann Remmele, Hermann Schubert, Fritz Schulte sowie Heinz Neumann und Heinrich Süßkind. August Kleine-Guralski wurde in den Säuberungen verhaftet, überlebte aber.

Bei der Betrachtung des Schicksals der Mitglieder des Politbüros während einzelner Perioden sieht es noch unglaublicher aus. Von den zehn Mitgliedern und drei Kandidaten des Politbüros, das nach dem XI. KPD-Parteitag 1927 gebildet wurde, kamen in Deutschland zwei (Schneller und Thälmann), in der UdSSR aber drei Mitglieder (Eberlein, Flieg, Remmele) und ein Kandidat (Süßkind) ums Leben. Vom Politbüro, das sich nach dem XII. (und letzten) Parteitag der KPD 1929 aus 15 Mitgliedern und Kandidaten zusammensetzte, wurden Thälmann unter Hitler, aber Flieg, Neumann, Remmele und Schulte, also vier, unter Stalin ermordet. Ähnlich schlimm zeigt sich das Verhältnis bei den Mitgliedern, die 1932 und 1933 — also am Ende der Republik und beim Übergang in die Illegalität — die Partei leiteten: in Deutschland wurden zwei, John Schehr und Ernst Thälmann, ermordet, in der Sowjetunion fünf: Leo Flieg, Heinz Neumann, Hermann Remmele, Hermann Schubert und Fritz Schulte.

Das personell stärkere Führungsorgan der KPD war das Zentralkomitee (ZK). Das Schicksal seiner Mitglieder und Kandidaten ist von einer fast ähnlichen Tragik. Der Parteitag von 1927 hatte ein ZK mit 35 Mitgliedern gewählt (dazu zählten natürlich

9 Vgl. zur Zusammensetzung der Gremien die Liste im Anhang.

auch die Politbüro-Führer), von diesen wurden sechs in Deutschland ermordet (Karl Becker, Konrad Blenkle, Ernst Schneller, Georg Schumann, Walter Stoecker und Ernst Thälmann), aber ebensoviele in der Sowjetunion (Paul Dietrich, Hugo Eberlein, Leo Flieg, Arthur Golke, Hermann Remmele, Fritz Schulte). Mitglied des ZK war auch Willi Münzenberg, der in Frankreich vermutlich der Stalinschen Geheimpolizei zum Opfer fiel. Fraglich ist, ob als achtes Opfer der Säuberung nicht auch J. Biefang umkam. Von den 18 Kandidaten des ZK kamen vier (Karl Fischer, Ernst Grube, Joseph Hark und John Schehr) unter Hitler, drei (Willy Leow, Heinz Neumann, Heinrich Süßkind) unter Stalin ums Leben. Vergleichbar ist die Situation für das ZK, das vom XII. Parteitag 1929 gewählt wurde. Von dessen 38 Mitgliedern wurden sieben in Nazi-Deutschland ermordet, nämlich Ernst Grube, Walter Häbisch, Friedrich Lux, Rudolf Renner, Helene Rosenhainer-Fleischer, Walter Stoecker und Ernst Thälmann, sechs von ihnen aber in der UdSSR: Leo Flieg, Arthur Golke, Willy Leow, Heinz Neumann, Hermann Remmele und Fritz Schulte. (Außerdem Willi Münzenberg in Frankreich.) Von den 25 Kandidaten wurden in Deutschland sechs (Karl Fischer, Albert Kuntz, Siegfried Rädel, John Schehr, Albert Schettkat und Franz Stenzer) getötet und drei in der Sowjetunion (Hans Kippenberger, Willi Koska und Hermann Schubert).

Bei Berücksichtigung sämtlicher 131 Personen, die Mitglieder oder Kandidaten des ZK der KPD (bis 1925: Zentrale) in der Weimarer Republik waren, ist festzuhalten: In Hitler-Deutschland wurden 18 Parteiführer (außerdem der bereits 1925 ausgeschlossene Werner Scholem) ermordet, aber nicht weniger als 15 in den Säuberungen Stalins: Dietrich, Eberlein, Flieg, Golke, Kippenberger, Koska, Leow, Neumann, Remmele, Schimanski, Schubert, Schulte, Süßkind, Strötzel, sowie in Frankreich Münzenberg; und vielleicht als 16. Opfer J. Biefang.

Von allen kommunistischen Abgeordneten des Reichtages der Weimarer Republik kamen 36 als Opfer der Hitler-Diktatur ums Leben (außerdem Scholem), aber auch 13 während der Stalinschen Säuberungen (Theodor Beutling, Willi Budich, August Creutzburg, Paul Dietrich, Hans Kippenberger, Willi Koska, Willy Leow, Heinz Neumann, Hermann Remmele, Hermann Schubert, Fritz Schulte, Max Strötzel sowie Willi Münzenberg), außerdem vermutlich Franz Doll. Von den hundert Abgeordneten der KPD im letzten frei gewählten Reichstag von 1932 konnten zwar 29 emigrieren, doch davon kamen sieben dann in den Moskauer Säuberungen ums Leben (außerdem wurde Willi Münzenberg ein Opfer, 27 ermordeten die Nazis).

In den Säuberungen kamen auch Abgeordnete des Preußischen Landtages um (Leo Flieg, Arthur Golke, Johanna Ludewig, Hermann Schubert, Fritz Schulte, Johann Skjellerup), des Württembergischen Landtags (Karl Schneck) und der Hamburger Bürgerschaft (Paul Dietrich, Ernst Franke, Hans Kippenberger, Alfred Levy, Heino Meyer und Willy Presche).

Schließlich noch ein Blick auf die Gründer KPD 1918. Von den 127 Delegierten konnten 99 erfaßt werden. Davon wurden vier 1919 von den Rechten ermordet (Karl Liebknecht, Rosa Luxemburg, Leo Jogiches, Eugen Leviné). Unter Hitler kamen nach 1933 vier in Deutschland gewaltsam ums Leben (Karl Minster — der sich bereits 1920 von der KPD getrennt hatte —, Karl Becker, Karl Schulz und Ulrich Rogg), aber sieben der KPD-Gründer fielen später den Stalinschen Säuberungen zum Opfer: Hugo Eberlein, Otto Dattan, Werner Hirsch, Max Levien, Edwin Morgner, Fritz Sturm und Felix Wolf).

Auch ein Blick auf das Schicksal des gesamten Führungskorps der KPD (ZK, Abgeordnete, Führer der Bezirke, der Massenorganisationen usw.) läßt erschrecken.[10] Von den 504 Funktionären des Zeitraums 1924 bis 1929 wurden 86 Opfer Hitlers und 43 Stalins. Von den 376 Funktionären des Zeitraums 1929 bis 1935 ließ Hitler 102 und Stalin 27 ermorden.

Mit Recht stellt die Geschichtsforschung inzwischen fest, daß die KPD von allen politischen Richtungen in Deutschland unter der NS-Diktatur die meisten Opfer brachte. Die Tragödie dieser Partei ist freilich, daß von ihren führenden Funktionären nicht nur viele im Widerstand ihr Leben verloren, sondern ein Großteil Opfer der Stalinschen Säuberungen wurde.

Als Ergebnis einer Untersuchung über die Opfer der KPD während der Hitler-Diktatur, aber eben auch während der Stalinschen Säuberungen, bleibt zunächst einmal der große Aderlaß bei ihrer Führung wie im gesamten Funktionärskorps festzuhal-

---

10 Zur Zusammensetzung des Führungskorps und den Biographien vgl. Hermann Weber: *Die Wandlung des deutschen Kommunismus. Die Stalinisierung der KPD in der Weimarer Republik*, Bd. 1 und 2. Frankfurt/M. 1969.

ten. Dabei sei erneut betont, daß eine solche Gegenüberstellung nicht beabsichtigt, den Terror des NS-Regimes zu bagatellisieren. In Deutschland sind zwischen 1933 und 1945 Tausende Kommunisten ermordet worden. Wären kommunistische Funktionäre, die in die Stalinschen Säuberungen gerieten, in die Hände der Gestapo gefallen, hätte man sie wahrscheinlich in Deutschland ermordet. Das ändert nichts an der Tragödie, die der deutsche Kommunismus durch die Stalinschen Säuberungen erlitt, die ein Verhängnis für das kommunistische Exil waren. Außerdem bleibt auch die Frage offen, ob nicht von den vielen geflüchteten KPD-Funktionären noch mehr in die Moskauer Säuberungen geraten wären, wenn sie nicht im westlichen Ausland Aufnahme gefunden hätten.

Wer geriet in die Säuberungen?

Auffallend ist zunächst, daß besonders viele Spitzenfunktionäre der KPD in die Verfolgungen der Stalinschen Säuberungen gerieten. Dies zeigt ein Blick auf das Schicksal derjenigen Parteiführer, die sich nach 1936 im sowjetischen Exil befanden. Bereits vor den Säuberungen verstarb von den Mitgliedern des Politbüros der Jahre 1932/33, die sich in der Sowjetunion aufhielten, Fritz Heckert. Nur drei Mitglieder, Wilhelm Florin, Wilhelm Pieck und Walter Ulbricht, überlebten die Säuberung, fünf Personen dieses Führungsgremiums wurden ermordet: Flieg, Neumann, Remmele, Schubert, Schulte.

Während der Säuberungen 1936 bis 1938 befanden sich von den Funktionären, die in der Weimarer Republik irgendwann dem ZK (bis 1925: Zentrale) angehört hatten, 23 Mitglieder bzw. Kandidaten im sowjetischen Exil. Von diesen 23 Personen wurden zwei Drittel Opfer der Säuberung, es überlebten nur sieben, nämlich Philipp Dengel, Wilhelm Florin, Edwin Hoernle, Rudolf Lindau, Michael Niederkirchner, Wilhelm Pieck und Walter Ulbricht. Jedoch sind, wie bereits erwähnt, außer Münzenberg in Frankreich, in der UdSSR 14 Mitglieder des ZK ermordet worden. Schließlich wurde das ZK-Mitglied August Kleine-Guralski 1937 verhaftet; er überlebte, durfte aber erst nach Stalins Tod 1953 das Lager verlassen. Ähnlich schlimm sieht es bei den Reichstagsabgeordneten der KPD vom November 1932 aus.

Von den 29 emigrierten MdR ging die Hälfte in den Westen. Zur Zeit der Säuberungen befanden sich vermutlich 14 MdR in der UdSSR (Heckert starb bereits 1936). Das Schicksal von Walter Chemnitz ist nicht einwandfrei zu klären. Von den übrigen 13 MdR überlebten jedoch nur fünf (Wilhelm Florin, Edwin Hoernle, Paul Jäkel, Wilhelm Pieck und Walter Ulbricht), während acht ermordet wurden (Willi Budich, August Creutzburg, Hans Kippenberger, Willi Koska, Willy Leow, Hermann Remmele, Fritz Schulte und vermutlich Franz Doll.

Doch nicht nur beim Blick auf die oberste Führung zeigt sich dieses katastrophale Bild. Von den 504 Kommunisten des Führungskorps der Partei 1924 bis 1929 hatten viele Exil in der UdSSR gefunden, einige davon waren freilich 1936 bis 1938 nicht in der UdSSR, sondern im Spanischen Bürgerkrieg aktiv, sie kamen erst nach den Säuberungen in die Sowjetunion zurück (z. B. Eildermann, Gundelach, Kahmann, Rau, Roscher, Wollweber u. a.). Während der Stalinschen Verfolgungen 1936 bis 1938 hielten sich von den 504 Funktionären 68 in der Sowjetunion auf. Jedoch blieben von diesen Personen während der Säuberungen noch nicht einmal ein Drittel in Freiheit, nämlich 18 (Apelt, Arendsee, Dengel, Evers, Florin, Heilmann, Hoernle, Jäkel, Lilly Korpus [Becher], Kropp, Lindau, Niederkirchner, Pieck Frida Rubiner, Schwab, Sobottka, Ulbricht und Wurm). Neun der Funktionäre waren mehr oder weniger lange inhaftiert, überlebten aber (Globig, Kassler, Kerff, Kleine-Guralski, Klepper, Koenen, Mahlow, Sumpf und Schwenk). Doch 41 der 68 in die Sowjetunion geflüchteten Mitglieder des Führungskorps, also 60 Prozent, wurden ermordet (Beck, Beutling, Birkenhauer, Borowski, Budich, Bulian, Creutzburg, David, Dietrich, Dittbender, Eberlein, Emel, Flieg, Golke, Halle, Hirsch, Kippenberger, Knodt, Koska, Leow, Levy, Ludewig, Meyer, Neumann, Podubecky, Presche, Rebe, Remmele, Schimanski, Schneck, Schubert, Schulte, Skjellerup, Sommer, Stauer, Steffen, Strötzel, Süßkind, Unger, Weber und Zwicker).

Auch ein anderes Beispiel läßt den Schluß zu, daß die Mehrzahl der während der Säuberungen im sowjetischen Exil weilenden führenden Kommunisten liquidiert wurden. Es existiert eine Namensliste der über 200 Delegierten des XI. Parteitags der KPD 1927.[11] Soweit zu ermitteln, lebten 27 von diesen 1936 in

11 Hauptstaatsarchiv Düsseldorf. Reg. Präsid. Düss. 16 927 (Kommunistische

der UdSSR. Davon starb Fritz Heckert im April 1936. Nur acht davon überlebten in Freiheit (Philipp Dengel, Wilhelm Florin, Richard Gyptner, Friedrich Heilmann, Edwin Hoernle, Wilhelm Pieck, Gustav Sobottka und Walter Ulbricht). Vier Personen wurden verhaftet, aber später wieder entlassen (Roberta Gropper, Wilhelm Kerff, Bernard Koenen und Paul Schwenk). Mehr als die Hälfte, nämlich 14, wurden ermordet: Hans Beck, Theodor Beutling, Paul Dietrich, Hugo Eberlein, Leo Flieg, Arthur Golke, Willy Leow, Heinz Neumann, Hermann Remmele, Fritz Schulte, Max Strötzel, Heinrich Süßkind, Otto Unger und Grete Wilde.

Wie von den sowjetischen Parteiführern, die in die Säuberungen gerieten, hatten auch von den KPD-Führern viele einmal einer oppositionellen Gruppe angehört, dieser jedoch längst abgeschworen. (Mitglieder von Oppositionsgruppen, z. B. der KPO, waren nur in Ausnahmefällen in die Sowjetunion emigriert, etwa Hans Beck oder Noah Borowski; die große Mehrzahl dieser Emigranten hielt sich in westlichen Ländern auf.)

Doch ähnlich wie bei den sowjetischen Kommunisten bedeutete die Säuberung zunächst einmal eine Abrechnung mit all jenen, die zu irgend einem Zeitpunkt der Politik Stalins widersprochen hatten. Dies zeigt sich darin, daß als erste ehemalige Anhänger von Oppositionsgruppen oder andere „Abweichler" — die alle längst Selbstkritik geübt hatten — verhaftet wurden. Die Funktionäre dieser Gruppen hatten, wenn sie sich zwischen 1936 und 1938 in der Sowjetunion befanden, keine Überlebenschance, sie alle wurden dort ermordet. Bezeichnend ist das Schicksal von Hermann Schubert und Fritz Schulte, die bis 1933 als besonders treue Anhänger Thälmanns und damit Stalins galten. Sie wehrten sich 1934 und 1935 gegen die Änderung der ultralinken Politik, die die Komintern anstrebte. Da auch Heckert, Dahlem und Florin sie unterstützten, hatten sie im Politbüro zunächst die Mehrheit. Nur Pieck und Ulbricht machten die Wende sofort mit. Nachdem schließlich Heckert, Dahlem und Florin umschwenkten, unterlagen Schubert und Schulte, blieben aber bei ihrer Haltung und wurden deswegen 1935 aus der Führung entfernt. Während der Säuberung verhaftet, kamen

---

Bewegung, Spec. 1927). Zwei Delegierte dieses Parteitages kamen erst nach den Säuberungen 1939 in die UdSSR, Franz Kahmann und Stanislaus Switalla.

beide ums Leben. Heckert war vor der Säuberung gestorben, Dahlem befand sich im Westen, und Florin blieb trotz seiner Schwankungen verschont (er starb 1944 in Moskau). Da Pieck und Ulbricht ihre Führungspositionen behielten, häuften sich später die Vermutungen, sie seien an den Verhaftungen mitschuldig, hätten ihre Gegner damals denunziert usw. Offenbar als Abwehr solcher Verdächtigungen will die SED nun das Gegenteil beweisen: Es sei gerade Pieck gewesen, der „wiederholt" versucht habe, „bei Jeschow und Berija zugunsten verhafteter Emigranten zu intervenieren —, von denen ich und die anderen deutschen Genossen in der Komintern überzeugt sind, daß sie sich keiner verbrecherischer Handlungen gegen die Sowjetunion schuldig gemacht haben', wie er im Mai 1939 schrieb."[12]

Unter den Ermordeten befanden sich ehemalige Ruth-Fischer-Anhänger wie Fritz Schimanski, Max Strötzel und Johann Skjellerup, die sich aber bereits ab 1926 von der linken Opposition getrennt hatten. Zu den Opfern der Säuberung zählten sowohl Versöhnler, die 1929/30 „kapitulierten", so Hugo Eberlein, Paul Dietrich und Heinrich Süßkind, als auch „Mitglieder" der „Neumann-Gruppe" von 1932 wie Heinz Neumann, Leo Flieg und Hermann Remmele. Schließlich unterlagen wie erwähnt im Fraktionskampf 1934/35 Hermann Schubert, Fritz Schulte und Hans Kippenberger der Gruppe Pieck-Ulbricht, wurden verhaftet und umgebracht.

Dennoch war die Verfolgung ehemaliger Oppositioneller nicht das einzige Merkmal der Säuberungen. Nicht wenige Funktionäre hatten sich niemals einer Abweichung „schuldig" gemacht und wurden dennoch ermordet; beispielhaft seien hier erwähnt die führenden Kommunisten Willi Budich, Theodor Beutling, Arthur Golke, August Creutzburg, Willy Leow, Willi Koska oder Johanna Ludewig. Auffallend ist auch, daß einige der engsten Mitarbeiter von Ernst Thälmann in die Säuberung gerieten, außer Willy Leow auch seine „Sekretäre" Erich Birkenhauer, Werner Hirsch, Heino Meyer und ebenso Hans Knodt, der letzte Chefredakteur der „Roten Fahne". Überhaupt befanden sich bekannte Redakteure wie Beutling, Knodt, Kurella oder Rebe unter den Opfern, aber auch der Theoretiker Kurt Sauerland oder die Juristen des ZK Felix Halle und Her-

12 „*Berlin Zeitung*" (Berlin Ost), vom 7. Dezember 1988.

mann Horstmann. Schwer betroffen von den Säuberungen war auch der illegale Militärapparat der KPD, dessen Mitglieder und Führer Hans Kippenberger, „Victor" (d. i. Leo Roth), Otto Bulian, Rudolf Margies oder Rudolf Podubecky wohl auch wegen ihrer internen Kenntnisse ihr Leben verloren. Bemerkenswert ist, daß drei jüdische Intellektuelle, die in der KPD eine Rolle gespielt hatten, nämlich Fritz David, Alexander Emel und Hans Stauer, schon im ersten Schauprozeß gegen Sinowjew 1936 verurteilt wurden. Verhaftet hat das NKWD auch solche, die bereits 1933 oder 1934 in Deutschland im KZ waren (Hirsch, Birkenhauer, Koska, Beutling, Budich), und die anschließend in die UdSSR fliehen konnten. Sie galten wohl schon deshalb als „verdächtig", weil sie die Gestapo-Haft überlebt hatten. Der Stalinsche Säuberungsapparat richtete sich gegen die unterschiedlichsten Gruppen führender Kommunisten; es läßt sich kein „generelles" Kriterium für die Verfolgung festmachen, auch wenn „Abweichler" als erste verhaftet wurden und keiner überlebte. Festzuhalten bleibt, daß Personen mit ganz verschiedenem Hintergrund in die Säuberung gerieten. Vor allem aber: von den in die Sowjetunion emigrierten ZK-Mitgliedern sind dort allein zwei Drittel ermordet worden.

Deutsche Kommunisten im Schauprozeß 1936

Der erste der drei großen Moskauer Schauprozesse gegen Sinowjew, Kamenew u. a. fand vom 19. bis 24. August 1936 statt. Neben berühmten Führern des Sowjetkommunismus standen auch in der Öffentlichkeit kaum bekannte Angeklagte vor Gericht. Der offizielle „Prozeßbericht über die Strafsache des trotzkistisch-sinowjewistischen terroristischen Zentrums" (Herausgegeben vom Volkskommissariat für Justizwesen der UdSSR, Moskau 1936) gibt darüber Auskunft. In der darin abgedruckten Anklageschrift werden unter den 16 Angeklagten auch genannt: „Olberg, V. P., Berman-Jurin, K. B., Fritz David (Krugljanski, I. I.), M. Lurie". Im Urteil (S. 180) werden diese vier Personen dann etwas genauer beschrieben: „12. Fritz David, alias Krugljanski, Ilja-David Israilewitsch, geboren 1897, Angestellter. 13. Olberg, Valentin Pawlowitsch, geboren 1907, Angestellter; 14. Berman-Jurin, Konon Borissowitsch, alias Alexander Fomin, geboren 1901, Angestellter; 15. Lurie, Moissej Iljitsch, alias Emel, Alexander, geboren 1897, Angestellter".

Damit belegte dieser „Prozeßbericht", daß zwei führende Funktionäre der KPD bereits im Schauprozeß (zum Tode) verurteilt wurden: Fritz David, Mitarbeiter des ZK, Parteiideologe, dessen Buch, „Der Bankrott des Reformismus", die KPD 1932 verbreitet hatte. Er war dann in der sowjetischen Emigration engster Mitarbeiter von Wilhelm Pieck, und von David stammen wesentliche Teile des Entwurfs der Resolution der „Brüsseler Konferenz" der KPD 1935. Im Urteil wurde zudem auch die Identität Luries als KPD-Funktionär enthüllt: er war unter dem Namen Alexander Emel von 1929 bis 1931 stellvertretender Leiter der Abteilung Agitprop des ZK der KPD. 1930 gab die KPD in ihrer Schriftenreihe „Lehrbücher für den proletarischen Klassenkampf" als Band 1 ein Buch von Emel heraus: „Leitfaden zur Geschichte der Arbeiterbewegung bis 1914". Wegen „antibolschewistischer" Auffassungen 1931 abgesetzt, arbeitete er aber Ende 1932 wieder in der Agitprop-Abteilung. David und Emel waren also am Ende der Weimarer Republik wichtige Ideologen der KPD. Der dritte angeklagte KPD-Funktionär, Berman-Jurin, war in Deutschland als „Hans Stauer" tätig, was aber 1936 unerwähnt blieb. Er arbeitet von 1929 bis 1933 als Agitpropsekretär in der Berliner KPD. Ein vierter Angeklagter, Valentin Olberg, wirkte bis 1933 ebenfalls in Deutschland, aber nicht in der KPD, sondern — offensichtlich im Auftrag des sowjetischen Geheimdienstes,— in linkskommunistischen Gruppen.[13] Gerade diese Angeklagten sollten „beweisen", daß Trotzki vom Ausland her „Terrorakte in der Sowjetunion" plante, und zwar in Zusammenarbeit mit den „deutschen Faschisten".

In der Anklageschrift hieß es: „Fritz David (Krugljanski, I. I.) hat ausgesagt: ‚. . . Trotzki, der mir den Vorschlag machte, nach der UdSSR zu fahren, um Stalin zu ermorden, empfahl mir, aus Gründen der Konspiration keine offenen Beziehungen zu Trotzkisten aufrechtzuerhalten und äußerlich auf der Linie des ZK der KPD zu bleiben. Diese Unterredung mit Trotzki fand im No-

---

13 Vgl. dazu Leo Sedow: Rotbuch über den Moskauer Prozeß 1936. Trotzkis Sohn klagt an. 4. Auflage, Frankfurt/M. 1988, S. 34 f.

vember 1932 statt, und ich nahm seinen Vorschlag, Stalin zu ermorden, an." (Bd. VIII, Blatt 73.) In der UdSSR angekommen, fand Berman-Jurin Fritz David (Krugljanski, I.I.) auf dem Treffpunkt, der ihm von Sedow (dem Sohn Trotzkis, H.W.) angegeben worden war. Fritz David (Krugljanski, I.I.) und Berman-Jurin beschlossen, die Ermordung des Genossen Stalin auf dem VII. Kongreß der Komintern zur Ausführung zu bringen. Dies zu verwirklichen, gelang ihnen jedoch darum nicht, weil Berman-Jurin nicht auf den Kongreß gelangen konnte und Fritz David (Krugljanski, I.I.), der zwar auf den Kongreß gelangte, seine verbrecherische Absicht nicht verwirklichen konnte, da er weit entfernt vom Präsidium saß und keine Möglichkeit hatte, sich dem Genossen Stalin zu nähern.

Wie beide Angeklagten in der Voruntersuchung gestanden haben, sollte Fritz David (Krugljanski, I.I.) auf dem VII. Kongreß auf den Genossen Stalin aus einem Browning schießen, den er von Berman-Jurin erhalten hatte. (Bd. VIII, Blatt 77.) Die Voruntersuchung hat ebenfalls ergeben, daß die terroristische Gruppe, an deren Spitze der von L. Trotzki aus dem Ausland gesandte Agent Trotzkis Moissej Lurie stand, faktisch von dem aktiven deutschen Faschisten Franz Weiz organisiert war, einem Vertreter Himmlers, welcher damals Leiter der faschistischen Schutzstaffeln war und gegenwärtig Leiter der deutschen Geheimpolizei (Gestapo) ist."[14]

Angeblich wollte Fritz David Stalin auf dem VII. Weltkongreß der Komintern (an dem er noch an der Seite von Wilhelm Pieck teilnahm) ermorden, es gelang ihm aber nicht, an Stalin „heranzukommen". Im öffentlichen Kreuzverhör versuchte David seine (ihm von der Polizei aufgezwungene) Version etwas abzuschwächen, doch Wyschinski hielt sich strikt an die „Linie" der Anklage:

„**Wyschinski:** „. . . Zusammen mit Berman-Jurin, der einen analogen Auftrag erhalten hatte, haben Sie einen Anschlag auf den Genossen Stalin vorbereitet und ihn für den Zeitpunkt des VII. Weltkongresses im Jahre 1935 angesetzt. Sie sind persönlich unter Ausnutzung Ihrer Verbindungen in der Komintern auf

---

14 Prozeßbericht über die Strafsache des trotzkistisch-sinowjewistischen terroristischen Zentrums. Verhandelt vor dem Militärkollegium des Obersten Gerichtshofes der UdSSR, 19.-24. August 1936. Moskau 1936, S. 27.

dem Kongreß eingedrungen, um den Terrorakt auszuführen, was Ihnen jedoch aus von Ihnen unabhängigen Gründen nicht gelang.

Fritz David: Dieses letzte Moment bestreite ich teilweise, nicht um meine Schuld abzuschwächen, sondern einfach um das Bild zu vervollständigen.

Wyschinski: Dann sagen wir: aus objektiven Gründen?

Fritz David: Auf Grund objektiver und subjektiver Faktoren.

Wyschinski: Sie werden doch nicht die gegen Sie erhobenen Beschuldigungen entkräften wollen, daß Sie nichts zustande brachten, weil es Ihnen nicht gelang, näher an das Präsidium heranzukommen, und Sie nicht die Möglichkeit hatten, sich dem Genossen Stalin zu nähern?

Fritz David: Das ist ein Grund.

Wyschinski: Ja, das ist ein Grund, aber der greifbare, objektive Grund, während alles andere Psychologie ist. Damit ist die Vernehmung des Angeklagten Fritz David abgeschlossen."[15]

In seinem Schlußwort sagte Hans Stauer (Berman-Jurin), er „habe bereut, aber zu spät", Fritz David versicherte, daß er „Trotzki verfluche", und Alexander Emel bat um „mildernde Umstände". Doch Wyschinski hatte in seinem Plädoyer schon festgehalten: „Fritz David und Berman-Jurin führten mit Trotzki Gespräche über die Ermordung Stalins. Sie empfingen von Trotzki den Auftrag dazu und unternahmen eine Reihe praktischer Schritte, um diesen Auftrag durchzuführen. Genügt dies etwa nicht, um die schwerste Strafe zu verhängen, die unser Gesetz vorsieht — die Erschießung?"

Und wie in allen Prozessen geiferte Wyschinski: „Lügner und Clowns, elende Pygmäen, Möpse und Kläffer, die sich über den Elefanten erbosten — so sieht diese Kumpanei aus ... Nicht Politiker, sondern eine Bande von Mördern und kriminellen Verbrechern, Diebe, die versuchten, Staatsgut zu stehlen — das stellt diese Kumpanei dar ... Ich fordere, daß diese tollgewordenen Hunde allesamt erschossen werden."[16] Nach diesen entwürdigenden Schmähungen wurden alle Angeklagten des Prozesses zum Tode verurteilt und erschossen.

15 Ebda., S. 117.
16 Ebda., S. 167.

Aufgrund seiner Kenntnisse und logischer Schlußfolgerungen hat Leo Sedow im „Rotbuch" über den Moskauer Prozeß bereits 1936 die Konstruktionen der Anklage als haltloses stalinistisches Lügengebilde enthüllt,[17] was nun auch das Oberste Sowjetische Gericht mit den Rehabilitierungen 1988 bestätigte. In der Weltöffentlichkeit aber gab es damals zu viele, die ihre Augen vor Tatsachen verschlossen hielten und Stalin vertrauen wollten, etwa der Schriftsteller Lion Feuchtwanger oder der britische Kronanwalt D. N. Pritt. Dieser hatte es 1936 gewagt zu schreiben: „Gericht, Staatsanwalt und Wache behandelten sie (die Angeklagten, H. W.) mit Höflichkeit und Geduld". Pritt sprach sogar von einer „starken Schlußrede" des Staatsanwalts Wyschinski.[18]

Die deutschen Kommunisten distanzierten sich von den Angeklagten, sie reihten sich außerdem in den Chor der Schimpfkanonaden gegen ihre bisherigen Genossen ein (Dok. 1). Inzwischen hat das Oberste Gericht der Sowjetunion alle Angeklagten der Schauprozesse rehabilitiert, auch die des Sinowjew-Prozesses von 1936 („Iswestija" vom 16. 6. 1988). Doch bei den deutschen Kommunisten herrscht Schweigen über diesen Prozeß. Dabei hätte gerade die SED allen Grund, ehemalige Funktionäre der KPD — auf deren Tradition die SED sich ja nach eigenen Worten stützt und die sie angeblich fortführt — öffentlich zu rehabilitieren. War es doch Fritz David, der noch zwei Jahre vor dem Schauprozeß die Lage der Arbeiter im NS-Staat für die KPD analysierte.[19] Gerade er wurde 1936 vom ZK der KPD als „abgefeimter trotzkistischer Schurke" diffamiert, der Stalin ermorden wollte. Fritz David, Alexander Emel und Hans Stauer hatten in der KPD keine besonders rühmliche Rolle gespielt. Für sie galt durchaus, was Trotzki schrieb: „... Das sind alles jüdische Intellektuelle, und zwar nicht aus der UdSSR, sondern aus den Nachfolgestaaten, die früher Teile des zaristischen Rußlands waren (Litauen, Lettland usw.). Ihre Familien sind seinerzeit vor der bolschewistischen Revolution geflüchtet,

---

17 Vgl. Sedow, a.a.O. (Anm. 13).

18 Der Sinowjew-Prozeß. Von Kronanwalt D. N. Pritt, Mitglied des Englischen Unterhauses. Reichenberg o. J. (1936), S. 17.

19 F. David: Die Arbeiter im Reich der „geordneten nationalen Arbeit". „*Die Kommunistische Internationale*", Heft 3 vom 5.2.1934, S. 227 ff.

die Vertreter der jüngeren Generation aber haben sich dank ihrer Beweglichkeit, Anpassungsfähigkeit, Sprachenkenntnis, insbesondere des Russischen, nicht schlecht im Apparat der Komintern eingerichtet. Durchweg Abkömmlinge des kleinbürgerlichen Milieus, ohne Verbindungen mit der Arbeiterklasse irgendeines Landes, ohne revolutionäre Stählung, ohne ernste theoretische Vorbereitung, wurden diese gesichtslosen Beamten der Komintern, stets dem letzten Zirkular gehorsam, zu einer wahren Geißel der internationalen Arbeiterbewegung."

Solche Personen wie David, Emel und Stauer haben den stalinistischen deutschen Kommunismus mitgeprägt, doch die Anschuldigungen gegen sie im Prozeß waren völlig falsch, und deshalb muß auch über sie gesprochen werden.

Der Umfang der Säuberungen

Von den in die Sowjetunion emigrierten deutschen KP-Führern wurde die Mehrheit in den Stalinschen Säuberungen ermordet. Doch diese bildeten nur einen Bruchteil der in die Säuberungen geratenen deutschen Kommunisten. Schließlich soll der deutsche Vertreter bei der Komintern bereits bis April 1938 die Festnahme von 842 deutschen Antifaschisten registriert haben.[20] Der Großteil dieser Verfolgten konnte bisher nicht einmal namentlich erfaßt werden. Darüber hinaus sind damals aber viele deutsche Arbeiter verhaftet worden und deren Zahl ist bis heute ebensowenig bekannt wie die der Umgekommenen. Vor und nach 1933 waren deutsche Erwerbslose in die UdSSR gegangen, weil sie dort einen Arbeitsplatz fanden. Unter ihnen waren überzeugte Kommunisten, die beim „sozialistischen Aufbau" helfen wollten. Nur über das Schicksal einiger weniger war etwas zu erfahren, erst die Öffnung der Archive kann endlich die Aufklärung über den Umfang der Verfolgungen bringen.

Schließlich sind auch nicht wenige deutsche Künstler in den Säuberungen der Sowjetunion umgekommen. Das bekannteste Beispiel dafür ist das Schicksal der berühmten Schauspielerin Carola Neher, einst die „Polly" in Bert Brechts Dreigroschen-

---

20 David Pike: Deutsche Schriftsteller im sowjetischen Exil 1933-1945. Frankfurt/M. 1981, S. 476.

oper-Verfilmung. Wie viele andere wurde auch sie im Sommer 1936 verhaftet, ihr Mann 1937 erschossen, ihr Sohn verschleppt. Carola Neher wurde — wie die meisten — in der Haft gefoltert, und sie versuchte Selbstmord zu verüben. 1940 aus dem Lager nach Moskau geholt, sollte sie mit vielen anderen an Deutschland ausgeliefert werden. Zuvor hatte das NKWD versucht, sie anzuwerben, was sie aber verweigerte. Carola Neher wurde nicht repatriiert, sie mußte zurück ins Lager und soll am 28. Juni 1942 erschossen worden sein. Ihr Schicksal kann hier nur exemplarisch erwähnt werden für die Künstler, Geistesschaffenden, Schriftsteller, die sich zum Kommunismus bekannten oder mit ihm sympathisierten, die in die Sowjetunion geflüchtet waren und die dann dort elend umkamen. Genannt seien stellvertretend noch Hans Günther, Albert Hotopp, Ernst Ottwalt, Karl Schmückle, Joseph Schneider und Herwarth Walden. Viele erschütternde Schicksale hat David Pike in seinem Buch „Deutsche Schriftsteller im sowjetischen Exil" (Frankfurt/M. 1981) anhand von Archivmaterial nachgezeichnet, auf das hier verwiesen werden kann. Nach seiner Schätzung sind von den 130 führenden „Kulturschaffenden" in der sowjetischen Emigration 70 Prozent in den Säuberungen verhaftet worden — also etwa der gleiche hohe Anteil wie bei den Parteiführern.

Ein Teil der während der Säuberungen Verhafteten wurde sofort ermordet, oft ohne Gerichtsverfahren, durch „außergerichtliche Organe", durch „Troikas" oder „Listen" — also jene Form der Repressionen, deren Urteile nach dem Willen der Sowjetführung nun durch Gesetz generell aufgehoben werden sollen.[21] Dann wären sie ebenso zu rehabilitieren wie jene deutschen Kommunisten, die zur Zwangsarbeit in die Lager verbannt wurden. Einige Überlebende haben später über die Grauen dieser Lager berichtet, darunter Susanne Leonhard in ihrem Buch „Gestohlenes Leben" (Neuauflage Frankfurt/M. 1988). Die schlimmen Haftbedingungen sind ebenso überliefert, wie die Tatsache, daß von den deutschen Kommunisten dann auch viele in den Lagern durch Hunger, Kälte, Krankheiten usw. umkamen. Es gibt fundierte Vermutungen, daß nur 10 Prozent der Lagerhäftlinge überlebten.[22]

21 Sonderberatungen waren rechtswidrig. „*Moskau News*", Nr. 2, Februar 1989, S. 1.
22 Vgl. Robert Conquest: Am Anfang starb Genosse Kirow. Säuberungen unter

Zu den „weißen Flecken" der kommunistischen Geschichtsschreibung gehört auch die unbekannte Zahl derjenigen Inhaftierten, die überlebten und die Freiheit wiedererlangten. Viele kamen erst nach Stalins Tod 1953 frei, nur wenige hatten das Glück, relativ rasch nach den Säuberungen von 1938 aus der Haft entlassen zu werden. Das gilt für einige führende deutsche Kommunisten, beispielsweise Bernard Koenen, Roberta Gropper, Willy Kerff oder Paul Schwenk, die später wieder in der KPD und dann in der SED Funktionen ausübten. Andere, etwa der Mitbegründer der KPD Fritz Globig, konnten erst nach Stalins Tod aus der Verbannung in die DDR zurückkehren. Die Inhaftierung von Paul Schwenk hat die DDR 1970 im „Biographischen Lexikon" (das aber zunächst nicht verbreitet wurde) und dann erst viel später (1985) bestätigt: „Im April 1938 wurde er unter falschen Anschuldigungen verhaftet. Im Januar 1941 aus der Haft entlassen und von den sowjetischen Behörden vollständig rehabilitiert..." Doch in einem Gedenkartikel zum 100. Geburtstag Schwenks 1980 war dies noch nicht zugegeben worden, da war nur die Rede von seiner Tätigkeit als Redakteur in Moskau.[23] In offiziellen biographischen Skizzen anderer führender Kommunisten wie Kerff oder Gropper[24] wird dagegen deren Inhaftierung zur Zeit der Stalinschen Säuberungen weiterhin verschwiegen.

Über die Umstände einiger „Haft-Entlassungen" führender Kommunisten hat Herbert Wehner in seinen „Notizen" berichtet: „Im Jahre 1939 war einer der verhafteten deutschen Parteifunktionäre, Bernhard Koenen, freigelassen worden. Er ist, meines Wissens, der einzige Verhaftete gewesen, der in jener Zeit freigelassen worden ist und Gelegenheit gefunden hat, sich mit Pieck in Verbindung zu setzen... Koenens Angaben beschuldigten einige NKWD-Funktionäre der Anwendung von Torturmitteln, der Anwendung von Zwang und Erpressung zur Erzielung gewünschter Geständnisse. Eine der ersten sichtbaren Folgen des Koenenschen Berichts war seine Wiederverhaftung.

Stalin. Düsseldorf 1970, S. 634 ff. Conquest berichtet auch (S. 517), 1939 hätten sich noch 570 deutsche Kommunisten in Moskauer Gefängnissen befunden.

23 „Beiträge zur Geschichte der Arbeiterbewegung", 27. Jhg. 1985, Heft 5, S. 672. „Neues Deutschland", 8.8.1980.

24 Vgl. z. B. Luise Dornemann: Alle Tage ihres Lebens. Berlin (Ost) 1981, S. 191-297 (Roberta Gropper).

Immerhin ließen sich Pieck, Florin und Ulbricht aufgrund dessen, was sie durch Koenens Bericht erfahren hatten, nun dazu herbei, einige Schritte für einige verhaftete Personen zu unternehmen. Unter denen waren Bernhard Richter, Dattan, Schwenk, Kerff, die beiden Söhne Max Seydewitz', ein Sohn des deutschen Sozialdemokraten Brass . . . Während über Dattan und Richter keine Auskunft gegeben wurde, wurde über Schwenk mitgeteilt, daß er ein Bekenntnis unterschrieben habe. . . Schwenk hatte tatsächlich ein Bekenntnis, dessen Formulierung ihm vorgelegt worden war, unterschrieben. Er bezichtigte sich darin selbst der Teilnahme an trotzkistischer, im Auftrage der Gestapo durchgeführter, Schädlingstätigkeit gegen den Sowjetstaat. Dieses Bekenntnis hatte er — wie er dann geltend zu machen versuchte — nur unterschrieben, um aus der unerträglichen Haft heraus — und vor ein ordentliches Gericht zu kommen . . .

Der frühere preußische Landtagsabgeordnete Kerff, der einige Jahre in einem deutschen Konzentrationslager gesessen hatte, war — im Gegensatz zu Schwenk — nicht dazu zu bewegen gewesen, sich selbst zu beschuldigen . . . Ihm wurde eines Tages Dittbender gegenübergestellt. Dittbender erklärte, er selbst habe, im Dienste der Gestapo stehend, Kerff für eine trotzkistische Organisation geworben, und Kerff habe die Aufgabe übernommen, Schädlingstätigkeit in der Sowjetunion zu leisten . . . Nach Jahr und Tag sah sich der offizielle Ankläger, der die Prüfung und Erledigung der Sache Kerff zugewiesen erhalten hatte veranlaßt, mit Pieck persönlich über die Sache Kerff zu sprechen. Er sprach unumwunden aus, daß er Kerff für unschuldig halte; dennoch wußte er nicht, wie er die Freilassung Kerffs bewerkstelligen könnte. Kerff — so sagte er — habe zwar unentwegt seine Unschuld beteuert und nichts unterschrieben, aber gegen ihn liege die Anschuldigung Dittbenders vor. Diese könne nicht mehr nachgeprüft werden, weil Dittbender verurteilt und erschossen worden sei . . ."[25] Kerff wurde erst nach drei Jahren entlassen.

Die Liste mit den Namen solch prominenter zeitweilig Inhaftierter in diesem Band kann nur ein erster Schritt zur Erhellung dieses Problems sein.

25 Herbert Wehner: Zeugnis. Hrsg. Gerhard Jahn. Köln 1982, S. 213 ff.

Ebenso fehlt noch immer eine genaue Aufstellung derjenigen deutschen Kommunisten, die nach Abschluß des Hitler-Stalin-Paktes an Deutschland und damit an die Gestapo ausgeliefert wurden. Dieses schlimme Kapitel wird von der DDR-Geschichtsschreibung gänzlich verschwiegen, doch auch solche Tabus sollten überwunden werden. Im Februar 1940 hatte die Deutsche Botschaft in Moskau z. B. in einer Verbalnote an das Volkskommissariat für Auswärtige Angelegenheiten „dankend zur Kenntnis genommen", daß 28 deutsche Reichsangehörige „abbefördert" wurden und in einem Telegramm nach Berlin deren Übergabe gemeldet (Dok. 3). Solche wenig ehrenhafte Vorgänge müssen endlich historisch aufgearbeitet werden. Welche schrecklichen Folgen die Übergabe an die Gestapo für die Betroffenen hatte, geht aus einem Buch von Margarete Buber-Neumann hervor.

Sie selbst wurde ausgeliefert und blieb dann bis 1945 im Frauen-KZ Ravensbrück inhaftiert. Über die „Abbeförderung" berichtet sie: „Alle Gesichter waren gleich starr und unbeweglich vor Angst. Wir standen und blickten über diese Eisenbahnbrücke, die die Grenze bildete zwischen dem von den Deutschen besetzten Polen und dem von den Russen okkupierten Teil. Über die Brücke kam ein Soldat langsam auf uns zu. Als er sich näherte, erkannte ich die Soldatenmütze der SS. Der NKWD-Offizier und der von der SS hoben grüßend die Hand an die Mütze . . . und dann sah ich, wie sich drei von unserer Gruppe absonderten und erregt auf den NKWD-Offizier einsprachen. Irgendwer flüsterte: ‚Die weigern sich, über die Brücke zu gehen.' Es waren der jüdische Emigrant aus Ungarn, ein deutscher Lehrer und ein junger Arbeiter aus Dresden, über den ich später erfuhr, daß er an einem bewaffneten Zusammenstoß mit den Nationalsozialisten im Jahre 1933 beteiligt gewesen sei, wobei ein Nazi ums Leben gekommen war. Ihm war es gelungen, zu fliehen und nach Sowjetrußland zu emigrieren. Im Prozeß gegen die bei diesem Zusammenstoß verhafteten Kommunisten hatte man auf ihn, den Abwesenden, alle Schuld abgewälzt. Dann sah ich, wie die drei über die Brücke getrieben wurden."[26]

Daten über das Schicksal einiger weniger der vermutlich 1000

---

26 Margarete Buber-Neumann: Als Gefangene bei Stalin und Hitler. München 1949, S. 155.

an die Gestapo Ausgelieferten sind im folgenden zu finden, für die meisten fehlen sie noch immer.

Hier sei nur auf den tragischen Fall des KPD-Mitglieds und Komponisten Hans Walter David verwiesen. Er wurde 1893 als Sohn eines Justizrates geboren, seine Eltern waren deutsche Juden. Zunächst studierte er Jura, danach Musik, meldete sich 1914 als Kriegsfreiwilliger, wurde an der Front verwundet, erhielt das EK 1. Klasse. Nach dem Krieg konnte er sein Studium fortsetzen und arbeitete bis 1933 in Düsseldorf als Komponist, Dirigent und Musikpädagoge. David emigrierte nach Paris, kam 1935 auf Einladung des „Verbandes der Sowjet-Komponisten" nach Moskau und übernahm im Mai 1936 den Posten eines Generalmusikdirektors in Engels an der Wolga. In der Moskauer „Deutschen Zentral-Zeitung" beteuerte er noch seine Genugtuung, im „Lande des Sozialismus eine neue Heimat gefunden" zu haben. David widmete Stalin sogar eine Geburtstagshymne — allerdings in der verfemten Zwölftonmusik — und wurde danach am 5. November 1937 verhaftet. Da er sich weigerte, die gegen ihn erhobenen Beschuldigungen („Teilnahme an einer faschistischen Gruppe" und „Spionage für Deutschland") zu gestehen, wurde er nach seiner späteren Aussage deswegen „unmenschlich geschlagen". Durch „Fernurteil" — also ohne seine Anwesenheit vor Gericht — wurde er am 11. September 1939 zu fünf Jahren Arbeitslager verurteilt und kam ins Arbeitslager Wjatka. Von dort nach Moskau zurückgeholt, wurde ihm im April 1940 erklärt, seine Strafe sei in „Ausweisung nach Deutschland" umgewandelt worden. Am 2. Mai 1940 nach Deutschland ausgeliefert, kam David ins Gefängnis Lublin, die SS hat ihn dann im KZ Majdanek vergast.

Zu den nach Deutschland ausgewiesenen Personen zählten auch viele Angehörige von Kommunisten, die in den Säuberungen verhaftet (und meist umgebracht) worden waren. Die Frau des im Moskauer Schauprozeß von 1936 Verurteilten Olberg, Betty Olberg, mußte die UdSSR beispielsweise zusammen mit Margarete Buber-Neumann verlassen. Frau und Sohn des vom NKWD hingerichteten Kominternfunktionärs Willy Wloch wurden 1940 nach Deutschland ausgewiesen, sein Sohn später noch zur deutschen Wehrmacht eingezogen.

Eine Gruppe von Söhnen prominenter deutscher Kommunisten wurde 1937 verhaftet. Unter ihnen waren der Sohn des bekannten, aus dem KZ Dachau geflohenen und im Spanischen Bürgerkrieg gefallenen bayerischen Kommunisten Hans Beimler. Zwei Söhne des früheren (zur KPD übergetretenen) SAP-Vorsitzenden Max Seydewitz, ein Sohn des führenden Kommunisten Max Maddalena, der 1935 in Berlin verhaftet wurde und 1943 im deutschen Zuchthaus starb, sowie der Sohn von Gustav Sobottka, 1921 bis 1932 Abgeordneter des Preußischen Landtages, der sich auch im Moskauer Exil aufhielt. Diesen Kindern bekannter Kommunisten wurde zunächst Sabotage vorgeworfen, dann hieß es, sie hätten gar die Ermordung Stalins geplant. Fridolin und Horst Seydewitz, zu je fünf Jahren Lager verurteilt, konnten erst längere Zeit nach Kriegsende wieder nach Deutschland zurückkehren (wo ihr Vater inzwischen Ministerpräsident von Sachsen geworden war). Dagegen kamen die Söhne von Maddalena und Beimler nach mehreren Monaten frei, sie hatten sich unter Druck bereiterklärt, in Moskau bekannte Kommunisten wie Pieck und Florin zu bespitzeln. Sobottkas Sohn verstarb im Gulag, seine „Mutter wurde wahnsinnig und mußte in eine Nervenheilanstalt eingeliefert werden."[27]

Während etliche Kinder von Verhafteten ihre Ausbildung beenden konnten, wurden andere selbst verfolgt. Der 1919 geborene Sohn Hugo Eberleins, Werner Eberlein (heute Mitglied des Politbüros der SED), wurde verhaftet und mußte acht Jahre in Sibirien verbringen. Hans Kippenberger, bis 1935 Leiter des illegalen Apparats der KPD, wurde 1936 als einer der ersten verhaftet, 1937 zum Tode verurteilt und erschossen. Seine Frau Thea, im Februar 1938 in Moskau verhaftet, kam auch ums Leben. Beide wurden 1958 von den sowjetischen Behörden posthum rehabilitiert. Doch ihre zwei Töchter Margot (Jahrgang 1924) und Jeanette (1928) verschleppte das NKWD 1938 in ein Heim für kriminelle Jugendliche, Margot dann 1942 nach Sibirien, im Juni 1938 eröffnete ihr ein Stalin-Dekret, sie sei „verbannt auf ewig". Und erst im Mai 1958 konnte sie nach Ost-Berlin übersiedeln, noch später traf ihre jüngere Schwester ein. Über ihr eigenes Schicksal sowie über das ihrer Eltern zu sprechen, wurde ihr in der DDR strikt verboten. 1981 durfte Margot Kippenberger endlich nach West-Berlin ausreisen. Solche Einzelschicksale machen das Ausmaß und die Tragödie der

---

27 Wehner, a.a.O. (Anm. 25), S. 218 f.

Säuberungen für die deutschen Kommunisten sowie ihrer Familien deutlich.

Die Rest-Führung der deutschen Kommunisten hatte indes lautstark den Säuberungen zugejubelt. Schon nach dem Schauprozeß gegen Sinowjew und andere erklärte das ZK der KPD: „Der Hitlerfaschismus versucht die deutsche Arbeiterklasse dadurch kampfunfähig zu machen, daß er den schlimmsten Terror gegen sie anwendet und, daß er Provokateure und Spitzel in ihre Reihen entsendet und Verräter aus ihren Reihen zu gewinnen versucht. Der Gerichtsprozeß in Moskau hat erwiesen, daß der Hitlerfaschismus im Bunde mit den Trotzkisten politisch und moralisch verlumpte Elemente in die Sowjetunion entsandte, um Meuchelmorde und Spionage durchzuführen.

Die Kommunistische Partei Deutschlands vereint ihre Stimme mit der Forderung des von Empörung und Zorn erfüllten 170-Millionenvolkes der Sowjetunion auf schonungslose Ausrottung des menschlichen Abschaums der trotzkistisch-sinowjewistischen Mörderbande ... Unter den im Moskauer Gerichtsprozeß entlarvten Mordbanditen befinden sich auch Leute, denen es infolge unserer absolut ungenügenden Wachsamkeit gelungen ist, sich in die Reihen der Kommunistischen Partei Deutschlands einzuschleichen und die es verstanden, die Partei über ihre konterrevolutionäre Tätigkeit zu täuschen. Einer davon, der nach seinem ins einzelne gehende Geständnis im persönlichen Auftrage Trotzkis die Ermordung des uns teuersten Menschen, unseres großen Lehrers und Führers, des Genossen Stalin, während seiner Anwesenheit auf dem VII. Weltkongreß der Kommunistischen Internationale durchführen wollte, gelang es sogar, sich das Vertrauen führender Genossen der KPD zu erschleichen, um unter dieser Deckung seine Mordtat ausführen zu können (...) Es gilt jetzt, die strengste Überprüfung unserer Reihen vorzunehmen." (Vgl. Dok. 1.)

Die Führung der Exil-KPD solidarisierte sich in Moskau also nicht nur mit Stalin, sondern begrüßte seine Terrormethoden. Darüber hinaus hat die Führung auch in ihren eigenen Reihen unter der Parole „Wachsamkeit" und „Kampf gegen den Trotzkismus" eine Schnüffelei nach „Feinden" in Gang gesetzt und damit der sowjetischen Geheimpolizei in die Hände gearbeitet. Nach dem Schauprozeß von 1937 hat das ZK durch eine neue Erklärung (vgl. Dok. 2) diese Kampagne noch verstärkt.

Dennoch darf die Wirkung solcher Appelle zur Säuberung auf die deutschen Kommunisten nicht überschätzt werden. In Deutschland, wo die illegalen kommunistischen Gruppen unter dem Gestapo-Terror ums Überleben kämpften, waren sie kaum bekannt, dort spielten solche Aufrufe keine Rolle. In der sowjetischen Emigration entschied allein das NKWD über Verhaftungen. Hier ist Pike zuzustimmen, der schreibt: „Sicherlich waren damals Denunziationen an der Tagesordnung, besonders in der späteren Phase der Säuberungen, und sicherlich führte eine Denunziation häufig zu umgehender Festnahme. Die Informationsbruchstücke, die durch die Denunziationen oder Informationen gesammelt wurden, wurden jedoch sehr wahrscheinlich zunächst einmal zur Auffüllung der Dossiers benutzt bis dann schließlich die Entscheidung für eine Verhaftung fiel... — Warum einige überlebten und andere umkamen, ist ein unlösbares Rätsel."[28]

Doch überall, wo die sowjetische Geheimpolizei Einfluß nehmen konnte, praktizierte sie Säuberungen. Herausragendes Beispiel dafür ist Spanien. Dort wurden im Bürgerkrieg von der kommunistischen „Geheimpolizei" nicht nur Anhänger der linksradikalen POUM verfolgt, sondern auch deutsche oppositionelle Kommunisten wie etwa Waldemar Bolze und Karl Bräuning.[29] In Spanien beteiligten sich Funktionäre der KPD ganz offensichtlich aktiv an den Verfolgungen kommunistischer „Abweichler".

Der bisher ungeklärte Tod von Willi Münzenberg in Südfrankreich 1940 geht mit größter Wahrscheinlichkeit ebenso auf das Konto der sowjetischen Geheimpolizei wie die Morde an zahlreichen Trotzkisten im Westen und der Mord an Leo Trotzki 1940 in Mexiko. In der Sowjetunion bestätigte ein Historiker im Januar 1989, der sowjetische Geheimdienst habe die Ermordung Trotzkis ausgeführt, er nennt auch den zuständigen NKWD-Offizier (Leonid Eitingon) beim Namen.[30] Die SED,

---

28 Pike, a.a.O. (Anm. 20), S. 465.
29 Vgl. dazu Patrik von zur Mühlen: Säuberungen unter deutschen Spanienkämpfern, in: *Exilforschung*. Ein internationales Jahrbuch, Bd. 1, München 1983, S. 172. Zu den Biographien von Bolze und Bräuning: Weber, a.a.O. (Anm. 10), Bd. 2, S. 82 ff.
30 Moskau bestätigt, daß Stalins Geheimdienst Trotzki ermordete. „*Frankfurter Rundschau*" vom 6.1.1989.

die Willi Münzenberg als ehemals wichtigen KPD-Führer bei verschiedenen Anlässen wieder heraushebt, bleibt hingegen nach wie vor dabei, dieser habe sich „selbst das Leben" genommen. Das ist merkwürdig, weil in der DDR inzwischen auch die Münzenberg-Biographie von Babette Gross erwähnt wird, in der es aber heißt, der Verdacht liege nahe, daß Münzenberg Opfer eines politischen Anschlags wurde.[31] Bleibt abzuwarten, was die Öffnung sowjetischer Archive hierzu ans Tageslicht bringt.

In der Zeit, als in der Sowjetunion viele deutsche Kommunisten Opfer der Säuberungen wurden, haben dort andere die Verfolgungen lautstark begrüßt, wohl aus Furcht, sonst selbst von Repressalien betroffen zu werden. Auf den Verlauf der Säuberungen hatten sie keinen — oder nur mittelbaren — Einfluß. So scheint es auf den ersten Blick gerechtfertigt, wenn der DKP-Vorsitzende Herbert Mies sagt, daß die „deutschen Kommunisten nicht für den Stalinismus und seine Folgen verantwortlich sind."[32] Doch das devote Bekenntnis zu Stalin, ihre Anpassung an den Stalinismus und erst recht ihre zustimmende Unterwürfigkeit bei den Säuberungen hat auch die deutschen Kommunisten in unheilvoller Weise in dieses Verhängnis verstrickt. Gerade das erschwert es ihnen heute, die offene Distanzierung vom Terror zu verbinden mit einer öffentlichen Rehabilitierung sämtlicher Opfer Stalins.

Dies hängt damit zusammen, daß die Säuberungen selbst nach dem Zweiten Weltkrieg noch weitergingen. Neue Stalinsche Repressionen — vor allem 1949 und 1952/53 — erfolgten nunmehr wie in der UdSSR auch in den kommunistisch regierten Staaten Osteuropas. Herausragend waren die Schauprozesse gegen Kostoff u. a. in Bulgarien sowie Rajk u. a. in Ungarn 1949 und dann 1952 gegen Slansky und die Führer der KP der Tschechoslowakei. Aber auch in der SED und der KPD wurden nun Säuberungen vorgenommen. Wenn heute die SED-Führung betont, es habe in der DDR keine Schauprozesse wie in anderen Ländern gegeben, so ist das nur die halbe Wahrheit. In Ost-Berlin

---

31 Babette Gross: Willi Münzenberg. Eine politische Biographie. Stuttgart 1967. *„Neues Deutschland"*, 22./23.7.1988 und 24./25.12.1988 (der Verfasser beider Artikel ist der Journalist Dr. Harald Wessel).

32 *„UZ"* (Unsere Zeit), vom 28.12.1988, S. 4

wurde ein solcher Schauprozeß bereits geplant und vorbereitet.[33]

Dieser ist nur durch den Tod Stalins im März 1953 und die damit veränderte Situation unterblieben. Immerhin gab es in der SED-Führung Säuberungen: Paul Merker und andere wurden bereits 1950, ebenso Zaisser, Herrnstadt u. a. 1953 ausgestoßen, Merker wurde 1952 verhaftet, Willi Kreikemeyer kam im DDR-Gefängnis ums Leben. Spätere „Rehabilitierungen" dieser Verfolgten geschahen halbherzig (Kreikemeyers Schicksal wird bis heute verschwiegen), ihren politischen Einfluß erhielten sie nicht zurück. Und auch die DKP verweist erst jetzt nach 30 Jahren auf die westdeutschen Kommunisten, die ebenfalls in die Säuberungen gerieten. Es ist für die deutschen Kommunisten blamabel, daß nicht etwa sie Kurt Müller (2. Vorsitzender der westdeutschen KPD bis 1950, dann in der UdSSR inhaftiert), Leo Bauer (nach dem Krieg KPD-Landesvorsitzender in Hessen) und viele andere „Gesäuberte" aus den sowjetischen Lagern holten; erst nach Adenauers Moskau-Reise 1955 durften auch sie zusammen mit deutschen Kriegsgefangenen heimkehren.

Solche Tatsachen sind weitere „weiße Flecke" in der Geschichte des deutschen Kommunismus. Dieses unbewältigte Kapitel kann hier nicht untersucht werden, es ist aber nachdrücklich darauf zu verweisen.[34]

---

33 Daher stimmt es eben auch nicht, wenn DKP-Ideologen weiterhin behaupten: „In der DDR hat es derartiges nie gegeben". Vgl. Günter Judick / Kurt Steinhaus: Stalin bewältigen. Dokumente und Aufsätze. Düsseldorf 1989, S. 38. — In einem Interview mit dem „Spiegel" hält auch Stephan Hermlin an dieser Behauptung fest, er erklärt gar, Ulbricht habe Berija „Köpfe" verweigert. Nach seiner absurden Version sagte Ulbricht zu Berija (dem 1951 oder 1952 nach Stalin mächtigsten Mann!) „Fahren Sie nach Hause." („Der Spiegel", Nr. 6, 6.2.1989, S. 77). Über die tatsächlichen Vorbereitungen zum deutschen Schauprozeß hat Leo Bauer, 1950 unter Ulbricht verhaftet, bereits 1956 berichtet, vgl. Beilage „Das Parlament", B. 26, 1956, S. 405 ff.

34 Zu den Säuberungen unter deutschen Kommunisten nach 1945 vgl. Karl Wilhelm Fricke: Warten auf Gerechtigkeit. Kommunistische Säuberungen und Rehabilitierungen. Köln 1971. — Ders.: Opposition und Widerstand in der DDR. Ein politischer Report. Köln 1984.

2. Kapitel
Die Rehabilitierungen

Die Haltung
der deutschen Kommunisten
nach 1945

Nach 1945 verschwiegen die deutschen Kommunisten zunächst, daß in den Moskauer Säuberungen auch KPD-Funktionäre verhaftet und sogar umgekommen waren. Auf Anfragen von Angehörigen und unteren Organen erhielten diese von der Berliner KPD-Zentrale nur ausweichende Antworten. Wo nähere Hinweise fehlten (etwa im Fall des früheren Reichstagsabgeordneten Franz Doll) erklärte das ZK Verschwundene kurzerhand zu Gestapo-Opfern. In anderen Fällen wurde jede offizielle Stellungnahme vermieden, bestenfalls unter der Hand verlautet, sie seien damals irrtümlich verhaftet und-/oder an Krankheit im Exil gestorben.

Nach erneuter Stalinisierung der SED (und der westdeutschen KPD) ab 1948 und mit den Säuberungen in der SED und KPD 1949/50 wurde plötzlich auch über deutsche Kommunisten in der Sowjetunion gesprochen. Nun galt wieder die These, sie alle seien damals als Agenten des Faschismus mit Recht verhaftet und verurteilt worden.

Mit dem Beginn des Kalten Krieges 1948/49 wurden die Stalinschen Säuberungen und auch deren deutsche Opfer also wieder zu einem politischen Thema, und dies auch aus einem zweiten Grund. Nun wurde auch im Westen auf die Verfolgungen aufmerksam gemacht. Im August 1948 veröffentlichte die von der US-Militärregierung herausgegebene „Neue Zeitung" einen Bericht, der kurze Zeit später als Broschüre ergänzt herauskam: „Ihr Schicksal in der Sowjetunion. Deutsche Kommunisten als Opfer der NKWD."[1] Der Verfasser war Fritz Löwenthal (früher MdR der KPD), der selbst in der Sowjetunion im Exil gelebt hatte und dann zum Westen übergegangen war. Dieser Bericht enthielt eine große Anzahl Namen verschwundener deutscher Kommunisten, sowohl Parteiführer als auch Funktionäre.

1949 erschien Margarete Buber-Neumanns Buch und gleichzeitig eine Broschüre des Anarchisten Rudolf Rocker: „Der Leidensweg von Zensl Mühsam" (Darmstadt, Verlag Freie Gesellschaft). Darin forderte Rocker die Freilassung der Witwe des anarchistischen Schriftstellers Erich Mühsam, den die Nazis 1934 ermordet hatten. Zensl Mühsam war im August 1935 von Prag nach Moskau gereist, dort wurde sie im April 1936 verhaftet. Sie befand sich noch in einem sowjetischen Häftlingslager als die SED Erich Mühsam 1949 als Antifaschisten groß herausstellte. Deshalb erregten die Enthüllungen in Rockers Broschüre seinerzeit erhebliches Aufsehen. Noch dramatischer war für die Öffentlichkeit der Erinnerungsbericht von Margarete Buber-Neumann. In ihrem Band „Als Gefangene bei Stalin und Hitler" teilte sie 1949 erstmals Genaueres über die Auslieferung deutscher Kommunisten durch sowjetische Behörden an Hitler-Deutschland mit. Die westdeutschen Kommunisten — allen voran der auch heute noch in der DKP aktive Emil Carlebach — hatten Margarete Buber-Neumanns Tatsachenschilderung als Fälschung diskreditieren wollen und es kam deswegen sogar zu einem Prozeß in Frankfurt. Die KPD bemühte Zeugen, die eine angebliche Verbindung von Heinz Neumann-Anhängern zur Gestapo und die „Sabotage" der in der Sowjetunion Verurteilten zu „beweisen" hatten. Solche erwiesenen Unwahrheiten (auch im Lichte der heutigen offiziellen kommunistischen Erklärungen) druckte damals die KPD-Presse lang und breit ab (vgl. Dok. 4).

Die SED als Staatspartei ging weit rigoroser vor. In stalinistischer Manier hat sie nicht nur ehemalige oppositionelle Kommunisten (ebenso wie Sozialdemokraten) aus der Partei ausge-

---

1 Obwohl die Broschüre damals in einer Auflage von 17.000 erschien, ist sie kaum noch zugänglich. Ich danke dem Archiv der Sozialen Demokratie bei der Friedrich-Ebert-Stiftung für eine Kopie. Über die Entstehung der Broschüre und den Autor vgl. auch Rudolf Rocker: Der Leidensweg der Zensl Mühsam. Darmstadt 1949, S. 30.

schlossen, sondern sie unter Mitwirkung der sowjetischen Besatzungsmacht verhaften und zu langjährigen Strafen verurteilen lassen (hier sei nur auf Trotzkisten wie Oskar Hippe oder KPO-Führer wie Alfred Schmidt verwiesen).[2] In diesem Zusammenhang bestand eine Traditionslinie zu den Stalinschen Säuberungen und auch den Moskauer Prozessen. Die SED hatte seit 1948 die Stalinsche „Geschichte der KPdSU(B) — Kurzer Lehrgang" (und Stalins „Biographie") in den Mittelpunkt ihrer politischen Schulungen gestellt, nun veröffentlichte sie 1951 Wyschinskis üble „Gerichtsreden" der Schauprozesse der dreißiger Jahre. Dieser Band wurde in SED-Zeitschriften sofort lobend, aber auch mit Hinweisen auf ihre Beispielhaftigkeit für die deutschen Kommunisten und DDR-Gerichte besprochen (vgl. Dok. 5).

Um „Wachsamkeit" zu erreichen und ein Klima der Angst anzuheizen, publizierte die SED (1949 im Verlag Volk und Welt) auch einen Band von Michael Sayer und Albert Kahn mit dem Titel „Die große Verschwörung". Darin wurden die Säuberungen mit „Belegen" aus stalinistischer Sicht vorgestellt. Die Autoren schreckten auch vor Verleumdungen der KPD-Funktionäre Fritz David und Alexander Emel anhand des Prozeßberichts von 1936 nicht zurück. Der Bezug auf die erneute Säuberung des deutschen Kommunismus wurde so hergestellt.

Bei der Vorbereitung für einen Schauprozeß in Ost-Berlin wurde die Kontinuität zur Stalinschen Säuberung noch deutlicher. Selbst nach Stalins Tod — bei der Absetzung des SED-Politbüromitglieds Franz Dahlem — bezog sich die SED in ihrem „theoretischen" Organ „Einheit" direkt auf die deutschen Verurteilten der Säuberungen der dreißiger Jahre. Da die SED bestrebt war, eine „Partei nach dem Vorbild der Partei Lenins-Stalins zu werden", müsse auch sie Säuberungen durchführen. Nun verwies sie wieder auf „solche Verräter wie Remmele, Neumann, Schubert, Schulte und andere", die „zerschlagen" worden seien. Schubert wurde gar verleumdet, „nachweisbar der

---

2 Vgl. Oskar Hippe:...und unsere Fahn' ist rot. Erinnerungen an sechzig Jahre in der Arbeiterbewegung, Hamburg 1979, S. 208 ff. — Zu Alfred Schmidt: Hermann Weber: Die Wandlung des deutschen Kommunismus. Frankfurt/M. 1969, Bd. 2, S. 278 f. Schmidt war von der sowjetischen Besatzungsmacht zum Tode verurteilt worden, das Urteil wurde in 25 Jahre Arbeitslager umgewandelt. Er kam 1956 in die Bundesrepublik, starb 1985.

Gestapo in die Hände gearbeitet" zu haben. Entsprechende Säuberungen sollten in der SED folgen (vgl. Dok. 6).

Doch mit der Entstalinisierung in der Sowjetunion mußte schließlich auch die SED ihre stalinistischen Säuberungsmethoden aufgeben, sie hat im Juli 1956 Dahlem u. a. öffentlich rehabilitiert. Während von der Sowjetunion selbst einige deutsche Opfer der Stalinschen Säuberung von 1936 bis 1938 rehabilitiert wurden (etwa Kippenberger und seine Frau 1958), blieb das Thema für die SED (die KPD in der Bundesrepublik war ja seit 1956 verboten) zumindest öffentlich ein Tabu. Typisch war es z. B., daß der Tochter Kippenbergers bei ihrer Übersiedlung nach Ost-Berlin sofort unmißverständlich erklärt wurde, sie habe über das Schicksal ihrer Eltern „absolut zu schweigen".

Die von Stalin ermordeten deutschen Kommunisten blieben so zunächst auch in der DDR-Geschichtsschreibung „Unpersonen". Die SED ging so weit, in damaligen Veröffentlichungen sogar Bilder zu fälschen. Z.B. ist Willy Leow, der bei einer Demonstration neben Ernst Thälmann ging, in einem Band von 1955 aus dem Bild wegretuschiert worden. Solche Fälschungen praktizierte die SED bis Mitte der sechziger Jahre. Leows Foto war auch noch 1962 aus einem Bild vom letzten Aufmarsch der KPD-Anhänger im Januar 1933 vor dem ZK herausgeschnitten worden.[3]

Erst 1966, also über 20 Jahre nach Kriegsende und dreißig Jahre nach den Säuberungen, nannte die SED in den Stalinschen Säuberungen ermordete KPD-Führer wieder und zwar in ihrer achtbändigen „Geschichte der deutschen Arbeiterbewegung". Dies galt für Willi Budich, August Creutzburg, Hugo Eberlein, Leo Flieg, Felix Halle, Hans Kippenberger, Willy Leow, Willi Münzenberg, Heinz Neumann, Hermann Remmele, Hermann Schubert und Fritz Schulte. Bemerkenswert ist dabei zweierlei. Erstens fehlte bei fast all diesen Personen im Register (im Gegensatz zu anderen genannten Parteiführern) das Todesdatum. Da nur das Geburtsjahr angegeben war, sah es so aus, als lebten sie noch. Zum zweiten waren diese Personen in Band 3 und 4 (Weimarer Republik) angeführt, in Band 5 (1933 - 1945) fehlte

---

3 Vgl. dazu Hermann Weber: Ulbricht fälscht Geschichte. Köln 1962, Bildanhang. Zu den Einzelheiten der Bildfälschung auch Hermann Weber: Die DDR 1945 bis 1986 (Oldenburg — Grundriß der Geschichte, Bd. 20), München 1988, S. 109f.

davon die Hälfte, sie waren also keineswegs in Zusammenhang mit den Säuberungen genannt. Im Gegenteil bleibt festzuhalten: obwohl die „Geschichte der deutschen Arbeiterbewegung" in acht Bänden 5 000 Seiten umfaßte, enthielt sie über die Säuberungen nur einige wenige Zeilen. Dort wurde in dürren Worten vom Personenkult um Stalin und „Verletzung der Gesetzlichkeit" gesprochen. Die Repressalien sind 1966 teilweise sogar noch gerechtfertigt worden: „Diese Maßnahmen richteten sich sowohl gegen die politisch geschlagenen oppositionellen Gruppen der Trotzkisten und Sinowjew-Leute, der Rechten und Nationalisten als auch gegen ehrliche, der Sache der Partei treu ergebene Funktionäre, Kommunisten und Parteilose. Viele von ihnen wurden verhaftet, zu langjährigen Freiheitsstrafen oder zum Tode verurteilt. Darunter fielen auch eine Anzahl Mitglieder und verantwortliche Funktionäre der Kommunistischen Partei Deutschlands".[4]

Das war alles. Die SED behauptet heute, die Rehabilitierungen seien bereits in den fünfziger und sechziger Jahren erfolgt. Doch in der achtbändigen Geschichte von 1966 wurde im Zusammenhang mit den Säuberungen nicht ein einziger Name eines verfolgten KPD-Führers genannt. Die Erwähnung der Personen beschränkte sich auf Hinweise ihrer Funktionen in Führungsgremien, wobei Neumann, Remmele, Schubert, Schulte usw. meist nur als „Abweichler" genannt wurden.

Die Kritik an der Verheimlichung des Todesjahres der Opfer der Säuberung („Von 1937 kein Sterbenswort" hieß es im „Spiegel"[5]) führte dazu, daß bei einer neuen Bindequote (und in späteren Auflagen) von einigen (Flieg, Remmele, Schubert, Schulte) das Todesjahr eingesetzt wurde, aber nach wie vor kein Wort darüber, wie und wo sie umgekommen waren. Alle DDR-Veröffentlichungen der sechziger Jahre praktizierten diese Methode, die von der SED heute als „Rehabilitierung" umgedeutet wird: Zwar wurden Namen und Funktionen wieder genannt und Bildretuschierungen unterlassen, aber weiterhin über das Schicksal der Stalin-Opfer, ihre Ermordung, nichts geschrieben.

---

4   Geschichte der deutschen Arbeiterbewegung in acht Bänden. Bd. 5, Januar 1933 bis Mai 1945, Berlin (Ost) 1966, S. 207.

5   Hermann Weber über Ulbrichts „Geschichte der deutschen Arbeiterbewegung". Von 1937 kein Sterbenswort. „Der Spiegel", Nr. 31, 25.7.1966, S. 76 f.

Das Biographische Lexikon von 1970

Der KPD-Führer, von dem die SED erstmals zugab, daß er in den Säuberungen „unrechtmäßig" verhaftet wurde, war Hugo Eberlein. Anfang 1969 erschien in der SED-Zeitschrift „Geschichte der Arbeiterbewegung" eine Kurzbiographie Eberleins, aus der die Fachwelt erfuhr, er sei 1936 in die Sowjetunion gefahren. „Hier kam es als Folge der Verletzung der Leninschen Normen des Parteilebens und der sozialistischen Gesetzlichkeit zu seiner Verhaftung. Am 12. Januar 1944 starb er".[6]

Zwar waren vorher bereits einige Künstler (so Ernst Ottwalt 1968) als Opfer der „Verletzung der Gesetzlichkeit" erwähnt worden,[7] doch die öffentliche Nennung Eberleins war für die DDR-Geschichtswissenschaft ein gravierendes Ereignis.

Dies zeigte sich, als ein Jahr später der Band „Geschichte der deutschen Arbeiterbewegung. Biographisches Lexikon" im Dietz-Verlag in Ost-Berlin herauskam. Dort waren 353 Kurzbiographien verstorbener Führer der verschiedenen Richtungen der deutschen Arbeiterbewegung von den Anfängen bis zur Gegenwart zu finden, darunter knapp 150 KPD- bzw. SED-Führer. Erstmals wurden ehedem verfemte „Parteifeinde" wie Levi,

---

6 „*Beiträge zur Geschichte der Arbeiterbewegung*", 11. Jhg. 1969, Heft 1, S. 122.

7 „1937 wurde er wegen angeblicher Spionage für die deutsche Wehrmacht in einen Prozeß verwickelt und ist in der Haft verstorben. Er wurde nach 1953 rehabilitiert" hieß es über Ottwalt in „Traum vom Rätedeutschland". Berlin/Weimar 1968, S. 701. Über Hotopp hieß es hingegen fälschlich, er sei seit 1941 verschollen, „Er soll in den Kämpfen um Moskau ums Leben gekommen sein". Dagegen steht in „Exil in der UdSSR", Leipzig 1979 (S. 245), über Hotopp: „1938 wurde er verhaftet." Im „*Lexikon sozialistischer deutscher Literatur*", Leipzig 1964 (S. 393) war über Ottwalt noch zu lesen, er sei „zum Tode verurteilt" worden. In diesem Lexikon wurde auch die Verurteilung von Hans Günther erwähnt, hier hieß es „nach dem 20. Parteitag der KPdSU rehabilitiert" (S. 205). Hingegen fehlten Hinweise auf die Verhaftungen von Hotopp oder Joseph Schneider (S. 231 f., 447 f.). Typisch für die widersprüchliche Haltung auch bei der Rehabilitierung von Schriftstellern ist, daß z. B. im „*Lexikon deutschsprachiger Schriftsteller*" Leipzig 1968 (Bd. 2, S. 239 ff.), wiederum jeder Hinweis auf das Ende von Ottwalt fehlt! Schließlich sind im Band „Wir sind die Rote Garde" (1980) keine Kurzbiographien von Günther oder Ottwalt enthalten, wohl aber von Hotopp („gestorben 22.5.1941 in der UdSSR"), Bd. 2, S. 298.

Brandler, Ruth Fischer und andere vorgestellt. Damals schrieb ich in einer Rezension:[8]

> „Denn die überraschendste (und sehr positiv zu bewertende) Aussage des vorliegenden Bandes ist die ‚Rehabilitierung' von 10 Opfern der Stalinschen Säuberungen, nämlich von Budich, Creutzburg, Eberlein, Flieg, Golke, Kippenberger, Neumann, Remmele, Schubert und Schulte. Von diesen KPD-Führern hatte die SED bisher nur Eberlein rehabilitiert, bei den übrigen wird erstmals eingestanden, daß sie unschuldig den Stalinschen Säuberungen von 1937 zum Opfer fielen. Auch wenn die Rehabilitierung in der üblichen stereotypen Form geschieht (am Schluß der Biographie wird geschrieben, der entsprechende Führer sei in der Sowjetunion, *unter falschen Anschuldigungen verhaftet*' worden, und beim Todesdatum heißt es: ‚*in der UdSSR*' gestorben), ist damit doch eine wichtige Änderung der DDR-Geschichtsschreibung zu diesem Thema zu konstatieren. Die SED bestätigt nun offiziell ..., daß zahlreiche KPD-Führer in den Stalinschen Säuberungen umkamen."

Leider kam das Lob verfrüht. Schon einen Monat später, im Oktober 1970, stellte sich heraus, daß der Band gar nicht regulär ausgeliefert wurde, nur einige Exemplare verkauft worden waren. Die SED hatte das Lexikon sofort nach seinem Erscheinen wieder zurückgezogen, es verschwand gleich wieder vom Büchermarkt. Die SED wollte noch keine Rehabilitierungen. Nun war zu konstatieren:[9]

> „Auf der Frankfurter Buchmesse (1970) sagte der Vertreter des Ost-Berliner Dietz Verlages auf die Frage nach dem *Biographischen Lexikon*, es erscheine vorläufig nicht. Auf den Hinweis, das Buch sei doch schon verkauft worden, antwortete er ausweichend, die Auslieferung sei wegen ‚drucktechnischer Fehler' gestoppt worden.
>
> Nun ist aber der Band drucktechnisch einwandfrei, die Gründe für das Zurückziehen des *Biographischen Lexikon* müssen also im Politischen gesucht werden. Die Vermutung liegt nahe, daß der SED-Führung die Rehabilitierung von zehn Opfern der Stalinistischen Säuberungen in diesem Band zu weit ging. Die durch das *Biographische Lexikon* indirekt bestätigte Tatsache, daß aus der Spitzenführung der KPD (Mitglieder des Politbüros) unter Stalin mehr ermordet wurden als unter Hitler, kann oder will die SED-Führung zur Zeit wohl noch nicht zugeben. Die Folge ist bedauerlich: Ein insgesamt vorbildliches historisches Werk, das den Fortschritt der SED-Ge-

---

8 „*Deutschland Archiv*", 3. Jhg. 1970, Heft 9, S. 929 f.

9 „*Deutschland Archiv*", 3. Jhg. 1970, Heft 10, S. 1116.

schichtswissenschaft signalisierte, darf nicht ausgeliefert werden; ja, es besteht sogar die Gefahr, daß der Band nun eingestampft wird. Die bedenkliche Abhängigkeit der DDR-Historiographie von der politischen Linie und den Weisungen der SED-Führung ist damit einmal mehr demonstriert."

Es dauerte fast 10 Jahre, bis der Band in einigen Buchhandlungen der DDR wieder zu haben war, doch angezeigt wurde er nirgendwo, der Verlag unterließ jegliche Reklame für das Buch. Die späteren Behauptungen, mit diesem Band habe die SED bereits 1970 Rehabilitierungen von Stalin-Opfern vorgenommen, stellt also die Dinge auf den Kopf: gerade um die öffentliche Diskussion über die Rehabilitierungen zu vermeiden, ist der Band ja seinerzeit wieder zurückgezogen worden.

In der Folgezeit erwähnten DDR-Darstellungen viele KPD-Führer, die Opfer der Stalinschen Säuberungen geworden waren, aber nirgendwo wurde dieses ihr Schicksal beschrieben. Während der Breschnew-Ära hat auch die DDR überdies die Säuberungen immer weniger thematisiert.

Die Nennung von Namen als „Rehabilitierung"?

Bereits hier zeigt sich, daß der Begriff „Rehabilitierung" unterschiedlich definiert wurde. Nach Stalins Tod bis in die sechziger Jahre war es üblich, die Säuberungen zu verschweigen, und ebenso die Opfer überhaupt nicht zu nennen: Sie blieben „Unperson", sogar ihre Bilder wurden weiterhin wegretuschiert und dies, obwohl sie nach heutiger SED-Deutung bereits damals „rehabilitiert" waren. Die Methoden änderten sich Mitte der sechziger Jahre. Nun wurden die KPD-Führer wieder erwähnt, allerdings ohne jeden Hinweis auf ihr Schicksal, ihren Tod in den Säuberungen. Danach folgte mit dem „Biographischen Lexikon" eine dritte Variante. Jetzt wurden bei einigen Führern auch die Verhaftungen als ungerechtfertigte Maßnahmen kritisiert, also die Personen endlich mit den Säuberungen in Verbindung gebracht. Jedoch wurde nicht offen gesagt, daß sie ermordet wurden und auch ihre Rehabilitierung nicht klar ausgesprochen. Bis heute steht also der vierte Schritt noch aus, die öffentliche Rehabilitierung und der direkte Hinweis auf die Ermordung, wie dies inzwischen die sowjetische Geschichtsschreibung bei Stalin-Opfern macht. Ja, es gab in den siebziger Jahren sogar Rückfälle hinter die Linie im „Lexikon". Bei der Nennung der KPD-Führer (und erst recht unterer Funktionäre) fehlte nun erneut jeder Hinweis auf die Säuberung.

So wurde in der 1979 erschienenen Thälmann-Biographie[10] zwar wieder eine Reihe von Opfern der Säuberung (Birkenhauer, Creutzburg, Eberlein, Flieg, Golke, Halle, Hirsch, Kippenberger, Koska, Leow, Neumann, Remmele, Schubert und Schulte) erwähnt, sogar ein Bild mit Thälmann und Flieg wiedergegeben, doch mit keinem Wort auch nur bei einer dieser Personen deren späteres Schicksal unter Stalin angesprochen. Und dies zieht sich wie ein roter Faden durch alle DDR-Veröffentlichungen der letzten Jahre. In einer Untersuchung über den Roten Frontkämpferbund von Kurt Finker (Berlin-Ost 1981)[11] wird zwar mehrfach über den (neben Thälmann) Leiter des RFB Willy Leow geschrieben, er ist sogar auf einem Bild neben Thälmann zu sehen, aber es findet sich kein Wort über Leows Tod in den Stalinschen Säuberungen. Auf dieser Praxis beharrte die SED bis in die aktuelle Diskussion hinein.

Und es folgten immer wieder Rückschläge. Die DDR-Geschichtsschreibung schwankte auch in dieser Frage zwischen Legenden und der „Parteilichkeit" und Ansätzen zu mehr Objektivität. Exemplarisch dafür war ein Beitrag über Felix Halle noch im Jahre 1986. In einem Sammelband schrieb Volkmar Schöneburg über die „KPD und das proletarische Erbe in der Rechtswissenschaft".[12] Darin hieß es:

„Die rechtswissenschaftliche Tätigkeit der Kommunisten (in der Weimarer Republik, H. W.) wird maßgeblich durch einen Mann bestimmt: Felix Halle." V. Schöneburg berichtet weiter, daß dieser „große Organisator" in „bisherigen Geschichtsbetrachtungen im Hintergrund blieb". Der Artikel Schöneburgs behandelt umfassend die Schriften von Halle zur Gesetzlichkeit, zum Gesinnungs- und Sexualstrafrecht, außerdem macht er

---

10 Ernst Thälmann. Eine Biographie. Leiter des Autorenkollektivs: Günter Hortzschansky. Berlin (Ost) 1979.

11 Kurt Finker: Geschichte des Roten Frontkämpferbundes. Berlin (Ost) 1981.

12 Karl-Heinz Schöneburg (Hrsg.): KPD und Staatsfrage. Staats- und rechtstheoretisches Erbe in der Politik der KPD 1919 bis 1945. Berlin (Ost) 1986.

Angaben zur Person Halles. Dieser war der juristische Hauptberater der KPD; ab 1927 leitete er die juristische Zentralstelle beim ZK der KPD (was Schöneburg nicht erwähnt). Weit verbreitet war seine Schrift „Wie verteidigt sich der Proletarier vor Gericht?" Durch seine Aktivitäten (u. a. im Prozeß Max Hoelz) war Halle einer der bekanntesten Kommunisten. Umso erstaunlicher, daß er in der DDR kaum erwähnt wurde, für die SED „im Hintergrund" blieb. Nun beschreibt V. Schöneburg auf über 35 Seiten die Bedeutung von Felix Halle für die KPD, nur über seinen Tod heißt es lapidar: „Felix Halle, der 1937 in der Sowjetunion starb."[13]

Doch wie starb Felix Halle? Er mußte nach einer kurzen Inhaftierung 1933 — in Deutschland als Jude und Kommunist doppelt gefährdet — emigrieren, kam über Frankreich in die Sowjetunion. Dort wurde er 1937 verhaftet. Es ist nicht bekannt, ob er erschossen wurde oder im Gefängnis starb, aber er kam als Opfer der Stalinschen Säuberung ums Leben. Dies war der Grund, warum ihn die DDR lange überging. Während es in vergleichbaren Fällen hieß „unter falschen Anschuldigungen verhaftet", fehlte nun in V. Schöneburgs Bericht über Halle jeglicher Hinweis. So blieben Fortschritte bei der Aufarbeitung der Geschichte der KPD durch die DDR in Halbheiten stecken.

Das zeigt auch ein Blick auf eine 1988 in fünfter Auflage im Dietz-Verlag der SED erschienene Dokumentation über die Tagung des ZK der KPD am 7. Februar 1933 in Ziegenhals bei Berlin.[14] Dieser Band bringt auch Kurzbiographien der Teilnehmer dieser letzten ZK-Tagung der KPD in der Weimarer Republik. Über die merkwürdigen Veränderungen bei der Aufzählung der dort Anwesenden wurde an anderer Stelle berichtet.[15] Hier ist darauf zu verweisen, daß seit der 3. Auflage 1980 der (vorher überhaupt nicht erwähnte) Hans Kippenberger mit einer Kurzbiographie vorgestellt wird. Doch diese endet auch noch in der 5. Auflage 1988 so: „Im Oktober 1933 verließ er auf Beschluß der

---

13 Volkmar Schöneburg in K.-H. Schöneburg, ebda., S. 91.

14 Die illegale Tagung des Zentralkomitees der KPD am 7.2.1933 in Ziegenhals bei Berlin. Einleitung: Günter Hortzschansky. 5. überarb. und erw. Aufl. Berlin (Ost) 1988.

15 Hermann Weber: Kommunismus in Deutschland 1918 bis 1945. Darmstadt 1983, S. 16ff.

Parteiführung Deutschland und arbeitete zunächst in Paris. Von 1934 an war er in Moskau tätig."[16] Bei sämtlichen anderen Kurzbiographien wird dagegen das Todesdatum mitgeteilt, beispielsweise heißt es, „am 22. August 1933 wurde Franz Stenzer von der SS ermordet", oder „am 2. Juni 1939 erlag Lambert Horn den unmenschlichen Bedingungen im Lager" — gemeint ist natürlich ein deutsches KZ. Damit verschweigt die SED, daß Kippenberger 1937 in der UdSSR erschossen wurde, der Tod Kippenbergers bleibt unerwähnt, die übrigen Teilnehmer der ZK-Tagung, die später in der Sowjetunion umkamen (Leow, Schubert, Schulte, vermutlich Golke und Koska) fanden in der „Dokumentation" gar keinen Platz.

Das beweist, daß sich die Geschichtsschreibung der SED bis in die jüngste Zeit hinein scheut, über die Ermordung deutscher Kommunisten in den Stalinschen Säuberungen zu berichten. Hingegen ist auf literarischem Gebiet die Bewältigung der Vergangenheit fortgeschritten. Beispielsweise hatte die im Januar 1989 verstorbene Schriftstellerin Trude Richter über ihre Haftzeit und den Tod ihres Mannes Hans Günther offen in der DDR-Zeitschrift „Sinn und Form" mitteilen können:

„Ich kam in eine Massenzelle des Butyrka-Gefängnisses. Dutzende von Frauen verschiedenen Alters und Bildungsgrades umringten mich. (Darunter auch die Gattin des berühmten Heerführers Tuchatschewski, der 1937 ums Leben kam. Am 1. 10. 1978 wurde ihm zu Ehren in Moskau ein Film uraufgeführt: „Staub unter der Sonne".) Unter ihnen entdeckte ich die Gattin des Schriftstellers Ernst Ottwalt, der in der gleichen Nacht wie wir mit seiner Frau eingeliefert wurde. Später tauchte für kurze Zeit die Schauspielerin Carola Neher dort auf. Aber im übrigen hieß es, neue Bekanntschaften schließen und mit ihnen auf engstem Raum die Monate bis zum Abschluß der Untersuchungen zu verbringen. (...)

Vom ersten Tage an hatte ich mich bemüht, die Verbindung mit H. G. herzustellen. Hatte diesem und jenem Gerücht geglaubt, wonach er auf Kolyma gesehen worden sei, ‚Bretter tragend'. Doch erst 1940 versprach mir ein entgegenkommender Vertreter der NKWD, sich unbedingt nach seinem Verbleib zu

---

16 Die illegale Tagung, a.a.O. (Anm. 14), S. 74.

erkundigen und mir Nachricht zukommen zu lassen. Er hielt sein Wort.

An einem Sommermorgen wurde ich aus dem Walde in die Lagerverwaltung bestellt. Erwartungsvoll fuhr ich mit einem unserer Männer auf dem Floß den Taskan hinunter bis Elgen und eilte dann ins URB. Dort legte man mir ein Papier zur Unterschrift vor, in dem stand, daß der Gefangene H. G. im Oktober 1938 im Durchgangslager Wladiwostok gestorben sei. Später habe ich Genaueres erfahren über die Umstände seines Todes. Und zwar von einer alten Kommunistin, Klawida Baturina, heute „persönliche Pensionärin" der Sowjetunion. Sie kam im Herbst 1938 mit einem Frauentransport in das Durchgangslager von Wladiwostok. Anfang Oktober mußte sie wegen Diphterie einige Zeit dort im Krankenhaus verbringen. Die Krankenzimmer waren überfüllt. Selbst auf dem Korridor lagen sterbende Männer, „Dochodjagi", viele waren an Typhus erkrankt. Wörtlich sagte sie mir: „Wir Frauen aßen unsere Brotportionen nicht auf, sondern gaben sie den hungernden Männern. Einer von ihnen ist auf meinen Knien gestorben. Seine letzten Worte waren: ‚Ich bin Bruno Jasienski . . .' (polnischer sozialistischer Schriftsteller).

Dort sind damals viele umgekommen. Einer von ihnen war H. G."[17]

In der gleichen Zeitschrift hatte Werner Mittenzwei in einer Portrait-Skizze über Helmut Damerius dessen Haftzeit in der UdSSR keineswegs ausgespart.[18] Die Verhaftung und Ermordung kommunistischer Funktionäre in den Stalinschen Säuberungen bleibt dagegen für die SED-Geschichtsschreibung ein heikles Thema, wie sich in der aktuellen Diskussion zeigt, die 1988 durch die sowjetischen Rehabilitierungen vorangebracht wurde.

---

17 Trude Richter, Station Kilometer sieben. „Sinn und Form", 40. Jhg. 1988, Heft 3, S. 499, 527.
18 Werner Mittenzwei: Helmut Damerius. „Sinn und Form", 39. Jhg. 1987, S. 7132ff.

Die aktuelle Diskussion

Im Februar 1988 rehabilitierte das Oberste Gericht der UdSSR öffentlich und offiziell 20 der 21 Verurteilten des Moskauer Schauprozesses von 1938, darunter den Hauptangeklagten Nikolai Bucharin. Das Gericht bestätigte, daß die „Geständnisse" der Angeklagten, auf denen die Urteile aller Schauprozesse beruhten, mit „ungesetzlichen Mitteln" erzwungen worden waren. Im Mai nahm dann die Sowjetische Akademie der Wissenschaften Bucharin posthum wieder als Mitglied auf, im August tat dies die KPdSU.

Die Rehabilitierung Bucharins, Rykows und anderer Mitstreiter Lenins ist nicht nur eine moralische Wiedergutmachung, sondern auch ein wichtiger politischer Schritt der Abkehr von Stalins Terrorherrschaft und damit ein Stück kommunistischer Vergangenheitsbewältigung.

„Für die vollständige Rehabilitierung der Opfer der Moskauer Prozesse" lautete daher — wie schon im Vorwort erwähnt — die Forderung einer weltweiten Unterschriftenkampagne, der sich in der Bundesrepublik Wissenschaftler sowie Politiker der SPD und der Grünen anschlossen. Ende April 1988 nahm die Sowjetische Botschaft in Bonn den Aufruf entgegen. In einem erläuternden Brief an den sowjetischen Botschafter haben die Unterzeichner außerdem darauf hingewiesen, daß in den Stalinschen Säuberungen auch zahlreiche deutsche Kommunisten „liquidiert worden sind". Aufgeführt wurden namentlich sieben Mitglieder bzw. Kandidaten, die in der Weimarer Republik dem Politbüro angehört hatten: Hugo Eberlein, Leo Flieg, Heinz Neumann, Hermann Remmele, Hermann Schubert, Fritz Schulte und Heinrich Süßkind. Außerdem stellvertretend für weitere Opfer die Leiter des Militärapparates (Hans Kippenberger), des Roten Frontkämpferbundes (Willy Leow), der Roten Hilfe (Willi Koska), dann der Jurist des ZK Felix Halle, der Chefredakteur der Parteizeitung „Rote Fahne" Werner Hirsch, der Parteiideologe Kurt Sauerland sowie schließlich die berühmte Schauspielerin Carola Neher.

Nach der Briefübergabe wurde in einer Pressekonferenz klargestellt: Die meisten der genannten führenden Kommunisten werden inzwischen von der kommunistischen Geschichtsschreibung zwar wieder erwähnt[19], aber ihre offizielle, eindeutige und öffentliche Rehabilitierung steht bis heute aus.

Das war für die Tageszeitung der DKP, die „UZ", Anlaß, sich dem Problem zu stellen. Auf fast einer ganzen Seite brachte das Parteiorgan (vgl. Dok. 7) unter der Überschrift „Sie sind alle rehabilitiert" biographische Angaben zu zehn der 14 im Brief genannten Stalin-Opfer sowie ein umfangreiches Interview mit Günter Judick, „Sprecher der Geschichtskommission der DKP". Erstmals nahmen deutsche Kommunisten damit zusammenfassend und öffentlich zu den Stalinschen Säuberungen und speziell ihren deutschen Opfern Stellung, und zwar in einer Breite, die die SED bisher vermissen ließ. Die „UZ" schrieb, daß die erwähnten KPD-Führer unter falschen Beschuldigungen in der UdSSR verhaftet und verurteilt wurden und „in der Zeit zwischen 1937 und 1944 ums Leben kamen". Diese Bestätigung bisher als „antikommunistische Verleumdung" verfemter Tatsachen ist als ein Stück notwendiger Vergangenheitsbewältigung zu begrüßen. Interessant die Ausführung von Günter Judick: „Es darf in der Tat keine weißen Flecken in der Geschichte geben. Mann kann eine Geschichte nicht schreiben, indem man nur schwarz-weiß darstellt, indem man nur das sieht, was einem gerade nützlich erscheint. Das unterscheidet auch unser heutiges Herangehen an die Geschichte von vielen Darstellungen aus der Stalin-Zeit, wo man unter Parteilichkeit eine bestimmte Scheuklappensicht sah, alles ausklammerte, was nicht in unser Geschichtsbild hineinpaßte." Wenn Judick bei aller Selbstkritik allerdings versicherte, „dieses Denken" sei „bei uns seit langem überwunden", durfte man skeptisch bleiben.

Auch die Ausführungen in der „UZ" waren schließlich noch keine korrekte Darstellung. Die Behauptung, die unter Stalin ermordeten KPD-Führer seien „alle rehabilitiert", war eine neue Legende. Als „Beweis" für ihre These schrieb die „UZ", diese Führer seien im „Biographischen Lexikon" der SED, in der

---

19 Nach wie vor überhaupt nicht genannt werden der Kandidat des Politbüros der KPD 1927 bis 1929, Heinrich Süßkind, sowie der KPD-Theoretiker Kurt Sauerland.

Ostberliner Thälmann-Biographie oder in der Geschichte des RFB[20] „gewürdigt", sie seien also „keine Unpersonen, es sind keine weißen Flecken in unserer Geschichte". In der Thälmann-Biographie von 1979 werden — wie schon erwähnt — zwar einige Stalin-Opfer namentlich genannt, aber über deren Schicksal wird eben nichts gesagt. Der RFB-Führer Leow ist in der Geschichte dieser Organisation mehrfach erwähnt, er ist sogar auf einem früher von der SED gefälschten Bild neben Thälmann zu sehen[21], aber über Leows Verhaftung und seinen Tod in den Stalinschen Säuberungen findet sich nicht der geringste Hinweis.

So bleibt als Beleg für die DKP-Version nur das Biographische Lexikon. Dieses Buch wurde aber sofort nach seinem Erscheinen 1970 wieder zurückgezogen, worüber oben bereits berichtet worden ist. Ein Teil der Auflage wurde sogar eingestampft, weil darin erstmals (und seither mit dieser Deutlichkeit in der DDR nie wieder) die beschriebenen Lebensläufe kommunistischer Führer — darunter Eberlein, Flieg, Neumann, Remmele, Schubert, Schulte — mit dem lapidaren Satz endeten: „1937 in der UdSSR unter falschen Anschuldigungen verhaftet". Erst viel später gelangten einige Exemplare dieses Lexikons in den Handel. Schon deswegen ist der von der DKP angeführte „Beleg" ein schlechtes Beispiel.

Doch eine Rehabilitierung muß selbstverständlich mehr sein als die bloße Erwähnung von Personen in historischen Darstellungen. Als Rehabilitierung kann auch keine geheime Maßnahme gelten, etwa wenn bereits unter Chruschtschow die Töchter von Hans Kippenberger über dessen Rehabilitierung eine „Mitteilung" von den sowjetischen Behörden erhielten, das aber nicht öffentlich bekanntmachen durften. Noch entlarvender für das Verständnis einer „Rehabilitierung" war die Aussage von Judick in der „UZ": „In vielen freundschaftlichen Gesprächen in der

---

20 Geschichte der deutschen Arbeiterbewegung (Biographisches Lexikon), Berlin (Ost) 1970. — Thälmann-Biographie gl. Anm. 10, Finker vgl. Anm. 11.

21 Ebenso ist in der Thälmann-Biographie (S. 672 ff.) ein früher gefälschtes Bild (mehrere Personen waren wegretuschiert) von der letzten Demonstration der KPD im Januar 1933 wieder im Original abgedruckt, allerdings ohne die früher auch wegretuschierten Willy Leow und Wilhelm Hein (der später zu den Nazis überging) namentlich zu nennen — genannt werden aber Thälmann, Schehr, Ulbricht und Dahlem.

Sowjetunion ist auch über die Schicksale der deutschen Kommunisten in der Periode ungerechter Verfolgungen berichtet und informiert worden." Warum haben SED und DKP dies nicht nur streng geheimgehalten, sondern ihren Anhängern sogar stets den Eindruck vermittelt, dies seien nur „Argumente der Feinde"?

Rehabilitierung kann nur eine öffentliche Klarstellung über die zu Unrecht ermordeten Personen bedeuten, so wie die UdSSR dies im Falle Bucharins und seiner Mitverurteilten getan hat. Dazu konnten die Ausführungen der „UZ" bestenfalls ein erster Schritt sein. Diese beschränkten sich ohnehin auf zehn der 14 beispielhaft genannten Kommunisten. Vier der im Brief an den Sowjetischen Botschafter stellvertretend für die vielen Opfer genannten Personen, nämlich der Kandidat des Politbüros Süßkind sowie Koska, Sauerland, Carola Neher wurden in der „UZ" nicht einmal erwähnt. Da diese bisher auch in der SED-Geschichtsschreibung weiterhin ungenannt — also „Unperson" — blieben[22], kann die These nicht überzeugen, die Nennung in Geschichtswerken allein sei bereits die Rehabilitierung.

Mit der Methode der „UZ" wurde zunächst weiterhin tabuisiert, daß nicht nur einige Führer, sondern hunderte deutscher Kommunisten in den Stalinschen Säuberungen umkamen. Es wurden keine Zahlen bekanntgegeben ebenso fehlt von den meisten Opfern das genaue Todesdatum oder die Todesart. Als ein Neffe von Fritz Schulte, den nach Judicks Ausführungen die DKP seit langem „ehrt", vor Jahren von der SED und der KPdSU das genaue Todesdatum seines Onkels wissen wollte, erklärten die Organisationen, dieses selbst nicht zu kennen.

Gerade das Beispiel Schulte belegt, wie weit die These von der längst erfolgten „Rehabilitierung" einer neuen Legendenbildung diente. Die „Pille" — „Zeitung der DKP für die Bayer-Belegschaft und Leverkusener Bürger", brachte 1981 in ihrer Februar-Ausgabe einen Rückblick auf den Streik bei der Firma Bayer 1921. Dort hieß es u. a. über die Person Fritz Schultes: „1930 bis 1933 Mitglied des Deutschen Reichstags, Betriebsrat bei Farbenfabriken Bayer ab 1920. Während der Nazidiktatur

---

22 Allerdings schrieb der Schauspieler Geschonneck in seinen Erinnerungen: „Meine berühmte Kollegin, die Schauspielerin Carola Neher, wurde unvermittelt verhaftet". Erwin Geschonneck: Meine unruhigen Jahre. Berlin (Ost) 1984, S. 62.

zwei Jahre illegale Arbeit, danach Emigration in die Sowjetunion. Seit 1943 ist Fritz Schulte verschollen".[23] Wenn nun Günter Judick sagte (Dok. 7), Schulte sei „mit Bild lange Zeit an einer Wandzeitung" der DKP-Schule dargestellt worden, erhebt sich sowohl die Frage, wann das Bild abgehängt wurde, als auch und vor allem, ob Schultes Verhaftung in der UdSSR thematisiert wurde oder ob — wie in der „Pille" — weiterhin der vieldeutige Begriff „verschollen" (in der UdSSR oder wo?) benutzt wurde.

Die heftigen Diskussionen in der DKP um die Bewältigung der stalinistischen Vergangenheit haben dann aber in dieser Partei rasch mit vielen Legenden Schluß gemacht. Nach der Rehabilitierung der Verurteilten der Schauprozesse in der Sowjetunion im Juni 1988 räumte auch Judick ein (Dok. 8), daß die „gesamten Verfahren", also auch die gegen deutsche Kommunisten, in der UdSSR „Unrecht darstellten".

Bei der Vorbereitung des 9. DKP-Parteitages im Januar 1989 ging dann wenigstens ein Teil der Funktionäre noch einen Schritt weiter. Wie ernsthaft die Diskussion geführt wurde, zeigte beispielsweise ein Artikel von Axel Lochner (vgl. Dok. 13). Die Bezirksdelegiertenkonferenz der DKP in Hamburg im November 1988 setzte eine Kommission ein, sie soll „die ‚weißen Flecken' der Hamburger Parteigeschichte aufarbeiten einschließlich der Rehabilitierungen".[24] Ausdruck dieser neuen Haltung war es, daß sich erstmals DKP-Delegierte zu Ehren ermordeter Stalin-Opfer von den Plätzen erhoben. Der stellvertretende Bezirksvorsitzende hatte an die Millionen Opfer Stalins erinnert und gesagt: „Stellvertretend für die aus Hamburg kommenden oder in Hamburg tätig gewesenen Genossen, die unter Stalin gequält und ermordet wurden, nenne ich die Genossen August Creutzburg, Paul Dietrich, Hans Kippenberger und Hermann Schubert".

Auf dem DKP-Parteitag im Januar 1989 sprach sich Jupp Angenfort für die DKP-Geschichtskommission zwar dagegen aus, „jetzt die Geschichte der kommunistischen Bewegung neu zu schreiben", aber auch er ist für die „Aufarbeitung des Stalinis-

---

23 „Die Pille", 12. Jhg., Januar 1981, S. 6. Vgl. auch „Die Pille", Februar 1981, S. 6. Eine Kopie der Zeitung verdanke ich Prof. Manfred Wilke, Berlin.

24 9. Ordentliche Bezirksdelegiertenkonferenz der DKP Hamburg. 88. Beschlüsse der BDK, Hamburg o. J. (1988), S. 28.

mus".²⁵ Selbst in der Entschließung dieses 9. Parteitages der DKP hieß es: „Es muß uns auch darum gehen, die historische Wahrheit über die Opfer Stalinscher Verbrechen in den Reihen deutscher Kommunistinnen und Kommunisten zu offenbaren und Nachwirkungen der Stalin-Zeit auf die kommunistische Bewegung für unsere Partei zu klären und zu überwinden".²⁶

Solche Aussagen läßt die SED noch immer vermissen, sie beharrt im Gegenteil auf längst widerlegten Legenden. Und dies, obwohl das Problem neben der DKP auch die SEW und insbesondere die SED angeht, denn „schließlich sind es drei Parteien, die aus der Kommunistischen Partei Deutschlands hervorgegangen sind und sowohl ihre positive Tradition tragen als auch diese oder jene Last" — wie der DKP-Vorsitzende Herbert Mies feststellte.²⁷

Historische „Kenntnisse" eines Journalisten und eines Kulturministers

Diese historische Last glaubt die SED noch mit Verdrehungen und vordergründigen Tricks leugnen zu können, dabei soll ihr offenbar auch die SEW behilflich sein. Deren Organ „Wahrheit" veröffentlichte im Oktober 1988 einen Artikel, der sich gegen Ausführungen im „Vorwärts" vom gleichen Monat wandte. Über den Stil der „Widerlegung" kann sich der Leser selbst ein Bild machen, beide Artikel sind im Anhang abgedruckt (Dok. 10 und 11).

Im „Vorwärts"-Artikel ging es um die „Thesen" des ZK der SED zum 70. Jahrestag der KPD-Gründung. In den „Thesen" (vgl. Dok. 9) wurden zehn KPD-Opfer der Stalinschen Säuberung genannt, über den Umfang der Säuberungen jedoch weiterhin geschwiegen. In diesem Zusammenhang enthalten die „Anmerkungen" des „Wahrheit"-Autors immerhin eine wichtige

---

25 „UZ" vom 9. Januar 1989, S. 5.

26 „UZ" vom 10. Januar 1989, S. 4.

27 Aus einem Interview mit dem Deutschlandfunk, Köln, abgedruckt in „UZ" vom 5. Januar 1989, S. 5.

Passage: „Niemand kennt bis heute die genaue Zahl der deutschen Kommunisten, die damals in der Sowjetunion umgekommen sind. Von vielen Opfern sind die Umstände des Todes und die Begräbnisplätze nicht bekannt."

Wenn diese Aussage stimmt, dann bleibt es ein Rätsel, wie die deutschen Kommunisten 1988 lauthals behaupten konnten, „sie sind alle rehabilitiert". Welche Version gilt nun eigentlich? Um von diesem Widerspruch abzulenken, handelt Mendel in der „Wahrheit" nach der Devise „haltet den Dieb": er beschuldigt mich, „wider besseres Wissen", zu behaupten, die SED verschweige die Zahl der deutschen Stalin-Opfer — diese Partei kenne aber die Zahl ja selbst nicht. Doch inzwischen öffnete die Sowjetunion ihre Archive für SED und DKP, auch dieses Argument hilft also der SED nicht weiter.

Ansonsten hält die „Wahrheit" an stalinistischen Methoden der Auseinandersetzung fest: neben persönlichen Verunglimpfungen wird primitiv argumentiert, auf zahlreiche Probleme einfach nicht eingegangen, wohl in der Vermutung, der Leser der „Wahrheit" kenne ja den „Vorwärts"-Text nicht. Dort ging es u.a. darum, zu zeigen, daß eben nicht nur die zehn in den SED-Thesen genannten ehemaligen KPD-Parteiführer in den Säuberungen umkamen, sondern weit mehr Spitzenfunktionäre, und so wurden weitere 15 Parteiführer aufgezählt. Mendel aber beschränkt sich auf einen einzigen, Arthur Golke, und bemängelt, daß Golke im „Vorwärts" fälschlich mit „h" geschrieben wurde. Der Belehrung über diesen Druckfehler bedarf es kaum, weil die ersten Kurzbiographien über Golke eben nicht 1970 von der SED geschrieben wurden, sondern diese bereits 1963 und 1969 in meinen Veröffentlichungen zu finden sind.[28] Übrigens wurde Golke in einer SED-Broschüre noch 1982 gleich dreimal mit „h" geschrieben, was dort wohl kein Druckfehler war.[29] Aber wie vieles andere wird Mendel diese Broschüre gar nicht kennen.

Für die „Wahrheit" gilt als Beweis von Golkes Rehabilitierung

---

28 Vgl. Hermann Weber: Die Parteitage der KPD und SED. „aus politik und zeitgeschichte", Beilage der Wochenzeitung „Das Parlament", B 2 vom 9. Januar 1963. — Ders.: Die Wandlung des deutschen Kommunismus. Bd. 2, Frankfurt am Main, 1969.

29 Stefan Weber: Geschichte der revolutionären Berliner Arbeiterbewegung. Hrsg. Bezirksleitung Berlin der SED. Berlin (Ost) 1982, S. 101, 102, 171.

der Abdruck seiner Biographie im „Biographischen Lexikon" der SED von 1970, das angeblich „in hoher Auflage" erschien. Mendel kennt eben auch die „Geschichte" dieses Lexikons nicht, sonst müßte er wissen — wie oben berichtet — daß dieser Band gerade wegen dort enthaltener Hinweise auf Stalin-Opfer sofort wieder zurückgezogen wurde. Ebensowenig nützt der Verweis auf die Thälmann-Biographie, denn dort sucht der Leser vergeblich einen Hinweis auf das Schicksal von Golke, Leow oder anderen Stalin-Opfern. Leow wird als zweite Person in der „Wahrheit" genannt, aber das nur, weil die Zeitung über die Bildauswahl des „Vorwärts" verärgert ist. Die Bildfälschung (dort zynisch ausgedrückt: „das beschnittene Bild") sei doch 1955, vor über 30 Jahren geschehen, so der empörte Aufschrei. Wie oben dargestellt, gab es noch zehn Jahre später Bildfälschungen, doch vor allem: bis heute haben sich die SED oder SEW davon nicht distanziert, nie erklärt, daß solche unwürdigen Methoden falsch waren. Im übrigen hatte der „Vorwärts" die Bildfälschung mit Leow schon einmal, vor 25 Jahren dem echten Foto gegenübergestellt („Vorwärts" vom 30.9.1964, S. 4). Schon damals waren auf meine konkreten „16 Fragen an die SED" zu Geschichtsfälschungen („Vorwärts" vom 8.7.1964) DDR-Historiker ausgewichen („Neues Deutschland" vom 1.9.1964). Deshalb hatte der „Vorwärts" an einem Beispiel die Bildfälschungen belegt — eben am Fall Leow — doch ist die SED bisher auf dieses Problem überhaupt nicht eingegangen. Der „Vorwärts" tat also gut daran, nochmals an diese stalinistischen Praktiken der fünfziger und sechziger Jahre zu erinnern.

Entscheidend ist indes, daß die „Wahrheit" mit der Ablenkung auf diese Bereiche versucht, das Kernproblem zu umgehen. Kein Wort über die Rehabilitierungen oder gar die Säuberungen als Tragödie der KPD, nichts über die Schauprozesse, die geifernden Angriffe der KPD auf Fritz David, die Auslieferung deutscher Kommunisten an die Gestapo. Allen diesen im „Vorwärts" erwähnten Fragen wird ebenso ausgewichen wie der Tatsache, daß unter Stalin mehr Politbüromitglieder der KPD umkamen als unter Hitler. Mit einer Mischung aus Arroganz und Unwissenheit wird zudem versucht, die wirklichen Probleme wegzuwischen und mit Unverfrorenheit auch noch von „kulturvollem" Streit gesprochen. Doch mit solchen Methoden kann wohl auch die „Wahrheit" ihre Leser nicht mehr beeindrucken. Die beiden dort abgedruckten Leserbriefe (Dok. 12) sind überzeugend. Vor allem die verlogene Behauptung, KPD und SED hätten „bereits vor 1953" den Hinterbliebenen der Opfer geholfen und die „umgekommenen Genossen nie vergessen" sind — wie ein Leserbriefschreiber richtig bemerkt — eben „nicht die Wahrheit". Die Dokumente im Anhang dieses Bandes belegen das noch einmal ganz deutlich. Die Frage nach der Rehabilitierung Golkes, der Hinweis auf Lücken in der achtbändigen „Geschichte der Arbeiterbewegung", die Schauprozesse usw. in den Leserbriefen zeigen eine kritische Aufarbeitung der Geschichte auch in den Reihen der SEW.

Doch in die Fußstapfen des historisch unbedarften Journalisten der „Wahrheit" trat — im Gegensatz zu den kritischen Lesern — nun ein stellvertretender Kulturminister der DDR. In einer Rede Ende 1988 in München sagte er: „Die Geschichte so darzustellen, wie sie geschehen ist, dieser Grundsatz gilt auch für die Betrachtung der Vergangenheit der kommunistischen Bewegung (...) Wenn jemand sich in der Lage fühlt, dabei helfende Hinweise zu geben, ist er willkommen. Er sollte allerdings sorgfältig prüfen, ob er gut vorbereitet ist. Augenblicklich betätigen sich da zu oft liederlich Informierte. So behauptet ein Mannheimer Professor, von der SED wurde Artur Golke, langjähriges Mitglied des ZK und Parteikassierer der KPD, nicht erwähnt, während in Wahrheit das bei uns 1970 erschienene ‚Biographische Lexikon' über seinen Lebensweg Auskunft gibt. Besagter Professor ignoriert ferner die 1979 vom Berliner Dietz Verlag herausgegebene ‚Thälmann'-Biographie, in der ein Foto, auf dem neben Ernst Thälmann Willy Leow, der zweite Bundesführer des Roten Frontkämpferbundes, zu sehen ist, authentisch veröffentlicht wurde. 1955 war das Bild in einer anderen Publikation so beschnitten, daß Willy Leow fehlte. Jener Professor aber, dem ein Bonner Wochenblatt leichtsinnig Platz unter dem anspruchsvollen Rebrum ‚Essay' eingeräumt hatte, attackiert unsere heutige Geschichtsschreibung, als sei die Fehlleistung von 1955, von vor 33 Jahren also, nicht vor annähernd zehn Jahren korrigiert worden, sondern jetzt, 1988, geschehen!"[30]

---

30 Klaus Höpcke, in: Martin Walser, Kurt Sontheimer, Walter Jens, Egon Bahr, Klaus Höpcke: Reden über das eigene Land: Deutschland. München 1988, S. 137 f.

Nun werden die von der „Wahrheit" fabrizierten Behauptungen auch nicht besser, wenn sie ein stellvertretender Minister für Kultur der DDR verbreitet. Ich habe im „Vorwärts" (und anderswo) eben nicht geschrieben, Golke und andere Stalin-Opfer würden von der SED „nicht erwähnt", sondern *das Schicksal* dieser Parteiführer werde nicht erwähnt, es bleibe ein Tabu. Dies konnte ja auch im vorliegenden Band nun nochmals festgehalten werden.

Ansonsten helfen die Hinweise auf das „Biographische Lexikon" nichts. Anders als bei dem Journalisten der „Wahrheit" muß allerdings dem Kulturminister als damaligem Mitglied der Redaktion des SED-Zentralorgans „Neues Deutschland" bekannt sein, daß der Band 1970 sofort nach Erscheinen wieder zurückgezogen wurde. Warum er wohl heute darüber schweigt? Und Klaus Höpcke — so heißt der stellvertretende Kulturminister der DDR, der sich scheut, meinen Namen oder gar den des sozialdemokratischen „Vorwärts" auszusprechen — nennt es auch nicht klar und unumwunden Bildfälschung, was der „Vorwärts" belegte. Nein, für ihn ist das eine „Fehlleistung" von 1955, die vor „annähernd zehn Jahren" — also erst 1979 — „korrigiert" worden sei. Doch bis heute hat die SED solche „Fehlleistungen" nicht kritisch aufgearbeitet. Da es sich um die Absicht handelte, Opfer der Stalinschen Säuberungen zu „Unpersonen" zu machen, sie völlig aus der Geschichte zu „tilgen", ist auch dies ein Problem der Rehabilitierungen. Da genügt es eben nicht, nun — ohne die geringste Sensibilität — durch die stillschweigende Wiedergabe der Originale in DDR-Büchern die Fälschungen zu „korrigieren" (verantwortlich für die Buchproduktion ist übrigens Höpcke).

Eine letzte Bemerkung, weil „Wahrheit" und Höpcke sich über Hinweise auf Fälschungen erbosen, die doch so viele Jahre zurückliegen: bereits vor 25 Jahren, 1963, habe ich Kurzbiographien von 30 führenden Kommunisten veröffentlicht, die Stalin ermorden ließ.[31] Sieben Jahre zuvor hatte die Sowjetunion mit Rehabilitierungen begonnen und diese wurden schon damals bei der SED angemahnt. 1988 sind zehn dieser Parteiführer nun endlich in den „Thesen" des ZK der SED offiziell als Opfer

---

31 Weber, Parteitage, a.a.O. (Anm. 28).

bezeichnet und insofern öffentlich rehabilitiert worden. Bleibt zu wünschen, daß es mit den 242 in diesem Band aufgeführten deutschen Kommunisten nicht ebensolange dauert.

Die SED und die Rehabilitierungen

Die umfangreichen „Thesen", die die SED zum 70. Jahrestag der KPD-Gründung (30. 12. 1918 — 1. 1. 1919) im Juni 1988 veröffentlichte, wurde eigens vom 6. Plenum des ZK der Einheitspartei beschlossen.[32] Mit den „Thesen" versucht die SED, ihre Politik der Abgrenzung gegenüber den Anfängen der „Revolution von oben" in der Sowjetunion zu legitimieren: durch eine dogmatisierte und heroisierende Darstellung der eigenen Geschichte soll die sowjetische kritische Vergangenheitsbewältigung unterlaufen werden. Einmal mehr bestätigt sich, daß die DDR das Geschichtsbild für die Politik der SED instrumentalisiert.

Wie sehr die jeweilige politische Situation die Rückbesinnung auf die eigene Geschichte bestimmt, zeigt ein Blick auf das bisherige „Gedenken" der SED an die KPD-Gründung. Offizielle „Thesen" verbreitete die SED erst einmal, zum 35. Jahrestag 1953.[33] Sonst war die Erinnerung an die Gründung der KPD immer eingebettet in „Thesen" oder thesenartige „Entschließungen zur Novemberrevolution", z. B. vom SED-Parteivorstand 1948[34], oder einen „Beschluß" des ZK „Die Novemberrevolution 1918 in Deutschland. Thesen anläßlich des 40. Jahrestages 1958". Selbst zum 50. Jahrestag der KPD-Gründung 1968 veröffentlichte das Institut für Marxismus-Leninismus beim ZK

---

32 Die „Thesen" sind abgedruckt in „Neues Deutschland" vom 14. Juni 1988 und „Einheit", 43. Jhg. 1988, Heft 7, S.586 ff. vgl. dazu auch Hermann Weber: Geschichte als Instrument der Politik. „Deutschland Archiv", 21. Jhg. 1988, Heft 8, S. 863 ff.

33 35 Jahre KPD. Thesen der Abteilung Propaganda des ZK der SED, des Marx-Engels-Lenin-Instituts beim ZK der SED und der Parteihochschule „Karl Marx" beim ZK der SED, in: Dokumente der Sozialistischen Einheitspartei Deutschlands, Bd. V, Berlin (Ost) 1956, S. 8 ff.

34 Die Novemberrevolution und ihre Lehren für die deutsche Arbeiterbewegung. Dokumente der Sozialistischen Einheitspartei Deutschlands, Bd. II, Berlin (Ost) 1952, S. 107 ff.

der SED lediglich Thesen „Die Novemberrevolution in Deutschland und ihre aktuellen Lehren".[35]

Damit erhob sich die Frage, was die SED-Führung veranlaßte, ausgerechnet zu diesem (70.!) Jahr eigens Thesen zur Erinnerung an die Gründung der KPD herauszugeben, was vorher nur 1953 geschehen war. Schließlich sind weder das 35. noch das 70. Jubiläum besonders „runde" Jahreszahlen (der 50. oder 75. Jahrestag hätten sich da wohl eher angeboten). Beide Male ging es eben weniger um Historie und mehr um Politik. Im Krisenjahr 1953, nach Stalins Tod und den Folgen des Aufstandes vom 17. Juni, bemühte sich die Ulbricht-Führung, die Schwierigkeiten durch historische Legitimationsbeschaffung zu überwinden; und heute glaubt die Honecker-Führung, die Aufarbeitung des Stalinismus in der UdSSR unter Gorbatschow mit doktrinärem Festhalten an ihren Geschichtslegenden abblocken zu können. So sind die „Thesen" zunächst auch für die Geschichtsschreibung der SED weniger aussagekräftig, bringen kaum Neues, sie sind eher ein politisches Signal. Freilich bedeutet dies — wie jede politische Änderung — auch wieder Manipulation bei brisanten historischen Ereignissen, also erneut ein Umschreiben der Geschichte.

Die „Thesen" enthalten knappe Hinweise auf Auseinandersetzungen mit „ultralinken und rechtsopportunistischen Kräften", es wird von „bisweilen schmerzlichen innerparteilichen Auseinandersetzungen" geschrieben, dennoch über die Stalinisierung der KPD nichts gesagt.

Hervorgehoben wie bisher bleibt auch in den „Thesen" Ernst Thälmann. Interessant aber die Aufzählung der Personen, die in „den Führungsorganen" an „seiner Seite" standen. Hier werden neben Stalinisten wie Dahlem, Dengel, Florin, Geschke, Heckert, Koenen, Overlach (als einzige Frau), Schehr, Schneller, Stoecker, Ulbricht und Winterich jetzt „Versöhnler" genannt (Eberlein, Ewert, Meyer), ebenso die abweichende „Neumann-Gruppe" (Flieg, Neumann, Remmele) oder andere „Abweichler" (Blenkle, Merker, Schubert, Schulte), außerdem Clara Zetkin. In den „Thesen", die „Neues Deutschland" verbreitet,

---

35 Dokumente der Sozialistischen Einheitspartei Deutschlands, Bd. VII, Berlin (Ost) 1961, S. 354 ff. — „Neues Deutschland" vom 29. September 1968.

fehlt der Name Wilhelm Pieck. Dies ist aber wohl ein Druckfehler, wird er doch in der Veröffentlichung der Thesen in der „Einheit" genannt. Schließlich bleibt anzumerken: von diesen in den „Thesen" aufgezählten 24 Personen der „Führungsgruppe" um Thälmann wurden vier Opfer des Hitler-Terrors, aber sechs Opfer des Stalin-Terrors.

Am gleichen Tag, an dem die „Thesen" veröffentlich wurden, meldete am 14. Juni die „Iswestija" die Rehabilitierung sowohl der Angeklagten von 1936 (Sinowjew, Kamenew) als auch der von 1937 (Pjatakow, Radek). Die SED nahm nun endlich zu den deutschen kommunistischen Opfern Stalins Stellung. In den „Thesen" heißt es darüber:

„Auch deutsche Kommunisten waren in der zweiten Hälfte der dreißiger Jahre von ungesetzlichen und ungerechtfertigten Repressalien in der Sowjetunion betroffen. Die KPD verlor durch diese dem Wesen des Sozialismus zutiefst widersprechenden Vorgänge bewährte, der Arbeiterklasse und der Partei treu ergebene Mitglieder und Funktionäre, unter ihnen Hugo Eberlein, Leo Flieg, Felix Halle, Werner Hirsch, Hans Kippenberger, Willy Leow, Heinz Neumann, Hermann Remmele, Hermann Schubert und Fritz Schulte. Nach dem XX. Parteitag der KPdSU 1956 stellte die SED die Parteimitgliedschaft und die Parteiehre der von Repressalien betroffenen deutschen Kommunisten wieder her." Ergänzend erfuhren die DDR-Leser aus Hagers Referat „In den Jahren 1956 bis 1962 wurden die betroffenen Genossen voll rehabilitiert."[36]

Zunächst fällt auf, daß auch die SED von den Hunderten deutschen Kommunisten, die in den Stalinschen Säuberungen umkamen, wieder nur jene zehn namentlich aufführt, die aufgrund des Briefes an die sowjetische Botschaft in Bonn bereits die „UZ" nannte. Es ist auf die verharmlosenden Formulierungen hinzuweisen: Die KPD-Führer wurden nicht ermordet oder Opfer der Säuberungen, sondern von „Repressalien betroffen", die KPD „verlor" sie.

Merkwürdig bleibt das Verschweigen von vier Personen, darunter ein Kandidat des Politbüros (Süßkind). Wichtiger ist die Begrenzung der offenen Rehabilitierung auf diese kleine Zahl.

---

36 Kurt Hager: Aus dem Bericht des Politbüros an die 6. Tagung des ZK der SED. „Neues Deutschland" vom 10. Juni 1988.

Wenn die DDR-Medien unverfroren behaupteten, die Rehabilitierungen seien „längst" erfolgt, so zeigte dies, wie und wovor sich die SED drücken will. Die Rehabilitierungen waren bestenfalls Geheimsache. Auch in den jüngsten Arbeiten der SED zu der Zeit 1933 — 1945 sind diese Personen eben nicht als Opfer Stalins genannt und schon garnicht als rehabilitiert vorgestellt. So hat Heinz Kühnrich 1983 in seinem Buch über die KPD 1933 — 1945 die Säuberungen völlig verschwiegen, er schreibt sogar, in der UdSSR konnten die Kommunisten „unter der Obhut eines sozialistischen Staates ihren Kampf fortsetzen". Im Band von Klaus Mammach über den Widerstand sind immerhin „ungerechtfertigte Anschuldigungen gegen deutsche Kommunisten", die 1937/38 die Arbeit der KPD „beeinträchtigten", erwähnt, aber auch bei ihm hat kein Opfer einen Namen.[37] Dies gilt für die DDR-Geschichtsschreibung allgemein, und so sind die Behauptungen Hagers und die Erläuterungen der „Thesen" von der erfolgten Wiederherstellung der „Parteiehre" mehr als unbefriedigend. Offene Rehabilitierung der Stalin-Opfer hat es eben in der DDR bisher nicht gegeben, dies geschieht nun erstmals für zehn der Hunderte deutscher Kommunisten.

Weitergehende Forderungen werden wie eh und je als „antikommunistisch" abqualifiziert. So handelte etwa Ernst Diehl, Mitglied des ZK und stellvertretender Direktor des Instituts für Marxismus-Leninismus beim ZK der SED, einer der Verantwortlichen für die „Thesen". In seinem Beitrag vor dem 6. ZK-Plenum (den „Neues Deutschland" bezeichnenderweise unter dem Titel „Die Geschichte unserer Partei gibt Kraft und Optimismus" veröffentlichte[38] wetterte er gegen „Verleumdungen über die Geschichte der KPD" aus dem Westen und kündigte an anderer Stelle an, die SED werde „in unserer parteigeschichtlichen Arbeit all jenen westlich unserer Staatsgrenzen keinerlei Zugeständnisse machen."[39] Worauf es der SED-Geschichtsschreibung aber wirklich ankommt, ließ Diehl auf der ZK-Sit-

---

37 Heinz Kühnrich: Die KPD im Kampf gegen die faschistische Diktatur 1933 bis 1945. Berlin (Ost) 1983, S. 115. — Klaus Mammach: Widerstand 1933-1939. Berlin (Ost) 1984, S. 234.

38 „Neues Deutschland" vom 11./12. Juni 1988, S. 8.

39 Ernst Diehl / Fritz Zimmermann: Die Geschichte unserer Partei ein Kraftquell weiteren Voranschreitens. „Einheit", 43. Jhg. 1988, Heft 7, S. 635 f.

zung durchblicken. Er griff „manche Beiträge einzelner Autoren in sowjetischen Zeitschriften und Zeitungen" an und beschuldigte sie, „die schwere aber große Geschichte des Sowjetlandes zu einer Aufeinanderfolge von Fehlern verzerrt" zu haben. Die kritische Auseinandersetzung mit dem Stalinismus in der UdSSR paßt solchen SED-Historikern nicht, sie wollen unberührt von allen Klarstellungen ihrer sowjetischen Kollegen „auch künftig" keineswegs „nur über Fehler, Rückschläge und Niederlagen sprechen."

Die Abgrenzung der SED-Historiker von den neuen Ergebnissen und Darstellungen der Sowjetwissenschaftler wird damit überdeutlich. Führende Kräfte der Sowjetunion haben erkannt, daß die allgemeine Krise des Systems nur durch strukturelle Reformen zu meistern ist, und dazu gehört als entscheidende Voraussetzung die schonungslose Abrechnung mit dem Stalinismus. Insoweit ist die historische Aufarbeitung ein Schritt vorwärts zu einer neuen Politik. Deshalb dürfen die Fehler und Verbrechen der Stalin-Ära nicht länger vertuscht, sondern müssen öffentlich verurteilt werden.

Wie weit die Aufarbeitung des Stalinismus durch die sowjetischen Historiker inzwischen vorangekommen ist, zeigen nicht nur die Veröffentlichungen von Roy Medwedjew, der seit langem darüber arbeitet und immer interessante Analysen erstellt (Dok. 15), sondern ebenso von anderen sowjetischen Historikern wie z.B. Jerussalimskij (Dok. 14). Die Unterschiede in den Stellungnahmen zum Stalinismus, zu den Säuberungen und zu den Rehabilitierungen zwischen sowjetischen Wissenschaftlern und SED-Historikern sind geradezu dramatisch. Es ist offensichtlich, daß die zuständigen SED-Institutionen nicht nur bei der Rehabilitierung deutscher Kommunisten bremsen, sondern auch die sowjetischen Diskussionen nicht zur Kenntnis nehmen wollen, ja sie zu verschleiern suchen. So haben die DDR-Medien bis heute die Rehabilitierung der Opfer der Schauprozesse von 1936 und 1937 verschwiegen, und ebensowenig über die Rehabilitierung Bucharins, Rykows und deren posthume Wiederaufnahme in die KPdSU berichtet.[40] Wo sowjetische Autoren auf

---

40 So wurde zwar ein zum 100. Geburtstag Bucharins 1988 in Moskau erschienener Auswahlband rezensiert („Beiträge zur Geschichte der Arbeiterbewegung", 31. Jhg. 1989, Heft 1, S. 131 f.), aber die Rehabilitierung Bucharins und seine posthume Wiederaufnahme in die KPdSU nicht angesprochen.

die Probleme des deutschen Kommunismus hinweisen, greift die DDR sogar zum Vertriebsverbot, wie im Fall der deutschen Ausgabe der sowjetischen Zeitschrift „Sputnik".

Im Zusammenhang mit der Aufarbeitung der Geschichte der Kommunistischen Internationale[41] thematisieren sowjetische Historiker und Journalisten zunehmend die Tragödie der KPD-Opfer Stalins. Beispielsweise hat Anatolij Latyschew im Juli 1988 über die in der Komintern aktiven Deutschen Hugo Eberlein, Hermann Remmele, Heinz Neumann, Fritz Schulte und Hans Kippenberger berichtet.[42] Eine Liste von 42 deutschen Politemigranten veröffentlichte Alexej Grigorjew in der seit Mai 1988 erscheinenden Moskauer TASS-Zeitschrift „Echo des Planeten" im August 1988. Obwohl die Liste nicht repräsentativ ist, finden sich darin allein 18 in den Säuberungen ermordete deutsche Kommunisten.[43] Darunter werden auch erstmals Funktionäre genannt, die bisher von der SED als Opfer der Säuberungen nirgendwo öffentlich erwähnt wurden. Die SED hat (in den „Thesen" und im „Biographischen Lexikon") 13 KPD-Führer öffentlich als Opfer der Repression genannt. Davon sind in der Liste bei Grigorjew aufgeführt: Flieg, Creutzburg, Golke, Hirsch, Kippenberger, Leow, Neumann, Remmele, Schubert und Schulte, außerdem erwähnt der sowjetische Autor Hugo Eberlein.[44] Zudem sind aber in seiner Liste der Politemigranten Opfer Stalins ausgewiesen, die die SED zwar (etwa in der Thälmann-Biographie) erwähnt, deren Schicksal in den Säuberungen aber verschwiegen wird, nämlich Erich Birkenhauer und Paul Dietrich. Doch in diesem sowjetischen Beitrag werden auch unter Stalin ermordete KPD-Funktionäre genannt, über deren Rolle in der KPD (und erst recht ihr Ende unter Stalin) die SED bisher überhaupt nichts verlautete: Walter Dittbender, Hans Knodt, Heinrich Meyer, Erich Steffen und Albert Zwicker.

---

41 Vgl. dazu Heinz Timmermann: Geschichte der Komintern in neuem Licht. „Deutschland Archiv", 21. Jhg. 1988, Heft 12, S. 1285 ff.

42 A. Latyschew: Tragedia Kominterna, „Sowjetskaja Kirgisia" vom 13. Juli 1988.

43 A. Grigorjew: I Telmanka s znatschkom rot fronta, „Echo Planety", Nr. 21, August 1988, S. 26-33.

44 Darüber hinaus erwähnten das „Biographische Lexikon" noch Willi Budich, die „Thesen" Felix Halle.

Schließlich erwähnt Grigorjew noch Carola Neher als Opfer der Repression, aber auch die zeitweise inhaftierten Julius Klepper und Paul Schwenk. (Vgl. die biographischen Angaben in Kap. 3. des vorliegenden Bandes.)

Es ist für die SED geradezu beschämend, daß auch bei der Veröffentlichung von Namen ehemals führender deutscher Kommunisten, die in den Stalinschen Säuberungen umkamen, die sowjetische Presse viel weitergeht als die Medien der DDR. Bis Ende 1989 soll der 2. Band der neuen „Geschichte der SED" erscheinen (der 1. Band der Geschichte dieser erst 1946 gegründeten Partei geht nur bis zum Jahre 1917!)[45] In diesem Buch soll die Periode 1917 bis 1945 dargestellt werden. Es ist zu hoffen, daß über die in jener Zeit handelnden Kommunisten, die Opfer Stalins wurden, berichtet wird und dann auch erheblich mehr als die in den „Thesen" genannten zehn Parteiführer öffentlich rehabilitiert werden.

Ansätze zu mehr Objektivität auch in der Frage der Rehabilitierungen hat die DDR ja im kulturellen Bereich gemacht.

Freilich gibt es auch da Widersprüche und Ungereimtheiten. Ein Beispiel des unwürdigen Umgangs mit Opfern der Säuberungen findet sich in den „Ausgewählten Schriften" Hans Günthers, die 1981 in der DDR erschienen. Im Nachwort wird berichtet: „Hans Günther wurde unter ungerechtfertigten Anschuldigungen am 4. November 1936 verhaftet. Am 10. Oktober 1938 starb er im Durchgangslager Wladiwostok an Typhus. 1956 wurde er von der Regierung der UdSSR rehabilitiert." Doch im Klappentext des Buchumschlags steht kein Wort davon, dort heißt es am Schluß: „Am 25. Juli 1937 verkündete der ‚Deutsche Reichsanzeiger und Preußische Staatsanzeiger' die Ausbürgerung Hans Günthers, und die Gestapo gab den Befehl, daß der Autor ‚auf ewig' ins Konzentrationslager einzuschließen sei, ‚wo immer man seiner habhaft werden könne'."

Das ist mehr als zynisch. Hatte denn die russische Geheimpolizei Günther bereits vorher, nämlich im November 1936, verhaftet, etwa um der Gestapo den Dienst zu erweisen, ihn „auf ewig" einzuschließen? Die Gestapo brauchte ja nicht mehr „seiner habhaft" werden, weil ihn das NKWD ins Lager deportiert hatte,

---

45 Geschichte der Sozialistischen Einheitspartei Deutschlands. Bd. 1. Von den Anfängen bis 1917. Berlin (Ost) 1988.

wo Günther umkam.⁴⁶ Solche fast unbegreiflichen Widersprüche bestehen bei den Rehabilitierungen von Kulturschaffenden. Immerhin ist es für die DDR auch typisch, daß ihre Historiker den Begriff Stalinismus bis heute nicht verwenden, aber die Literaturhistorikerin Bärbel Schrader es 1983 wagen konnte, im Vorwort der Neuauflage eines Sammelbandes von der „Welle der stalinistischen Verhaftungen" zu schreiben.⁴⁷ Ebenso sind die oben zitierten Schilderungen der stalinistischen Grausamkeiten ja 1987 und 1988 in der DDR-Kulturzeitschrift „Sinn und Form" abgedruckt. Und bereits 1973 hatte Jürgen Kuczynski in seinen Memoiren⁴⁸ die in der offiziellen SED-Geschichtsschreibung totgeschwiegenen Fritz David und Alexander Emel erwähnt, ja sogar geschrieben, er habe später oft an Fritz Davids „liebe kleine Kinder, an seine Frau gedacht". Außerdem räumt Kuczynski ein, das Zusammentreffen mit David und Emel 1935 in Moskau hätte ihm nach dem Schauprozeß von 1936 noch „großes Unglück" bringen können. In der Tat war es ja schon gefährlich, einen angeblichen Agenten überhaupt jemals näher gekannt zu haben. Auch das war ein Grund, warum sich die führenden Kommunisten in Moskau so ostentativ von ihren verhafteten Genossen distanzierten.

Die SED will nun ein anderes Bild vermitteln. Im Januar 1989 veröffentlichte „Neues Deutschland" den Wortlaut eines Briefes von Wilhelm Pieck an den Kominternführer Manuilski vom 28. Mai 1939.⁴⁹ Pieck hatte Anfang April 1939 an den damaligen Chef der Geheimpolizei, Berija, „die schriftliche Bitte gerichtet", ihm eine Unterredung zu „gewähren", in der „ich ihm eine Reihe von Fällen verhafteter Emigranten vortragen wollte, von denen ich und die anderen verantwortlichen deutschen Genossen in der Komintern überzeugt sind, daß sie sich keiner verbrecherischen Handlung gegen die Sowjetunion schuldig gemacht

---

46 Hans Günther: Der Herren eigner Geist. Ausgewählte Schriften. Berlin/Weimar 1981, S. 772. Den Hinweis auf den Klappentext verdanke ich Prof. Dietrich Staritz, Mannheim. — Vgl. zum Problem auch oben, Anm. 7.

47 Dreißig neue Erzähler des neuen Deutschland. Junge deutsche Prosa (1932). Leipzig 1983 (Vorwort). Jetzt stand der Begriff Stalinismus erstmals in „Neues Deutschland" und zwar in einem Artikel des sowjetischen Historikers Schirinja (1.2.1989).

48 Jürgen Kuczynski: Memoiren. Berlin/Weimar 1973, S. 268, 292.

49 „Neues Deutschland" vom 12. Januar 1989, S. 3.

haben. Ich hatte ihm eine Liste von Namen dieser Emigranten mit beigefügter Charakteristik übermittelt."

Ein gleiches Ersuchen habe er bereits im April 1938 an den damals verantwortlichen Jeschow gerichtet, dieser Brief sei ebenso unbeantwortet geblieben wie der an Berija. Pieck wollte sich nun an Stalin wenden. „Aber vielleicht ist es besser, wenn Du zunächst mit dem Genossen Berija sprichst, ob er eine solche Unterredung mit mir machen will oder nicht. Die Angelegenheit ist sehr wichtig und ich bitte um Deine Hilfe."

Das Dokument zeigt erstens, wie schwach die Position der KPD-Führung gegenüber der sowjetischen Geheimpolizei war, die solche Bitten nicht einmal beantwortete. Auch beweist das Schreiben zweitens, wie spät Pieck und die KPD-Führung in Moskau für eingesperrte deutsche Kommunisten tätig zu werden versuchten, nämlich erstmals im April 1938. Aus Herbert Wehners Erinnerungen (die durch dieses Dokument wieder einmal bestätigt werden) ging bereits hervor, daß Pieck erst so zögerlich aktiv wurde.

In einem Artikel zu diesem Brief Piecks versuchte der SED-Historiker Heinz Kühnrich, die Akzente freilich anders zu setzen.[50] Er ging auf die Verbindungen von KPD und Komintern ein und nannte eine Reihe von KPD-Führern, die Mitglieder und Kandidaten des EKKI waren. Auffallend wieder einmal, daß er etwa Hermann Remmele, der am längsten diesem Gremium angehörte, nicht erwähnt. Außerdem hält Kühnrich es nicht für nötig, das einzige heute noch lebende EKKI-Mitglied, den ehemaligen Kandidaten des EKKI-Präsidiums Kurt Müller (1950 von der stalinistischen SED verfolgt) zu nennen,

Bei den verfolgten deutschen Kommunisten der Stalin-Ära beschränkt sich Kühnrich auf die Aufzählung der in den „Thesen" genannten zehn Personen. Er behauptet kühn, in der achtbändigen „Geschichte der deutschen Arbeiterbewegung" habe die SED 1966 die Massenrepressalien „angeklagt", obwohl — wie oben gezeigt — der Tenor ganz anders war. Auch Kühnrichs Einschätzung, der Pieck-Brief zeige „welche Haltung Funktionäre der KPD, die damals die Führung der Partei repräsentierten (. . .) zu den genannten Vorgängen einnahmen",

---

50 Zum Brief Wilhelm Piecks an Manuilski (1939). „Neues Deutschland" vom 12. Januar 1989.

entspricht nicht der Wahrheit. So soll vertuscht werden, daß das ZK der KPD die Säuberungen, insbesondere die Schauprozesse von 1936 und 1937 bejubelte. Im gleichen geifernden Ton wie Wyschinski forderte das ZK 1936 die „schonungslose Ausrottung des menschlichen Abschaums der trotzkistisch-sinowjewistischen Mörderbande". Und 1937 versprach das ZK sogar selbst: „Wir werden alles tun, um dieses Gesindel aus der Arbeiterbewegung völlig auszurotten." (vgl. Dok. 2 im Anhang)

Auch wenn der Brief Piecks als Versuch, 1939 einige Genossen zu retten, positiv gesehen werden kann, darf die generelle Haltung der damaligen KPD-Parteiführung nun nicht auf den Kopf gestellt werden: Aus Anlaß des Schauprozesses von 1936 gelobte das ZK vor allem „enger die Reihen um die Sowjetunion, (...) um seinen genialen Lenker, den Freund und Führer der um Freiheit und Glück kämpfenden Werktätigen der ganzen Welt, um unseren großen Stalin" zu schließen. Und die Resolution des ZK der KPD zum Schauprozeß von 1937 endete: „Es lebe unser Stalin!"

Nach dem letzten Schauprozeß gegen Bucharin u. a. im März 1938 hatte zwar nicht das ZK der KPD, wohl aber in dessen Auftrag das Politbüromitglied Franz Dahlem auch diesen Prozeß gegen Vorwürfe und Zweifel der sozialdemokratischen Presse verteidigt. Er schrieb über diesen stalinistischen Schauprozeß: „Eine große Schlacht im Kampfe um den Frieden wurde gewonnen. Die Sowjetunion, die große Hoffnung der Menschheit steht stärker denn je auf der internationalen Wacht, mit Stalin, dem genialen Führer des Weltproletariats an der Spitze."[51] Das war die Meinung Dahlems, aber auch Piecks und des ZK der KPD im Jahr 1938. Der Brief Piecks an Manuilski vom Mai 1939 kann diese damalige Zustimmung zu den Säuberungen ebensowenig wegwischen wie der heutige Artikel von Kühnrich. Warum wird denn die „Liste von Namen dieser Emigranten mit beigefügter Charakteristik" nicht ebenfalls veröffentlicht, von denen im Brief Piecks die Rede ist? Dieses Dokument wäre mindestens so aufschlußreich wie Piecks Brief vom Mai 1939 oder die nicht veröffentlichten Briefe an Jeschow vom Mai 1938 und auch an Berija vom April 1939. Um die Haltung der damaligen KPD-Führung zu den Stalinschen Säuberungen exakter einschätzen

---

51 „Rundschau über Politik, Wirtschaft, Arbeiterbewegung", Basel, 7. Jhg., Heft 18 vom 24.3.1938, S. 572.

zu können, muß die SED mehr veröffentlichen als nur diesen einen kurzen Brief Piecks.

Die SED aber behauptet weiter, wenn es „um jene Toten der KPD, die in schwerer Zeit Opfer von Machtmißbrauch wurden" gehe, finde jeder „wahrhaft Interessierte Angaben", denn für die DDR gelte das „Gesetz" nämlich „Geschichte so zu schreiben, wie sie wirklich gewesen ist".[52] Schön wärs. In diesem Sinne müßten dann eben auch die Dokumente des ZK der KPD von 1936 bis 1938 abgedruckt werden, und nicht nur Piecks Brief, vor allem aber auch die von Pieck erwähnte „Namensliste" und die „beigefügte Charakteristik".

Ein Fortschritt ist es immerhin, daß „Neues Deutschland" 1989 wieder einen Artikel über Hugo Eberlein brachte,[53] in dem es auch heißt, daß er 1937 unter falschen Anschuldigungen verhaftet wurde, ihn das ZK der KPdSU in den fünfziger Jahren rehabilitierte (doch was tat das ZK der SED?). Ein Fortschritt auch, daß „Neues Deutschland" die Eröffnungsrede von Kurt Bachmann auf dem 9. DKP-Parteitag abdruckte, darunter die Passage: „Zu unserem tiefen Bedauern gab es schwere Verletzungen der sozialistischen Gesetzlichkeit durch Stalin und sein Umfeld, wodurch auch deutsche Kommunisten getroffen waren. Wir ehren daher hier das Andenken all derer, die umgekommen sind oder gelitten haben."[54] Ebenso war in „Neues Deutschland" zu lesen, daß Bachmann sagte: „Wir stellen uns der Aufarbeitung auch der dunklen Seiten unserer Geschichte", selbst wenn er dies dann relativierte und an der Tradition im Sinne der SED festhielt. Für die SED hat die „Partei immer recht", wie soll es da „dunkle Seiten" ihrer Geschichte geben?

Daher wird die SED die weit eindeutigeren und klaren Aussagen des Hamburger DKP-Vorsitzenden Wolfgang Gehrcke wohl kaum nachdrucken: „Heute wendet sich erneut die kommunistische Weltbewegung den Ursachen und Folgen des Stalinismus zu. Heute sprechen wir das aus, was wir bisher höchstens still dachten: Stalinismus ist nicht Sozialismus, sondern seine Defor-

---

52 Wanda Kosche: Keine Spielwiese. „Horizont", Berlin (Ost), 22. Jhg. 1989, Nr. 1, S. 2.

53 An der Seite von Karl und Rosa: Hugo Eberlein. „Neues Deutschland" vom 7./8. Januar 1989, S. 13.

54 „Neues Deutschland" vom 7./8. Januar 1989, S. 1.

mation. Und Stalinismus, das sind unvorstellbare Verbrechen. Doch ich denke, daß wir uns das, was wir auszusprechen beginnen, noch nicht in seiner Tragweite erarbeitet haben. Die Person von Stalin, seine Art, mit der Theorie und Praxis des Sozialismus umzugehen, hat über drei Jahrzehnte die kommunistische Bewegung bestimmt. Das Maß aber, in dem die Parteimitglieder von innerparteilichen Debatten vergangener Jahrzehnte Kenntnis hatten, von Personen, denen Unrecht geschehen ist, die unter Stalin ums Leben kamen oder die nach 1945 unter unhaltbaren Beschuldigungen aus der aktiven Arbeit entfernt wurden, ist sehr unterschiedlich. Genossen wie ich, denen solche Fakten umfangreicher und früher zugänglich waren, sind mit verantwortlich dafür, daß die Partei von vielen Informationen unvorbereitet getroffen wird. Warum haben wir dazu geschwiegen oder nur im vertrauten Kreis darüber gesprochen? Ich wähnte diesen Teil der Geschichte für abgeschlossen, sorgte mich, daß eine öffentliche Erörterung uns schadet, verdrängte vieles im täglichen Kampf und nicht zuletzt war da die Sorge vor dem Antikommunismus. Heute sehe ich klarer. Nicht die Wahrheit, sondern das Verschweigen der Wahrheit hat uns und der Aktionseinheit der Arbeiterklasse geschadet. Daß Revolutionäre namen- und geschichtslos blieben, hat sie ein weiteres Mal verurteilt."[55]

Die „Einheit", das theoretische Organ der SED hat — ungewöhnlich für diese Zeitschrift — anhand von Gestapo-Suchlisten auch über die Rolle verfolgter Kommunisten in den dreißiger Jahren Überlegungen angestellt, allerdings über Verfolgungen durch die Gestapo.[56] Dabei wird nur auf zwei Funktionäre näher eingegangen: Herbert Ansbach, der später in der SED wirkte, wie der Verfasser schreibt. Über die zweite Person heißt es: „Unter der Nummer 4671 wird die Festnahme Alfred Rebes, geboren am 25. Dezember 1893, gefordert. Genosse Rebe war für die Nazis deshalb ein ‚rotes Tuch', war er doch einer der roten Matrosen der Jahre 1917 und 1918, einer der ersten Mitglieder der Kommunistischen Partei, einer, der an der Spitze des Kamp-

---

55 W. Gehrcke: Referat auf der 9. Bezirksdelegiertenkonferenz Hamburg, den 18. November 1988. O.O.u.J. (Hamburg), S. 18.

56 Kurt Rückmann: Sie legten die Fundamente. „Einheit", 44. Jhg. 1989, Heft 1, S. 7.

fes gegen die Kapp-Putschisten in Berlin-Köpenick stand, einer der Redakteure der ‚Roten Fahne'. Ihn wollte die Gestapo auf alle Fälle haben. Sie bekam ihn nicht. Sie erfuhr nicht einmal, daß Alfred Rebe in Spanien kämpfte."

Nach vielerlei Belegen wurde Alfred Rebe ein Opfer der Stalinschen Säuberungen, er ist auch in unserer Liste (siehe S. 112) aufgeführt, da er 1938 in Georgien verhaftet wurde. Warum nun das Hervorheben Rebes, den die SED jahrzehntelang verschwieg? Was bedeutet der Satz, die Gestapo „bekam ihn nicht"? Ist das eine indirekte Antwort auf Hinweise, daß Rebe in den Säuberungen umkam (er wurde ja auch im „Vorwärts"-Artikel erwähnt, s. Dok. 10)? Soll jetzt suggeriert werden, Rebe sei in Spanien umgekommen — das hat aber selbst die SED bisher nirgends behauptet. Oder soll das eine neue Form der „Rehabilitierung" sein; die bloße Nennung wäre dann aber viel zu wenig, zumindest müßte es doch wie bisher heißen „unter falschen Anschuldigungen verhaftet."

Auch wenn manche Einzelheiten im Verhalten der SED zu den Rehabilitierungen widersprüchlich oder gar rätselhaft bleiben, sind die Hintergründe ihres Sträubens gegen die Aufarbeitung des Stalinismus klar. Die SED wehrt sich gegen Veränderungen der überkommenen, verkrusteten stalinistischen Strukturen, sie hemmt heute noch immer eine Erneuerung in der DDR. Vorbei ist für sie die Zeit der Parole „von der Sowjetunion lernen, heißt siegen lernen". Die SED-Führung fürchtet — zu Recht —, eine Übernahme der sowjetischen Reformen, von Glasnost und Perestrojka, bedeute das Ende ihrer ideologischen Hauptthese „die Partei hat immer recht". Bei dieser Haltung wird sie sich nach den Enthüllungen der KPdSU bemühen, ihre eigene Geschichte noch stärker zurechtzubiegen. Dabei will sie die Irrungen und Wirrungen der KPD, die als Sektion der Kommunistischen Internationale völlig von der Sowjetunion Stalins abhängig war, vertuschen. Mit der üblichen Verschleierungsmethode gesteht sie nur immer die Fehler ein, die nach den sowjetischen Veröffentlichungen nicht länger zu verschweigen sind. Typisches Beispiel dafür ist ihr Verhalten zu den Rehabilitierungen. Und nach wie vor sucht sie zu kaschieren, daß die stalinistischen Strukturen auf die SBZ/DDR übertragen wurden und bereits die KPD und später die SED Parteien Stalins waren, d. h. seine Politik durchführten und einen Personenkult um ihn betrieben.

Allerdings kann die SED diese Fakten nicht einfach aus der Geschichte löschen. In den Thesen zur KPD-Gründung vom Dezember 1953, nach Stalins Tod, hieß es schließlich noch: „Die Reinhaltung und Entfaltung der Ideen der größten Deutschen Marx und Engels sowie ihrer Fortsetzer Lenin und Stalin, ist ein entscheidender Bestandteil des Kampfes der KPD (...) Unter dem Banner unserer Partei — dem Banner von Marx, Engels, Lenin und Stalin (...) Vorwärts im Kampf um Frieden, Einheit, Demokratie und Sozialismus."[57]

Um diese damalige Geschichtsversion will sich die SED heute durch Verschweigen des Stalinismus und der Person Stalins herumdrücken. Ihr früheres Idol Stalin wird nicht einmal mehr genannt: Der Name Stalin taucht in den „Thesen" 1988 nicht ein einziges Mal auf, selbst im Zusammenhang mit den Säuberungen und Rehabilitierungen nicht!

Die Berufung auf die historische Kontinuität von der KPD zur SED dient der Abgrenzung von der Sowjetunion und soll Nachweis einer eigenständigen historischen Entwicklung sein. Daher hält die SED an ihren Legenden zur KPD-Geschichte fest, beurteilt die eigene Geschichte nur positiv, um sich von der heutigen kritischen sowjetischen Sicht abzugrenzen. Bei dieser Funktion der Geschichte ist Selbstkritik nicht gefragt. So bleibt es bei der Instrumentalisierung der Geschichtswissenschaft.

Doch hat die Politisierung der Geschichtswissenschaft auch eine Kehrseite. Wenn es Gorbatschow gelingt, seine Reformen weiterzuführen, kommt auf die Dauer die SED — da die DDR in ihrer Existenz letztlich von der Sowjetunion abhängt — ebenfalls an strukturellen Veränderungen nicht vorbei. Über kurz oder lang wird sich die SED-Führung (in veränderter personeller Zusammensetzung) den gewandelten Realitäten anpassen müssen. Das kann dann auch der Geschichtsforschung in der DDR mehr Freiheiten bringen. Insofern können die „Thesen" vielleicht die letzte große Legendensammlung sein, die den Historikern von der SED abverlangt wurde. Es muß selbst für loyale Wissenschaftler schon heute kaum mehr zu verkraften sein, daß Hager „keinen Grund" sieht, eine „Suche nach ‚weißen Flecken' zu unternehmen". Schließlich ist ihnen doch allen längst bekannt,

---

[57] Dokumente der Sozialistischen Einheitspartei Deutschlands. Bd. V. Berlin (Ost) 1956, S. 321 f.

daß von der Spitze der KPD, dem Politbüro, mehr Mitglieder im sowjetischen Exil ermordet wurden als in Hitler-Deutschland.

Auch der SED-Geschichtsschreibung wird nichts anderes übrigbleiben, als von den Sowjethistorikern zu „lernen" und endlich die Terrorherrschaft Stalins, aber auch deren Auswirkungen auf den deutschen Kommunismus und erst recht auf die SED, seriös zu erforschen. Die Rehabilitierungen der KPD-Opfer der Stalinschen Säuberungen können dazu ein erster Schritt sein. „Weiße Flecken" aufzudecken gibt es mehr als genug.

3. Kapitel
Die Stalin-Opfer
Liste und biographische Daten

Bei den Auseinandersetzungen um die Rehabilitierung der deutschen Kommunisten, die Opfer der Stalinschen Säuberungen wurden, versucht insbesondere die SED das Problem zu verwischen, indem sie die Diskussion auf ein Dutzend Parteiführer verkürzt, die in den Säuberungen umkamen. Tatsächlich geht es jedoch um einen viel größeren Personenkreis. Schon bei der „Rehabilitierung" einiger der Parteiführer verhält sich die SED widersprüchlich und keinesfalls so klar und eindeutig wie die Sowjetunion. Vor allem aber wird der Großteil der deutschen kommunistischen Opfer einfach verschwiegen.

Zu den sowjetischen Opfern bemerkt Medwedjew (vgl. Dok. 15): „Ich würde mich nicht damit befassen, die ungeheuerliche Menge der Opfer des Stalinismus zu zählen... wenn diese grausige Statistik irgendwann veröffentlicht worden wäre". Gleiches trifft auch für die Hunderte deutscher Kommunisten zu, die in den Stalinschen Säuberungen ermordet wurden. Ohne Zugang zu den Archiven, nur gestützt auf bisherige „westliche" Literatur[1], auf wenige offizielle Hinweise oder Auskünfte durch

---

[1] Neben den bereits genannten Quellen und der Literatur sei auf folgende Personaldokumentation und biographische Handbücher verwiesen, in denen zu einem Teil der hier genannten Personen umfassendere Biographien zu finden sind: Hermann Weber: Die Wandlung des deutschen Kommunismus, Band 2. Frankfurt/M. 1969 (abgekürzt: Weber, Wandlung). — Geschichte der deutschen Arbeiterbewegung. Biographisches Lexikon. Berlin (Ost) 1970 (abgekürzt: Biogr. Lexikon). — Biographisches Handbuch der deutschsprachigen Emigration nach 1933. Leitung und Bearbeitung Werner Röder und Herbert A. Strauss. Bd. 1, München 1980 (abgekürzt: Biogr. Handbuch).
Schließlich ist zu verweisen auf: Branko Lazitch (Mitarbeit M. Drachkovitch),: Biographical Dictionary of the Comintern. 2. Aufl., Stanford 1986. — Werner Röder: Sonderfahndungsliste UdSSR. Erlangen 1977. — Ihr Schicksal in der Sowjetunion. Deutsche Kommunisten als Opfer des NKWD. München o. J.

einzelne Befragungen[2] oder die Memoirenliteratur[3], ist es äußerst schwer, eine exakte Liste der Ermordeten möglichst mit biographischen Daten zu erstellen. Dennoch habe ich dies — im Sinne der Ausführungen von Medwedjew — im folgenden versucht. Dabei sind wegen der schwierigen Quellenlage Lücken und Ungenauigkeiten ebensowenig auszuschließen wie vermutlich die Namen zahlreicher Opfer nachzutragen bleiben, über die bis heute kein Material zu finden war. Schließlich konnten hier nur die Namen derjenigen Verfolgten aufgeführt werden, auf deren Verhaftung oder Ermordung mehrere Quellen hinweisen, über die also einigermaßen abgesicherte Daten zu finden waren. Darüber hinaus gibt es in der Literatur und den Memoiren Hinweise auf die Verfolgung weiterer Personen. Vor allem enthält die Fahndungsliste der Gestapo für die UdSSR (auf die auch die kommunistische Geschichtsschreibung verweist[4]) weitere Namen von Personen die inhaftiert waren. Von diesen zahlreichen in der UdSSR verfolgten deutschen kommunistischen

---

(1948). „Der dritte Weg", Köln, 4. Jhg., Nr. 1, Januar 1962. — David Pike: Deutsche Schriftsteller im sowjetischen Exil. 1933 bis 1945. Frankfurt/M. 1981. — Günter Bers: Eine Regionalgliederung der KPD. Der Bezirk Mittelrhein und seine Parteitage 1927/29. Reinbek 1981. — Max Schwarz: MdR. Biographisches Handbuch der deutschen Reichstage. Hannover 1965. — Ernst Loewy: Exil. Stuttgart 1979 (Anhang). — Margarete Buber-Neumann: Kriegsschauplätze der Weltreolution. Stuttgart 1967 — „europäische ideen", Hrsg. A. Mytze, Heft 14/15, 1976, Heft 34-36 und Heft 45/46, 1979. — Gerhard Finn: Dokumentation: Schicksale von Reichstagsabgeordneten der Weimarer Republik nach 1933 (in: Beiträge zur Konfliktforschung, 15. Jhg., Mai 1985).

2 Hier gilt in erster Linie die Liste der Befragungen in Weber, Wandlung, Bd. 2, S. 361 f. Darüber hinaus habe ich für Auskünfte zu danken: Kurt Müller, Grete und Walter Uhlmann, Herrn Haetzel, Berlin, Dr. Beatrice Herlemann (Hannover) und Dr. Klaus Sühl (Berlin), Frau J. Wiemann-Stöhr sowie Frau Dr. Maria Keipert, Archiv des Auswärtigen Amtes, Bonn.

3 Hier ist vor allem zu nennen: Alexander Weissgerber-Cybulski: Hexensabbat. Frankfurt/M. 1951. — Margarete Buber-Neumann: Als Gefangene bei Stalin und Hitler. München 1949. — Susanne Leonhard: Gestohlenes Leben. 5. Aufl. Herford 1968. — Wolfgang Leonhard: Die Revolution entläßt ihre Kinder. Köln 1955. — Herbert Wehner: Zeugnis. Köln 1982. — Ruth von Mayenburg: Hotel Lux. München 1978.

4 Die „Sonderfahndungsliste UdSSR" (vgl. Röder, a.a.O., Anm. 1) enthielt natürlich auch Namen von Kommunisten, die die Gestapo in der UdSSR vermutete, die aber gar nicht dort waren. Insgesamt war aber die Gestapo durch die Vernehmungen der Rückkehrer gut informiert. Bei Henning Müller: Wer war Wolf, Köln 1988, ist eine Seite faksimiliert (S. 189).

Politemigranten ließ sich nicht in jedem einzelnen Fall ermitteln, ob sie Opfer der Säuberung wurden oder wieder freikamen, sie müssen ebenfalls als verschollen gelten. Hier seien von diesem Personenkreis 70 Emigranten genannt: Otto Ackermann, Erich Bandlofsky, Michael Barutzki, Heinrich Bersch, Alois Binder, Reinhold Birke, Max Buchta, Werner Calm, Herbert Dietzsch, Joseph Freund, Waldemar Gabriel, Arthur Gaidisa, Heinrich Görber, Alexander Granach, Friedrich Grether, Franz Grün, Joseph Guska, Franz Hermann, Emil Hopfgarten, Karl Hoyer, Xaver Isenmann, Michael Kader, Franz Kloß, Felix Kobilinsk, Franz Langhans, Wilhelm Lehmacher, Grete Lehmann-Zirkel, Hermann Lodenkämper, Erich Meinicke, Franz Mosia, Erich Mostadt, Ferdinand Mühlbeck, Rudolf Münz, Ambros Nagl, Willi Neusch, Franz Pawelke, Friedrich Pfefferling, Emil Peter, Karl Pfeiffer, Ernst und Franz Pietzka, Joseph Preissler, Franz Püringer, Wilhelm Radtke, Luise Rais, geb. Gohlisch, Gertrud Rambur, geb. Böhme, Paul Rautenberg, Karl Reindl, Erwin Reinhardt, Karl Reiterer, Marie Rieger, Joseph Rösch, Kurt Rösnick, Hans Rother, Johann Sappe, Fritz Schaaf, Joseph Schramm, Helene Schulz, Franz Schwarzmüller, Rudi Senglaub, Wilhelm Siebert, Paul Sprung, August Steinhauer, Karl Struchlik, Karl sturz, Fritz Thöring, Karl Vohralik, Karl Waade, Wenzel Werner, Leopold Westnik.

Diese und ungezählte weitere Emigranten waren nachweislich in der Sowjetunion und wurden in der Säuberung verfolgt. Bei vielen anderen verschwundenen Kommunisten läßt sich nicht nachweisen, ob auch sie in die Säuberungen gerieten oder wo sie sich zuletzt aufhielten das gilt z. B. für den führenden Funktionär Emil Pietzuch.[5] Bleibt zu hoffen, daß die sowjetischen Archive der Forschung geöffnet werden und dann eine vollständige Liste vorgelegt wird, auf der dann auch — was hier gar nicht zu leisten ist — Todesart und Sterbedaten bzw. -orte vermerkt sind.

Die folgende Aufzählung umfaßt im ersten Teil diejenigen deutschen Kommunisten, die in den Säuberungen umkamen, die verschollen sind oder die — soweit feststellbar — an Hitler-

---

5 Emil Pietzuch, seit 1924 hauptamtlicher Funktionär der KPD, war nach 1933 im KZ, danach verliert sich seine Spur. Sein Name steht aber in der „Sonderfahndungsliste UdSSR". Seine Biographie in Weber, Wandlung, a.a.O. (Anm. 1), Bd. 2, S. 247 f.

Deutschland ausgeliefert wurden und wahrscheinlich hier in Gestapohaft starben. Hier wird die bisher umfassendste Liste mit biographischen Daten von 242 in der UdSSR verfolgten deutschen kommunistischen Emigranten vorgelegt. Zusammen mit einer zweiten Liste, mit 25 verhafteten Funktionären, die überlebten, sowie den oben genannten 70 Personen, über deren Schicksal nichts Näheres zu ermitteln war, konnte damit der Nachweis erbracht werden, daß fast 350 deutsche kommunistische Emigranten auf irgendeine Weise Opfer der Stalinschen Säuberung waren. Die wirkliche Zahl der Verfolgten dürfte jedoch erheblich höher liegen. Jetzt hat ein sowjetischer Historiker berichtet, daß Dimitroff zwischen 1938 und 1941 drei Listen mit den Namen von 385 verhafteten bulgarischen Kommunisten an das NKWD schickte, um deren Freilassung zu erreichen.[6] (Piecks Liste enthielt nur die Namen von 13 deutschen Kommunisten). Die Zahl der verhafteten deutschen Emigranten muß noch größer sein, auch die hier aufgeführten rund 350 Personen sind wohl nur ein Teil der in der Säuberung Verfolgten. Das trifft auch für die nach Deutschland und damit an die Gestapo ausgelieferten deutschen Kommunisten zu.

Insgesamt sind 4000 Personen nach Abschluß des Stalin-Hitler-Paktes von den Behörden der Sowjetunion nach Deutschland „abbefördert" worden, wie es im Amtsdeutsch hieß (vgl. Dok. 3). Darunter befanden sich auch einige hundert deutsche Kommunisten, vor allem aber Familienangehörige von Verhafteten oder Arbeiter, die während der Wirtschaftskrise einen Arbeitsplatz in der Sowjetunion gefunden hatten[7]. Besiegelt war zumeist das Schicksal der deutschen Kommunisten, darunter auch Juden, die die Gestapo nach der „Abbeförderung" sofort inhaftierte. Wohl nur wenige waren so naiv, die Ausweisung nach der Verhaftung des Ehemannes als „Taktik des Trojanischen Pferdes" zu verstehen, wie z.B. Hilde Hauck, die später die

---

6   K. Schirinja: „In jener schweren Zeit", „*Prawda*", 23.1.1989, nachgedruckt in „*Neues Deutschland*", 1.2.1989, S. 5. Schirinja schreibt, Dimitroff habe mit den Versuchen zur „Rettung der Kader der Komintern" möglicherweise „seinen Kopf riskiert".

7   Die Zahl von 4000 Rückkehrern nannte Kurt Krupinski: Rückkehrer berichten über die Sowjetunion. Berlin 1942, S. 5.

Abschiebung so umdeutete, daß ihr damit die Möglichkeit des illegalen Kampfes in Deutschland ermöglicht werden sollte.[8]

Zu dokumentieren sind hier nur wenige Einzelfälle. Eines der erschütternden Beispiele aus der „Zusammenarbeit" von Stalins UdSSR und Hitler-Deutschland zeigt das Schicksal eines Mitbegründers und Führers der Kommunistischen Partei Österreichs. Hier kann aus der offiziellen Geschichte dieser Partei (Die Kommunistische Partei Österreichs. Beiträge zu ihrer Geschichte und Politik. Wien 1987, S. 243 f.) zitiert werden: „Die Repressalien betrafen auch Funktionäre der Komintern und kommunistischer Parteien aus faschistischen Staaten, die in der Sowjetunion Zuflucht gefunden hatten, darunter auch der KPÖ. Besonders bitter war das Schicksal von Franz Koritschoner, Mitbegründer der KPÖ, der in Moskau als Funktionär der Roten Gewerkschaftsinternationale wirkte.

In den Monaten nach Abschluß des deutsch-sowjetischen Nichtangriffspakts (23. August 1939) wurden einige der in den Lagern festgehaltenen Emigranten aus Deutschland den deutschen Organen übergeben. Diese Maßnahme traf auch Franz Koritschoner, der nach seiner Übernahme durch die „Feldgendarmerie" bei Brest nach Wien gebracht wurde. Im Polizeigefängnis versicherte er Mithäftlingen seine unerschütterliche Treue zur Sowjetunion und drückte die Zuversicht aus, nach dem Krieg werde ein Parteitag der KPdSU die tragischen Irrtümer aufklären und die zu Unrecht Verurteilten rehabilitieren. Wenig später wurde er ins KZ Auschwitz gebracht und dort sofort nach seiner Ankunft ermordet."

Ähnliche Tragödien gab es zwar bei gleichrangigen deutschen kommunistischen Führern nicht, wohl aber bei anderen Funktionären wie z.B. Hans Bloch oder Hans W. David, oder dem

---

8 „Hilde Hauck berichtet: 1938, ich ging mit meinem zweiten Kind schwanger, nachdem mein erster Mann verhaftet worden war, wurde ich aus der Sowjetunion ausgewiesen. Ich habe das sofort verstanden und ganz klar und nüchtern erkannt, welche Aufgabe ich zu erfüllen hatte: die Taktik des trojanischen Pferdes! Diese Ausweisung — mein erster Mann wurde später rehabilitiert — war die einzige Möglichkeit, mich nach Deutschland hineinzubekommen. Ich habe die mir zugewiesene Rolle übernommen und gespielt, bis zum Ende." So die erstaunliche Version in Irene Hübner: Unser Widerstand. Frankfurt/M. 1982, S. 128. Hilde Hauck war 1930 der KPD beigetreten, 1932 in die UdSSR übergesiedelt und dort Redakteurin. Wer ihr (offenbar in den Säuberungen umgekommener) erster Mann war, ließ sich nicht ermitteln.

ehemaligen Berliner KPD-Funktionär Rudi Hebel, der dann im KZ Mauthausen ermordet wurde. Viele solcher und ähnlicher „Fälle" sind noch nicht genauer bekannt geworden; auch hier haben die Kommunisten Nachholarbeit zu leisten und „weiße Flecken" in ihrer Geschichte zu tilgen.

In einem zweiten Teil der biographischen Daten sind 25 der Hunderte deutscher Kommunisten aufgeführt, die ebenfalls während der Stalinschen Säuberungen verhaftet wurden. Sie mußten unter schlimmsten Bedingungen Jahre oder sogar Jahrzehnte in Lagern verbringen, überlebten aber. Einige von ihnen konnten dann später in der kommunistischen Bewegung, insbesondere in der SED, noch eine Rolle spielen. Bei den meisten ist in den offiziellen Biographien zwar die Emigration erwähnt, es wird aber verheimlicht, daß sie in der UdSSR auch inhaftiert waren. Die Liste dieses Personenkreises mußte auf eine kleine Auswahl beschränkt bleiben.

242 ermordete oder verschollene deutsche Kommunisten

Altmann, Heinz. Geb. 30.1.1905 in Charlottenburg. KPD-Funktionär in Berlin, ab 1930 Mitglied der Leitung des UB Berlin-Nordwest, Lehrer an der Parteischule. 1933 Emigration, Dozent an der Moskauer Universität. 1937 verhaftet, verschollen.

Antes, Kurt. Arbeiter, KPD-Funktionär. Emigrierte 1935 in die UdSSR und kam von Moskau nach Briansk. Dort arbeitete er als Streckenbauer auf einer Schachtanlage. 1937 wurde er als angeblicher Anhänger Heinz Neumanns verhaftet, er kam im Lager ums Leben.

Arendt, Kurt. Berliner Kommunist, Mitglied der Agitprop-Gruppe „Kolonne links". 1935 Emigration in die Sowjetunion, 1937 verhaftet, verschollen.

Auerbach, Günther. Geb. 20.8.1903 in Breslau. Kaufmann. KPD-Funktionär. 1934 Emigration in die UdSSR. Übersetzer bei der „Deutschen Zentral-Zeitung" in Moskau. 1937 verhaftet, verschollen.

Bär, Dr. med., Jakob. Geb. 22.9.1894. Arzt in Berlin, Mitglied der KPD. 1933 Emigration, lebte auf der Krim. 1937 zusammen mit seiner Frau verhaftet, kam er ums Leben.

Barta, Alexander. Aus Ungarn stammender Schriftsteller, vor 1933 Mitarbeiter der „Roten Fahne", nach 1933 Redakteur der deutschen Ausgabe der Moskauer „Internationalen Literatur". Verschwand gegen Ende der Säuberungen 1939.

Baumann, Gustav. Berliner Kommunist. Arbeitete nach der Emigration in Moskau als Koch im „Hotel Lux", der Unterkunft der Komintern-Führer. Der beinamputierte Baumann starb im Gefängnis.

Baumann, Herbert. Geb. 30.1.1908 in Usedom. KPD-Funktionär, emigrierte nach 1933 in die UdSSR, dort 1937 oder 1938 verhaftet, seither verschollen.

Bayer, Erich. KPD-Funktionär in Berlin, 1934 Flucht in die UdSSR, 1937 verhaftet und 1941 nach Deutschland ausgeliefert.

Beck, Hans. Geb. 4.1.1894 in Erfurt. Feinmechanikerlehre. Während der Lehrzeit Eintritt in die Gewerkschaft, 1913 Mitglied der SPD. Beck gehörte im Januar 1919 zu den Mitbegründern der KPD in Thüringen. 1923 Arbeiterratsvorsitzender der Zeiss-Werke. 1924 Abgeordneter des Thüringer Landtags. Ende 1926 Mitarbeiter in der Gewerkschaftsabteilung des ZK. Im Oktober 1928 aus der Partei ausgeschlossen, dann Mitglied der KPO, deren Reichsleitung er von 1929 bis 1932 angehörte. Beck hatte eine Russin geheiratet, er emigrierte 1933 in die Sowjetunion. Das letzte Lebenszeichen von ihm stammt aus dem Jahre 1935, er wurde Opfer der Stalinschen Säuberung.

Bergmann Dr. med., Hermann. Geb. 31.12.1892 in Küstrin. Vor 1933 KPD-Funktionär in Berlin-Schöneberg, flüchtete 1933 in die Sowjetunion. Er wurde 1937 verhaftet und starb im NKWD-Gefängnis.

Bernier, Traute (Gertrud). Geb. 4.8.1901 in Doberan. Stenotypistin. Sie arbeitete nach der Emigration als Schreibkraft, dann als Sekretärin bei der Moskauer „Deutschen Zentral-Zeitung". Als „Familienmitglied eines Volksfeindes" 1938 verhaftet und zu drei Jahren verurteilt (ihr Mann Richard Greve, Chefredakteur der Zeitung, war vorher verhaftet worden) seither verschollen.

Beutling, Theodor. Geb. 22.1.1898 in Odessa, kam als Kind mit seinen Eltern nach Deutschland. Nach der Volksschule Metallarbeiter. 1918 Mitglied der USPD, ab 1920 der KPD. 1924 Chefredakteur der Parteizeitung in Mecklenberg, später auch bei anderen KPD-Blättern. 1928 MdR. Als er 1932 die Redaktion der KPD-Zeitung „Volkswacht" in Stettin leitete, wurde er im Juni zu vier Monaten Gefängnis verurteilt. 1933 emigrierte Beutling in die Sowjetunion, wo er bis 1937 Leiter der Moskauer „Universität des Westens" war. 1937 vom NKWD verhaftet und ermordet.

Biefang, Johann. Geb. 2.8.1893 in Moers. Nach dem Weltkrieg USPD, 1920 KPD, Redakteur an Parteizeitungen. Es war nicht zu ermitteln, ob er mit dem „Julius" Biefang verwandt oder sogar identisch war, der als Vertreter des Ruhrgebiets 1927 in das ZK der KPD gewählt wurde. Für die Identität beider Personen spricht indes, daß „Julius" Biefang 1929 aus dem ZK ausschied, und fast zur gleichen Zeit Johann Biefang in die UdSSR übersiedelte. Er war bei der Komintern beschäftigt und geriet 1937 in die Säuberungen, seither ist er verschollen.

Biletzki, Georg. Geb. 18.3.1907. Vor 1933 in der Leipziger KPD aktiv, von Beruf Lehrer, wurde er 1937 in der UdSSR verhaftet. Er war 1939/40 im Lager Norilsk gefangen, wo er als Sanitäter gearbeitet haben soll, seither verschollen.

Birkenfeld, Ludwig, Geb. 23.1.1903. Schriftsteller, vor 1933 für die KPD aktiv, wurde 1937 in Moskau verhaftet und ist verschollen. Seine Frau (Lehrerin an der Karl-Liebknecht-Schule) wurde verbannt.

Birkenhauer, Erich. Geb. 21.1.1903 in Essen. Bis 1922 Besuch des Lehrerseminars, 1924 Mitglied der KPD, ab 1925 Redakteur an KPD-Zeitungen. 1929 ein Jahr Festungshaft, 1931 Chefredakteur des „Ruhr-Echo", 1932 in Berlin einer der Sekretäre Thälmanns. Von März bis Oktober 1933 im KZ. Er emigrierte nach Prag, dann nach Moskau, dort wurde er 1937 verhaftet und wahrscheinlich erschossen (Biographie: Weber, Wandlung).

Bismark, Willi. Geb. 5.6.1902 in Wittstock. Vor 1933 KPD-Funktionär in Berlin, emigrierte 1935 in die UdSSR und wurde dort 1937 verhaftet. Nach mehrjähriger Haft im Zwangsarbeitslager Norilsk wurde er 1940 an die Gestapo ausgeliefert.

Blatschek, Anton. Geb. 1901. Rohrleger. KPD seit 1931, Leiter einer kommunistischen Häuserschutzstaffel in Berlin. Auf Parteibeschluß im Juni 1933 Studium in der Sowjetunion, an der Kommunistischen Universität der nationalen Minderheiten des Westens (Kaderschule der Komintern). Im Juli 1935 politischer Instrukteur im Donbass, 1935 abgesetzt und 1937 verhaftet. 1940 nach Deutschland abgeschoben, nach Gestapohaft zu einem Jahr und sechs Monaten Gefängnis verurteilt, sein weiteres Schicksal ist unbekannt.

Bloch, Hans (andere Angaben: Alexander). Geb. 1900. Vor 1933 Lokalredakteur der Essener KPD-Zeitung „Ruhr-Echo". 1934 Emigration, Redakteur bei der „Deutschen Zentral-Zeitung" in Moskau. Am 8. März 1938 verhaftet. Bloch wurde 1940 aus dem Lager geholt, nach Deutschland abgeschoben, er widersetzte sich an der Grenze ohne Erfolg der Auslieferung. Er ist als Jude später in einem Vernichtungslager der Nazis umgekommen.

Boguslawski, Else. Schauspielerin. Sie wurde in Moskau zu zehn Jahren Zwangsarbeit verurteilt und starb im Lager Kolyma.

Born, Georg. Schriftsteller, dessen genaue Identität unbekannt ist. Er veröffentlichte in der Sowjetunion zwei Romane (darunter: Tagebuch des SA-Mannes Willi Schröder), wurde verhaftet und öffentlich als „Schriftsteller-Spion" attackiert (Einzelheiten s. Pike).

Borowski, Noah. Geb. 1.10.1885 in Peski (Rußl.). 1906 nach Sibirien verbannt, kam er 1907 nach Chemnitz, schloß sich der SPD an. 1919 KPD, 1921 Mitglied des Zentral-Ausschuß. 1923/24 Chefredakteur des „Kämpfer" in Chemnitz, als Anhänger Brandlers 1925 aus der KPD ausgeschlossen, 1926 wiederaufgenommen, 1929 erneut Ausschluß, Mitglied der KPO. An der deutschen Übersetzung der Werke Lenins beteiligt, übersiedelte er 1931 nach Moskau. 1938 verhaftet, starb er 1944.

Brand, Gustav. Geb. 1902 in Teplitz-Schönau, Schriftsteller. Gehörte der KPD-Exilorganisation in Moskau an, von dieser 1936 ausgeschlossen und daraufhin verhaftet, ist er seither verschollen.

Brinkmann (alias Müller), Georg. Arbeitete im Exekutivkomitee der Komintern als Kaderleiter der deutschen Sektion, bekannt als „Kader-Müller". Er wurde 1937 verhaftet, kam in ein Lager. 1940 in einer Auslieferungsstelle, um nach Deutschland abgeschoben zu werden, ist er seither verschollen.

Broede, Paul. Geb. 30.12.1912 in Berlin. Arbeiter, Sohn des 1935 in Deutschland zum Tode verurteilten Friedrich Broede, der im Nazi-Gefängnis ums Leben kam. Paul Broede wurde 1937 in Moskau verhaftet, 1940 nach Deutschland ausgeliefert, seither verschollen.

Buchholz, Gustav. Geb. 1897. Emigrierte in die UdSSR und wurde dort im Oktober 1937 verhaftet. 1940 nach Deutschland ausgeliefert, seither verschollen.

Budich, Willi. Geb. 16.4.1890 in Cottbus. Ingenieur. 1910 SPD, im Krieg Spartakusgruppe, 1918 deswegen verhaftet. Nach der Revolution Führer des „Roten Soldatenbundes" der KPD, im Dezember 1918 schwer verletzt. Mitglied der Führung der Münchner Räterepublik 1919. 1920 Übersiedlung in die UdSSR, 1929 Rückkehr nach Deutschland, Leiter der Geschäftsabteilung des ZK, November 1932 Reichstagsabgeordneter. 1933 verhaftet, August 1933 Emigration nach Moskau, dort 1937 verhaftet, kam er (1940 oder 1941) in der Haft ums Leben (Biographie: Weber, Wandlung; Biogr. Lexikon).

Bühren, Karl Robert. Geb. 5.8.1888 in Elberfeld. Sportlehrer, Bundessportwart der Arbeiter-Turn-und Sportbewegung, Dozent an deren Bundesschule in Leipzig und Mitglied der SPD. 1933 Mitarbeiter im Arbeiter-Turn- und Sportverband der Tschechoslowakischen Republik. 1935 Übertritt zur kommunistischen Arbeitersport-Internationale und Emigration nach Moskau. Sportlehrer an der Staatlichen Sportschule in

Moskau. 1937 zusammen mit seinem Sohn Friedrich-Karl (geb. 1912) verhaftet, beide sind in den Säuberungen umgekommen. Seine Frau, Schwiegertochter und ein Enkel konnten 1940 durch Vermittlung der deutschen Botschaft ausreisen.

Bürger, Joseph. Geb. 1915. Emigrierte nach 1933 in die Sowjetunion und wurde dort im Juni 1937 verhaftet. 1940 nach Deutschland ausgeliefert, seither verschollen.

Bulian, Otto. Geb. 21.3.1886 in Granowka (Kreis Thorn). Maschinenformer. Vor dem Weltkrieg Mitglied der SPD, seit Gründung der Partei 1919 in der KPD aktiv. 1923 im Militärapparat und anschließend im „Ordner-Dienst" der KPD tätig. Im Oktober 1925 wegen dieser illegalen Arbeit zu 2 1/2 Jahren Gefängnis verurteilt.

Nach der Entlassung aus dem Gefängnis im hauptamtlichen Apparat. Bulian war bis 1933 wieder im M-Apparat tätig, vor allem für Waffenbeschaffung verantwortlich. Er emigrierte in die Sowjetunion, wo er während der Stalinschen Säuberungen 1937 verhaftet wurde und umkam.

Burde, Fritz. Geb. 20.9.1901. Schlosser, KPD-Funktionär in Berlin-Schöneberg. 1934 oder 1935 in die Sowjetunion emigriert, 1937 in Moskau verhaftet und seither verschollen.

Cahn-Curt, Kurt. Ingenieur und Kommunist aus Wiesbaden. 1938 verhaftet und ins Zwangsarbeitslager Norilsk deportiert, dort vermutlich umgekommen.

Charpentier, Fritz. Geb. 21.12.1869 in Norden. Kaufmann. 1917 USPD, Parteisekretär in Solingen, 1921-1924 MdL Preußen. Nach dem Aufstandsversuch 1923 polizeilich gesucht, emigrierte er in die Sowjetunion. Er gehörte 1928 zur Opposition und soll bereits damals in einem sowjetischen Gefängnis umgekommen sein (Biographie: Weber, Wandlung).

Creutzburg, August. Geb. 6.3.1892 in Fischbach (Thür.). Maler. 1908 SPD, 1917 USPD, 1920 KPD. Seit 1919 Parteisekretär, von 1924 bis 1928 und 1930 bis 1933 Reichstagsabgeordneter. Polleiter von KPD-Bezirken, ab 1929 Leiter der Orgabteilung des ZK. 1933 Emigration nach Amsterdam, dann Moskau. Im Oktober 1937 verhaftet, zu 25 Jahren verurteilt. Nach SED-Angaben 1938 in Saratow „gestorben" (also in Haft), nach anderen Angaben war er noch 1940 in der Auslieferungszelle nach Deutschland. (Biographie: Weber, Wandlung, Biogr. Lexikon.)

Dannemann, Erna, geb. **Wiegand.** Geb. 4.5.1906. KPD-Funktionärin aus Berlin. 1933 nach Moskau, Angestellte der Komintern. 1937 zu 15 Jahren Zwangsarbeit verurteilt und nach Kolyma deportiert. 1940 sollte sie nach Deutschland ausgeliefert werden, kam aber bei der Rückfahrt nach Wladiwostok bei einem Schiffsuntergang ums Leben.

Dattan, Otto. Geb. 24.2.1875 in Allstedt. Kaufmann. Vor 1914 SPD, im Krieg Spartakusgruppe, Delegierter auf dem Gründungsparteitag der KPD. Ab 1919 aktiver Funktionär der KPD in Elberfeld. 1922/23 Redakteur der „Roten Arbeitertribüne" Elberfeld, Stadtverordneter in Barmen. 1924 als Anhänger des rechten Parteiflügels in den Hintergrund gedrängt, blieb aber bis 1933 aktiv. 1933 Emigration, 1935 in die Sowjetunion, dort während der Stalinschen Säuberungen verhaftet und im Gefängnis ums Leben gekommen.

David, Fritz. Geb. 1897 bei Wilna. Seit 1929 Mitarbeiter des ZK der KPD, einer der Theoretiker der Partei. 1932 Verfasser des Buchs: „Der Bankrott des Reformismus". 1933 Emigration in die UdSSR, enger Mitarbeiter Piecks. 1936 verhaftet, im Schauprozeß gegen Sinowjew u. a. vor Gericht gestellt, am 24.8.1936 zum Tode verurteilt und hingerichtet (Biographie: Weber, Wandlung, Biogr. Handbuch).

David, Hans Walter. Geb. 26.3.1893 in Mönchen Gladbach, Komponist. 1914 Kriegsfreiwilliger, bis 1918 an der Front, Auszeichnung EK I. Klasse. Nach 1918 Kriegsgegner, Mitglied der KPD. Studium in Berlin, bis 1933 Dirigent und Komponist in Düsseldorf. 1933 Emigration nach Frankreich, dann Italien. Auf Einladung des „Verbandes der Sowjetkomponisten" 1935 in die UdSSR, zusammen mit seiner Frau Lina geb. Nathan. 1936 Generalmusikdirektor in Engels (Republik der Wolgadeutschen). Er schrieb in der „Deutschen Zentral-Zeitung", er habe „im Lande des Sozialismus eine neue Heimat gefunden." Am 5. November 1937 verhaftet, gefoltert. Seine Frau wurde ausgewiesen und ging nach Belgien. Angeblich wurde er festgenommen, weil er Stalin eine Geburtstagshymne geschickt hatte, diese war aber in der verfemten Zwölftonmusik geschrieben. Wegen angeblicher Spionage für Deutschland zu 5 Jahren Arbeitslager verurteilt. 1940 nach Deutschland ausgeliefert, kam er als Jude nach Lublin und übernahm eine Funktion im Getto. 1942 von der Gestapo festgenommen, wurde er im KZ Majdanek vergast.

Deutschländer, Oskar. KPD-Funktionär, 1933 in die Sowjetunion emigriert. Redaktionssekretär der „Deutschen Zentral-Zeitung", im Februar 1938 verhaftet und seither verschollen.

Dietrich, Paul. Geb. 6.11.1889 in Groß-Warzula (Thür.). Volksschullehrer. 1909 SPD, 1917 USPD, 1920 KPD, Mitglied des Zentral-Ausschuß. 1924 Chefredakteur „Hamburger Volkszeitung", 1927 Mitglied des ZK der KPD, 1928 Reichstagsabgeordneter, Mitarbeiter Thälmanns in Berlin. Als „Versöhnler" Ende 1929 abgelöst, Redakteur. 1934 Emigration ins Saargebiet, 1936 in die UdSSR, Redakteur in Leningrad. 1937 verhaftet, kam als Opfer der Stalinschen Säuberungen ums Leben (Biographie: Weber, Wandlung).

Dittbender, Walter. Geb. 29.11.1891 in Stettin. Schlosser. 1917 USPD, 1920 KPD. 1929 Reichsleiter der „Roten Hilfe". 1933 verhaftet, entlastete Dimitroff im Reichstagsbrandprozeß. 1934 aus dem KZ entlassen, Emigration in die UdSSR, dort 1936 verhaftet. Legte ein „Geständnis" ab, wurde 1937 zum Tode verurteilt und hingerichtet (Biographie: Weber, Wandlung; Biogr. Handbuch).

Doll, Franz. Geb. 6.11.1906 in Durlach (Baden). Dreher. 1921 KPD. Redakteur an Parteizeitungen, 1932 Reichstagsabgeordneter, Politischer Leiter des Bezirks Baden-Pfalz der KPD. 1933 Illegalität, zunächst in Mannheim, dann im Ruhrgebiet. 1935 Emigration ins Saargebiet, seither verschollen. Nach KPD-Angabe kam er in Gestapohaft um, wahrscheinlicher ist, daß er in die UdSSR emigrierte und Opfer der Säuberungen wurde. Dafür spricht, daß ihn die Gestapo noch im Frühjahr 1941 auf der Sonderfahndungsliste führte. Zwar hieß es in einem Schreiben des ZK der KPD vom 17.12.1945, Doll sei im Mai 1935 als Polleiter in München verhaftet worden, doch fehlt er in den Listen der SED von Widerstandskämpfern gegen den Faschismus. Seine Frau erhielt im Januar 1934 das letzte Lebenszeichen.

Drach, Hans. Schauspieler, Kommunist, emigrierte in die Sowjetunion und arbeitete am Deutschen Staatstheater in Engels. 1937 oder 1938 verhaftet, 1940 an die Gestapo ausgeliefert, seither verschollen.

Duti, Hilde, geb. Peuker. 1937 in Moskau verhaftet.

Eberlein, Hugo. Geb. 4.3.1887 in Saalfeld. Techn. Zeichner. 1906 SPD, führend im Spartakusbund. Mitglied der Zentrale der KPD von 1919 bis 1929, 1924 und 1927/28 auch des Politbüros. Mitbegründer der Komintern 1919. Von 1921 bis 1933 MdL Preußen. 1929 führender „Versöhnler", deswegen abgesetzt, in der Komintern aktiv. 1933 Emigration nach Frankreich, 1936 in die UdSSR. 1937 verhaftet, sollte er 1940 an die Gestapo ausgeliefert werden, blieb aber in sowjetischer Haft und kam im Januar 1944 im Lager ums Leben, auch sein Sohn Werner (heute Mitglied des Politbüros der SED) und zwei weitere Familienangehörige wurden inhaftiert (Biographie: Weber, Wandlung; Biogr. Lexikon).

Eichenwald, Fritz. Geb. 29.5.1901, KPD-Funktionär in Recklinghausen, 1935 Emigration in die Sowjetunion, dort verhaftet und seither verschollen.

Emel, Dr. phil., Alexander (richt.: Moses Lurje). Geb. 1897 bei Minsk. Promovierte in Berlin, 1921 Mitglied der KPD. 1925 bis 1927 in der UdSSR, zunächst Anhänger der Sinowjew-Opposition, dann Übergang zu Stalin. 1927 Rückkehr nach Deutschland, stellv. Leiter der Agitpropabteilung des ZK, 1931 abgesetzt. 1933 Emigration in die UdSSR, 1936 einer der Angeklagten im Sinowjew-Prozeß, zum Tode verurteilt und hingerichtet (Biographie: Weber, Wandlung).

Epe, Heinz. Geb. 25.12.1910 in Remscheid. 1928-29 Studium in Köln und Wien. Trotzkist. Unter dem Decknamen Walter Held Leiter des Internationalen Jugendsekretariats der kommunistischen Linksopposition. 1933 Emigration in die CSR, Frankreich, Norwegen und im Krieg nach Schweden. Er veröffentlichte in „Unser Wort" im Oktober 1938 einen Artikel „Stalins deutsche Opfer und die Volksfront", in dem er bereits auf die Ermordung von Neumann, Remmele, Schubert, Hirsch, Süßkind, Birkenhauer, Haus, Halle, Carola Neher u.a. verwies. Die Haltung der Kommunisten und der „Volksfront" gegenüber dem Schicksal der Stalin-Opfer nannte er „das traurigste und beschämendste Kapitel in dieser blutigen Tragödie." Er wollte über die UdSSR nach USA flüchten, wurde aber in der Sowjetunion verhaftet und ist — ebenso seine Frau und ein Sohn — in einem Lager umgekommen. (Biographie: E. Lorenz: Heinz Epe, in: Widerstand und Verfolgung in Remscheid. Wuppertal 1986, Bd. 2, S. 16 ff.)

Erdmann, Joseph. Geb. 4.12.1900 in Labischin Krs. Schubin. Hilfsarbeiter, zunächst in Bromberg, dann in Essen. 1922 Übersiedlung nach Berlin, seit 1926 Bezirksverordneter der KPD in Neukölln, von 1929 bis 1933 Stadtverordneter in Berlin. 1933 Emigration in die Tschechoslowakei, dort Instrukteur der KPD, später Übersiedlung in die UdSSR. Vermutlich in Gorki verhaftet und seither verschollen.

Ernst, Wilhelm. KPD-Funktionär, emigrierte 1933 in die Sowjetunion. Dort war er ab 1933 Angestellter der Komintern, wurde 1937 verhaftet und nach Norilsk deportiert, seither verschollen.

Esser, Josef. Geb. 21.3.1893 in St. Wendel/Saar. Bergmann, später KPD-Funktionär in Düsseldorf. Nach 1933 Emigration in die Sowjetunion, dort wurde er als Anhänger der „Neumann-Gruppe" 1937 verhaftet und ist seither verschollen.

Fehler, Anni. KPD-Funktionärin, sie emigrierte 1933 in die UdSSR. Während der Säuberungen verhaftet, wurde sie zuletzt in einem Transport nach Wladiwostok gesehen.

Fehrmann, Heinz. Geb. 22.3.1903 in Geestmünde. KPD-Funktionär. Er absolvierte die Lenin-Schule in Moskau und war dann Lehrer an der Universität des Westens in Moskau. 1937 verhaftet, befand er sich 1940 in der Auslieferungszelle nach Deutschland. Vermutlich aber nicht ausgeliefert und kam in der Sowjetunion ums Leben.

Finkemeyer, Heinrich. Geb. 14.4.1902 in München. Anstreicher. KPD-Funktionär in Oberhausen. Fand als Arbeitsloser in der Sowjetunion Beschäftigung. 1937 verhaftet und vermutlich erschossen. Seine Frau Gertrud, geb. Biroth, kehrte nach Deutschland zurück (vgl. K. Krupinski: Rückkehrer berichten über die Sowjetunion. Berlin 1942, S. 54, 224).

Fischer, Gustav. In der sowjetischen Emigration Lehrer am Moskauer Institut für Fremdsprachen, 1938 verhaftet und ist verschollen.

Fischmann, Marie, geb. Korschunow. Geb. 25.3.1878. Flüchtete als Jüdin aus Berlin in die Sowjetunion und war als Stenotypistin bei der Komintern beschäftigt. 1937 verhaftet, wurde sie von M. Buber-Neumann 1940 im Gefängnis Butyrka gesehen, sie ist verschollen.

Flemmig, Erich. Geb. 8.10.1904 in Lichtentanne. Steinbrucharbeiter, KPD-Funktionär in Sachsen. Emigrierte in die Sowjetunion und wurde 1937 verhaftet. Er war 1940 in der Auslieferungszelle für Deutschland, wurde aber nicht „überstellt" (stand noch in der Gestapo-Fahndungsliste von 1941), verschollen.

Flieg, Leo. Geb. 8.11.1893 in Berlin. Galt lange Jahre als die „graue Eminenz" der KPD. Nach dem Krieg Mitorganisator der kommunistischen Jugendbewegung, von 1922 bis 1932 Sekretär des Politbüros der KPD. Von 1924 bis 1933 MdL Preußen, von 1929 bis 1932 auch Mitglied des Politbüros und seit 1928 Mitglied der Internationalen Kontrollkommission der Komintern. Als Anhänger Heinz Neumanns 1932 degradiert, aber auf der „Brüsseler Konferenz" der KPD 1935 wieder ins ZK gewählt. 1937 von Paris nach Moskau gerufen, wurde er verhaftet und 1939 erschossen (Biographie: Weber, Wandlung; Biogr. Lexikon).

Forst, Leopold. Redakteur der „Deutschen Zentral-Zeitung" in Moskau, 1936 versetzt und 1937 verhaftet, kam er vermutlich im Lager ums Leben.

Franke, Ernst. Geb. 14.6.1892 in Hamburg. Arbeiter, ab 1920 Parteisekretär und von 1921 bis 1924 KPD-Abgeordneter der Hamburger Bürgerschaft. Er emigrierte in die Sowjetunion und arbeitete in Charkow. Dort wurde er 1937 verhaftet und kam vermutlich im Lager ums Leben.

Franken, Paul. Geb. 27.6.1894 in Höhscheid/Krs. Solingen. Former. 1917 USPD, 1920 KPD. Bei den Diskussionen um die „März-Aktion" 1921 gehörte er zu den Anhängern Paul Levis. 1921 bis 1924 MdL Sachsen. Er leitete das Gewerkschaftskartell in Zeitz. 1922 ging er zur SPD zurück und wurde Redakteur am Zeitzer „Volksboten". Nach illegaler Arbeit gegen das Hitler-Regime mußte er 1936 emigrieren und kam über die CSR und Riga nach Leningrad. Dort 1937 verhaftet, wurde er in ein Lager im Polargebiet verschleppt. Von Hunger und Hoffnungslosigkeit gebrochen starb er qualvoll an einer Blutvergiftung. Wie Susanne Leonhard berichtete, galten seine letzten Flüche Hitler und Stalin.

Friedländer, Dorothea, geb. Ehrlich. Geb. 11.6.1894 in Beuthen. Buchhalterin. Verheiratet mit Leo Friedländer, war sie seit den zwanziger Jahren KPD-Funktionärin in Berlin. Sie kandidierte 1929 für die Stadtverordnetenwahlen. Als Funktionärin des „Roten Frauen- und Mädchenbund" aktiv, war sie Kandidatin der KPD für den Verwaltungsbezirk Mitte. Im Mai 1933 emigrierte sie mit ihrem Mann nach Prag, dann in die Sowjetunion. In den Stalinschen Säuberungen verhaftet, kam sie im Zwangsarbeitslager Kolyma ums Leben.

Friedländer, Leo. Geb. 7.5.1895 in Posen. Nach dem Medizinstudium Arzt in Berlin, Kommunist. Im März 1933 wurde er in die Berliner Stadtverordnetenversammlung gewählt, konnte aber wie alle KPD-Abgeordneten sein Mandat nicht mehr ausüben. Er floh — als Jude und Kommunist besonders gefährdet — mit seiner Frau Dorothea nach Prag. Dort war er in der „Liga für Menschenrechte" aktiv und arbeitete beim „Gegenangriff" mit. Von Prag übersiedelte er in die Sowjetunion, wurde 1937 verhaftet und kam als Opfer der Stalinschen Säuberungen ums Leben.

Fröhlich, Goldine, geb. Hartog. Geb. 7.6.1898 in Haaren. Verlagsleiterin, in der KPD aktiv. Ihr Mann, Horst Fröhlich, hatte hohe Parteifunktionen und war 1930 Redakteur der „Roten Fahne". 1931 übersiedelten beide in die Sowjetunion. Horst Fröhlich wurde 1934 nach Deutschland zurückgeschickt, arbeitete illegal, 1936 verhaftete ihn die Gestapo. Er kam im Januar 1943 im KZ Auschwitz ums Leben. Seine Frau wurde 1937 in der Sowjetunion verhaftet, sie ist als Opfer der Säuberungen verschwunden.

Geißler, Rolf. Geb. 1920, kam mit den Eltern in die Sowjetunion und war zusammen mit Wolfgang Leonhard im Moskauer Kinderheim Nr. 6. Dort wurde er im März 1938 im Alter von 17 1/2 Jahren verhaftet, vermutlich kam er im Lager ums Leben.

Gerschinski, Georg. Geb. 27.7.1912 in Neukölln. Besuchte als Jugendlicher in Berlin-Neukölln die Karl-Marx-Schule und schloß sich der KPD an. Er kam nach 1933 in die Sowjetunion und war als Deutschlehrer an der Moskauer deutschen „Karl-Liebknecht-Schule" beschäftigt. Im März 1937 verhaftet, verschwand er als Opfer der Säuberungen.

Götz, Hans. Geb. 26.1.1899 bei Bonn. Schmied. 1925 KPD, wurde 1929 in die erweiterte Bezirksleitung Mittelrhein gewählt. 1931 wegen „Aufruhrs" zu 10 Monaten Gefängnis verurteilt, wegen „Disziplinlosigkeit" formal aus der KPD ausgeschlossen. Übersiedelte im Februar 1932 —vermutlich um sich den Haftstrafen zu entziehen— in die Sowjetunion. Ein letztes Lebenszeichen erhielten seine Verwandten Ende 1933. Götz wurde ein Opfer der Stalinschen Säuberungen.

Gog, Gregor. Geb. 7.11.1891 in Schwerin. Der deutsche Schriftsteller versuchte in der Weimarer Republik eine Bruderschaft der Vagabunden zu organisieren und gab von 1927 bis 1929 deren Organ „Der Kunde" heraus. Die Nazis inhaftierten ihn 1933, er kam bis Ende des Jahres ins KZ. Danach emigrierte er in die Schweiz und 1936 in die Sowjetunion. Er wurde 1940 verhaftet und nach Sibirien verbannt. 1944 entlassen, mußte er in Tadschikistan bleiben, wo er 1945 an Tuberkulose starb.

Golke, Arthur. Geb. 14.10.1886 in Danzig. Dreher. 1908 SPD, 1917 USPD, 1919 KPD. Von 1922 bis 1925 Kassierer der Berliner KP, von 1925 bis 1933 Hauptkassierer der KPD, Mitglied des ZK und MdL Preußen. Im März 1933 Emigration nach Paris, dann nach Moskau. 1937 verhaftet und 1939 ermordet. (Biographie: Weber, Wandlung; Biogr. Lexikon).

Granz, Bruno. Geb. 6.12.1880 in Callenburg (Schlesien). Bäckermeister. In Limbach (Sachsen) vor dem Ersten Weltkrieg in der SPD, im Krieg für die Spartakusgruppe aktiv. Mitbegründer der KPD in Limbach und von 1919 bis 1933 Stadtverordneter. Von 1922 bis 1926 MdL Sachsen. Er gehörte in der KPD zum rechten Parteiflügel um Heinrich Brandler. 1933 emigrierte er in die Tschechoslowakei, 1937 in die Sowjetunion, dort wurde er Opfer der Stalinschen Säuberungen. Das SED-Organ „Freie Presse" (Karl-Marx-Stadt) schrieb zu seinem 100. Geburtstag im Dezember 1980, er sei in der UdSSR „nach längerer Krankheit" verstorben, nannte aber kein Todesdatum.

Greve, Richard. Geb. 17.3.1897 in Hamburg. Maurer, in der Weimarer Republik, Funktionär der KPD. Emigration in die Sowjetunion, wo er 1937 Chefredakteur der „Deutschen Zentral-Zeitung" wurde. Nach einigen Monaten wurde er verhaftet und verschwand als Opfer der Säuberungen.

Günther, Dr. rer. pol., Dr. jur., Hans. Geb. 8.9.1899 in Bernburg/Anhalt. Nach dem Studium promovierte er 1923 mit einer Arbeit zur Marxschen Mehrwerttheorie. Der Schriftsteller trat 1930 der KPD bei und war Mitarbeiter der Abteilung Agitprop des ZK der KPD und der „Roten Fahne". 1932 in Moskau Redakteur der „Internationalen Literatur". Sein Werk „Der Herren eigner Geist. Die Ideologie des Nationalsozialismus" erschien 1935 in Moskau, doch im November 1936 wurde er verhaftet und zu 5 Jahren Lager verurteilt. Er starb im Oktober 1938 in einem Durchgangslager bei Wladiwostok. Das DDR-„Lexikon sozialistischer deutscher Literatur" schrieb über ihn 1964: „Aufgrund falscher Anschuldigungen in der Zeit des Personenkults verurteilt, nach dem 20. Parteitag der KPdSU rehabilitiert". 1981 erschienen im Aufbau Verlag (Berlin/Weimar) ausgewählte Schriften von Hans Günther („Der Herren eigner Geist"). Im Nachwort hieß es, er sei am 4.11.1936 „unter ungerechtfertigten Anschuldigungen" verhaftet worden, am 10.10.1938 im Lager Wladiwostok an Typhus gestorben. „1956 wurde er von der Regierung der UdSSR rehabilitiert".

Güßfeld, Käthe. Geb. 15.5.1899 in Berlin. Nach der Emigration 1933 Journalistin und Übersetzerin in Moskau, 1937 verhaftet, verschollen.

Gutmann, Hedi (Helene Baer). Geb. 14.4.1879 in Berlin. Mitarbeiterin am Marx-Engels-Institut in Moskau, später Deutschlehrerin in Moskau. Verhaftet unter der absurden Beschuldigung, ihre Wohnung sei die Gestapo-Zentrale in Moskau gewesen, seither verschollen.

Hagel, Franz. Funktionär der KPD in Berlin-Köpenick. Emigrierte in die Sowjetunion, wurde 1937 verhaftet, 1940 nach Deutschland ausgeliefert und von der Gestapo festgenommen. Sein weiteres Schicksal ist unbekannt.

Halle, Dr. jur., Felix. Geb. 1.5.1884 in Berlin. Rechtsanwalt. Seit 1922 Hauptberater der KPD in juristischen Fragen, Mitarbeiter des ZK. Verfasser mehrerer Schriften („Wie verteidigt sich der Proletarier vor Gericht?"). 1933 verhaftet, danach Emigration Frankreich, 1937 UdSSR. Er wurde im gleichen Jahr in Moskau verhaftet und starb noch 1937. Es ist nicht bekannt, ob er erschossen wurde oder im Lager umkam. Seine Frau (Dr. Ruth geb. Kämmrich, geb. 1886), die unter dem Pseudonym Fannina Halle Schriften über die Rolle der Frau in Sowjetrußland veröffentlicht hatte, beging nach seiner Verhaftung Selbstmord (Biographie: Weber, Wandlung).

Haus, Rudolf (richt. Robert Hauschild). Geb. 28.4.1900 in Gera. Schriftsteller. KPD-Funktionär. Mitarbeiter der KPD-Presse, vor allem für philosophische Fragen. Verfaßte eine Studie über das Verhältnis von Marx und Feuerbach. 1933 Emigration in die UdSSR, Redakteur bei der „Deutschen Zentral-Zeitung" in Moskau. Er wurde 1936 verhaftet und vermutlich erschossen.

Hauschild, Hilde, geb. Löwenstein. Geb. 27.11.1904 in Leipzig. Als Kommunistin 1933 emigriert, am 20. November 1937 in der UdSSR verhaftet (bereits im April 1937 war ihr die deutsche Staatsangehörigkeit von den NS-Behörden aberkannt worden). Sie sollte im Februar 1940 nach Deutschland ausgeliefert werden, da sie nicht mehr als deutsche Staatsangehörige galt, kam es zu Schwierigkeiten. Ihr weiteres Schicksal war nicht zu ermitteln.

Hebel/Holz, Rudi. Geb. 21.5.1905 in Berlin. Tischler. Mitglied der Unterbezirksleitung Südwest der Berliner KP, nach 1933 im Widerstand aktiv. Er flüchtete 1935 in die Sowjetunion, wo er 1937 in Odessa verhaftet wurde. 1940 nach Deutschland ausgeliefert, kam er im KZ Mauthausen ums Leben.

Herzberg, Adele. Kommunistin aus Berlin. Emigration in die Sowjetunion. Bei Kriegsausbruch verhaftet, 1954 in Jenissejsk in der Verbannung von Stajner gesehen, seither verschollen.

Hirsch, Werner. Geb. 7.12.1899 in Deutsch-Wilmersdorf. Gymnasium, Journalist. Delegierter auf dem Gründungsparteitag der KPD. 1924/25 Chefredakteur der „Roten Fahne" in Wien, dann Parteifunktionen in Deutschland. 1930 Chefredakteur des KPD-Zentralorgans „Rote Fahne", 1932 „Sekretär" und enger Mitarbeiter Thälmanns. Mit ihm zusammen 1933 verhaftet, von der Gestapo schwer mißhandelt. 1934 aus dem KZ entlassen, Emigration in die UdSSR. 1937 verhaftet, war er 1938 mit Karlo Stajner zusammen, der später berichtete, daß Hirsch in Hungerstreik trat, er soll 1941 im sowjetischen Lager umgekommen sein. (Biographie: Weber, Wandlung).

Hoelz, Max. Geb. 14.10.1889 in Moritz bei Riesa. Tagelöhner und Hausdiener. 1914 freiwillig Soldat, bis 1918 an der Front. 1918 schloß sich der früher unpolitische Hoelz der USPD und 1919 der KPD an. Aktionistische Bravourstücke machten ihn im Erzgebirge bald populär, er terrorisierte das Besitzbürgertum, belegte die Fabrikanten mit Abgaben und verteilte das Geld an die Armen. Während des Kapp-Putsches baute er im Vogtland eine „Rote Armee" auf, wegen disziplinlosen Verhaltens aus der KPD ausgeschlossen, wurde er Mitglied der linksradikalen KAPD. Nach Ausbruch der Kämpfe in Mitteldeutschland im März 1921 übernahm er die Leitung der Roten Garden. Er flüchtete nach der Niederschlagung und wurde im Juni 1921 zu lebenslänglicher Zuchthausstrafe verurteilt. 1928 wieder frei, übersiedelte er 1929 in die UdSSR. Obwohl guter Schwimmer, ertrank er im September 1933 in der Oka bei Gorki. Da Hoelz mit der Stalin-Führung in Konflikt geraten war, verlautete schon damals, er sei Opfer der sowjetischen Geheimpolizei geworden. Bis heute ist die Todesursache von Hoelz, einer der populärsten Kommunisten der Weimarer Republik, nicht geklärt.

Holm, Peter (richt. Georg Kaufmann). Geb. 10.4.1899 in Stettin. Schauspieler, KPD-Funktionär. 1937 in Moskau verhaftet.

Horstmann, Dr. jur., Hermann. Geb. 12.3.1893 in Osnabrück. Nach dem Studium Rechtsanwalt in Düsseldorf, hatte eine gemeinsame Praxis mit Gerhard Obuch (KPD-MdL). Er wurde Mitglied der KPD und verteidigte Kommunisten vor Gericht. Neben Felix Halle einer der Rechtsberater des ZK der KPD. Er emigrierte 1934 in die Sowjetunion, begleitet von seiner Frau Dagmar (geb. Dirichs, geb. 20.10.1905) und seiner Tochter Sonja. 1937 wurden sie verhaftet, die Tochter starb an Hunger und Tuberkulose, Horstmann kam im Lager ums Leben.

Hotopp, Albert. Geb. 10.9.1886 in Berlin. Lernte Kellner, war dann bis 1904 in Bremen, Mitglied der SPD, danach Seemann. Trat als Anarchist 1912 aus der SPD aus, wurde 1917 Mitglied der USPD und 1920 der KPD. 1923 im kommunistischen Kurierdienst tätig, wurde er 1924 vom Reichsgericht zu 4 Jahren Gefängnis verurteilt, saß bis 1926 im Gefängnis Cottbus. In der Haft schrieb er erste Erzählungen und wurde Schriftsteller. Im Verlagswesen der Partei tätig. 1933 illegale Arbeit im Widerstand, emigrierte er 1934 in die Sowjetunion. Er veröffentlichte in Moskau mehrere Bücher, wurde 1938 (nach anderen Angaben 1941) verhaftet und kam am 22.5.1941 ums Leben.

Jährig, Martin. Stellvertretender Redaktionssekretär bei der „Deutschen Zentral-Zeitung" in Moskau, im Februar 1938 verhaftet, verschollen.

Jahnke, Paul. Geb. 13.8.1893 in Pasewalk. In Berlin Mitglied der KPD, ab 1930 im Unterbezirksvorstand Nordost der Berliner Kommunisten. Emigrierte in die Sowjetunion, wo er 1937 oder 1938 verhaftet wurde und im Lager umkam.

Jakthold, Erich. Geb. 1898. Nach 1933 Emigration in die UdSSR, im Juni 1939 dort verhaftet, 1940 nach Deutschland ausgeliefert, seither verschollen.

Katzenellenbogen, Max (Samuel). Geb. 1.2.1906 in Leipzig. KPD-Funktionär in Leipzig, später in Berlin. Mitglied „Kolonne links". 1932 wegen „Zersetzung der Reichswehr" verhaftet, danach emigrierte er nach Moskau, wo er am Konservatorium Musik studierte. 1937 verhaftet und spurlos verschwunden.

Kaufmann, Dr., Franz. Geb. 22.2.1902 in Lauenburg. Handelslehrer, Kommunist. Emigrierte nach Moskau, wo er Chemie-Lehrer an der deutschen Karl-Liebknecht-Schule war. 1937 verhaftet, kam er vermutlich im Lager ums Leben.

Kern, Otto. Redakteur. KPD-Funktionär, 1937 in Moskau verhaftet.

Kippenberger, Hans. Geb. 15.1.1898 in Leipzig. Bankangestellter, im Krieg als Offizier verwundet. 1918 USPD, 1920 KPD. Seit 1922 im Apparat der KPD, 1923 führende Rolle im Hamburger Aufstand. 1924/25 Mitglied der Hamburger Bürgerschaft, von 1928 bis 1933 Reichstagsabgeordneter, von 1929 bis 1934 Kandidat des ZK der KPD. Kippenberger leitete den „M-Apparat" der KPD (d. h. den militärischen Geheimapparat) bis 1935, wurde dann abgesetzt. Am 5.11.1936 in Moskau verhaftet und nach einem Geheimprozeß am 3. Oktober 1937 erschossen. Kippenberger und seine Frau wurden 1958 von den Sowjetbehörden offiziell rehabilitiert (Biographie: Weber, Wandlung; Biogr. Lexikon).

Kippenberger, Thea, geb. Niemand. Geb. 10.10.1901 in Hamburg. Mitglied der KPD, heiratete 1923 Hans Kippenberger. Flüchtete im Juli 1933 mit ihren beiden Kindern Margot (geb. 7.5.1924 in Hamburg) und Jeanette (geb. 23.7.1928 in Leipzig) in die Sowjetunion. Während Hans Kippenberger im November 1936 verhaftet und im Oktober 1937 erschossen wurde, verhaftete das NKWD Thea Kippenberger im Februar 1938. Sie kam im sibirischen Lager ums Leben. In der sowjetischen Rehabilitierungsakte von 1958 ist von Beschlüssen der Sonderkommission des NKWD der UdSSR vom 28. April 1938 und vom 3. April 1939 die Rede, damals müßte sie noch am Leben gewesen sein. Die beiden Töchter leisteten ebenfalls Zwangsarbeit in Sibirien, sie kamen 1958 bzw. 1959 nach Ost-Berlin. „Nur wenn Du schweigst, erhältst Du von uns Hilfe und Unterstützung" sagte der Beauftragte der SED bei Margot K's. Ankunft in Ost-Berlin. 1981 übersiedelte Margot K. nach West-Berlin (vgl. „Berliner Morgenpost" vom 31.5.1981).

Kirchner, Alexander. KPD-Funktionär. In Moskau kurze Zeit Chefredakteur der „Deutschen Zentral-Zeitung", zu acht Jahren Lagerhaft verurteilt, verschollen.

Klein, Paul. Übersetzer bei der Moskauer „Deutschen Zentral-Zeitung", 1937 verhaftet.

Klose, Willi. Geb. 1902, Maschinenschlosser. 1923 KPD. In Berlin und Wien für die Komintern tätig. Emigrierte im Juni 1933 in die UdSSR, besuchte die Kommunistische Universität der nationalen Minderheiten des Westens. Im Januar 1938 verhaftet, im Oktober 1939 zurück nach Deutschland, 1940 hier 2 Jahre und 6 Monate Zuchthaus, verschollen.

Knipschild, Margarete. KPD-Funktionärin. Erfaßt auf einer Liste der Gestapo „von Funktionären und Parteiarbeitern der KPD" vom Februar 1933 (Staatsarchiv Bremen, 4, 65, 262). Emigration in die Sowjetunion, 1937 oder 1938 verhaftet und verschollen.

Knodt, Hans. Geb. 21.3.1900 in Essen. Nach dem Abitur Redakteur. 1919 KPD, ab 1926 Chefredakteur verschiedener KPD-Zeitungen, von 1928 bis 1932 der „Sozialistischen Republik" Köln. 1932 wurde Knodt, ein enger Freund Thälmanns, Chefredakteur der „Roten Fahne" in Berlin und leitete bis 1934 die illegale „Rote Fahne" in der Emigration. 1935 Übersiedlung in die UdSSR, unter dem Pseudonym Horn bei der Komintern tätig. 1937 verhaftet, verschwand er als Opfer der Säuberung (Biographie: Weber, Wandlung, Biogr. Handbuch).

Kögler, Arnulf. Geb. 1890. Nach 1933 in die UdSSR emigriert, dort im Oktober 1937 verhaftet, im Februar 1940 nach Deutschland ausgeliefert, seither verschollen.

König, Gustav. Geb. 1.6.1897 in Schöneberg. Kaufmännischer Angestellter. KPD-Funktionär in Berlin. Emigrierte 1933 mit seiner Frau, dort wurden beide 1937 verhaftet.

Kolbe, Hans. KPD-Funktionär aus Berlin-Schöneberg. Emigrierte mit seiner Frau in die Sowjetunion. Er studierte an der Moskauer Universität des Westens, er und seine Frau wurden verhaftet und sind verschollen.

Kolbe, Karl. KPD-Funktionär, 1937 in Moskau verhaftet.

Koska, Willi. Geb. 9.1.1902 in Berlin. Dreher. 1921 KPD, in der Partei übernahm er verschiedene ehrenamtliche Funktionen. Auf dem XII. Parteitag 1929 als Kandidat ins ZK gewählt und im gleichen Jahr als

Nachfolger von Schlöer Generalsekretär der „Roten Hilfe". Diese Funktion übte Koska mit Unterbrechungen bis 1933 aus. Im Juli 1932 zum Reichstagsabgeordneten gewählt. Im Juli 1933 verhaftet, im KZ inhaftiert, aber 1934 wieder entlassen. Er emigrierte und kam 1935 in die Sowjetunion. 1937 dort verhaftet und vermutlich hingerichtet.

Kratzke, Hans. Geb. 23.6.1895 in Redwitz. Schlosser, KPD-Funktionär. Ging als Erwerbsloser in die Sowjetunion, arbeitete in Briansk. Als angeblicher Neumann-Anhänger und „Saboteur" verhaftet und erschossen.

Krollmann, Erich. Geb. 11.6.1904 in Bochum. Angestellter. KPD-Funktionär in Bochum, 1927 Bezirksleitung des RFB Hamburg. Als mitverantwortlich für die Ereignisse des „Altonaer Blutsonntag" im Juli 1932 verhaftet, von der KPD in einer spektakulären Aktion befreit und in die Sowjetunion geschickt. Er soll dort die Militärakademie der Roten Armee besucht haben, später die Kominternschule. 1937 verhaftet, gehörte Krollmann zwar nicht zu denen, die 1940 nach Deutschland ausgeliefert wurden, soll aber mit anderen während dieser Aktion im Niemandsland ausgesetzt worden sein. Dort ist er (nach einem Bericht seines Schicksalsgefährten Viktor Pries, der 1957 nach Hamburg zurückkehrte) „hinter einer Mülltonne verreckt". Krollmanns Frau — ebenfalls kommunistische Funktionärin — saß bis 1945 im deutschen Zuchthaus. Alle ihre Versuche, nach dem Krieg etwas über das Schicksal von Erich Krollmann zu erfahren, blieben erfolglos.

Krüger, Änne, geb. Faltersleben. KPD-Funktionärin in Viernheim. Sie emigrierte 1934 in die Sowjetunion, wurde im November 1937 verhaftet, zu 5 Jahren Lager verurteilt und kam dort ums Leben.

Kühne, Erwin. Geb. 1880. Arbeiter in Sachsen, mit der ehemaligen Landtagsabgeordneten Martha Kühne verheiratet, beide emigrierten über die CSR in die Sowjetunion. Dort wurde er 1937 verhaftet und kam im Lager ums Leben.

Kühne, Martha, geb. Hähnel. Geb. 6.3.1888 in Leipzig. Textilarbeiterin, KPD-Funktionärin. 1932/33 Abgeordnete des Sächsischen Landtags. Mit ihrem Mann flüchtete sie 1933 in die Tschechoslowakei und von dort in die Sowjetunion. Nach der Verhaftung des Mannes 1937 lebte sie in größtem Elend und fuhr (vermutlich 1940) zu ihrer Tochter Margarethe (geb. 1911) nach Deutschland zurück. Es ist nicht bekannt, ob sie von der Gestapo verhaftet wurde.

Kürschner, Karl (Garai). Ungar, der in der Weimarer Republik auch in der KPD aktiv war. 1937 Chefredakteur der Moskauer „Deutschen Zentral-Zeitung", im Oktober 1937 verhaftet. 1939 von einem NKWD-Tribunal freigesprochen, arbeitete er bei der ungarischen Abteilung von Radio Moskau, wurde aber erneut verhaftet und ist verschollen.

Kuhn, Paul. Geb. 15.6.1909 in Lünen. Mitglied des KJVD, nach 1933 Emigration in die UdSSR, dort 1937 verhaftet, seither verschollen.

Kunick, Erich. Geb. 27.4.1890 in Lissa. 1920 KPD, Redakteur an Parteizeitungen, 1929 Mitarbeiter ZK der KPD. 1933 Emigration in die UdSSR, Mitarbeiter am Institut für Weltwirtschaft in Moskau. Er wurde 1938 verhaftet und kam 1939 im Gefängnis ums Leben.

Kupferstein, Hermann. Geb. 10.3.1896. Mitbegründer und Funktionär des Roten Frontkämpferbundes in Berlin. Im „Militär-Apparat" tätig, war er 1931 in den Mord an den Polizei-Offizieren Anlauf und Lenk beteiligt. Er emigrierte 1933 nach Paris, von dort zusammen mit seiner Frau 1935 in die UdSSR. Beide wurden während der Säuberungen 1936 verhaftet und erschossen.

Kurella, Heinrich. Geb. 21.6.1905 in Ahrweiler. Er kam — wie sein Bruder Alfred Kurella, der später in der SED hohe Funktionen innehatte — über die bürgerliche Jugendbewegung zur KPD. 1926 Mitarbeiter der „Roten Fahne" und 1930 verantwortlicher Redakteur der „Inprekorr". 1931 ein Jahr Festungshaft. 1933 und 1934 Redakteur der „Rundschau über Politik, Wirtschaft und Arbeiterbewegung" (KP-Organ) in Basel, danach Emigration in die Sowjetunion. Er galt als Anhänger Heinz Neumanns, versuchte 1937 aus der Sowjetunion zu entkommen, wurde verhaftet und ist im Straflager umgekommen.

Lask, Hermann. Ingenieur aus Berlin, KPD-Funktionär. 1937 in sowjetischer Emigration verhaftet, zu 5 Jahren Lager verurteilt, vermutlich im Lager Archangelsk umgekommen.

Lass, Wilhelmine (Mimi), geb. Pauli. Geb. 6.4.1901 in Hamburg. Sie heiratete den Funktionär des Kommunistischen Jugendverbandes „Hellmut" (richtig: August Lass) und arbeitete bis 1933 als Angestellte beim ZK des Kommunistischen Jugendverbandes in Berlin. 1934 emigrierte sie mit ihrem Kind nach Moskau, wo sie als Stenotypistin im Verlag ausländischer Arbeiter tätig war. 1937 verhaftet, kam sie im Lager ums Leben.

Leisener, Paul. KPD-Funktionär, der 1933 in die Sowjetunion emigrierte, zu 5 Jahren Zwangsarbeit verurteilt, seither verschollen.

Leow, Hans. Geb. 18.8.1907 in Brandenburg. Sohn von Willy Leow, aktiv im Kommunistischen Jugendverband. Emigrierte (wie auch seine Mutter Martha) mit seiner Frau, Martha geb. Langrock in die Sowjetunion. Dort war er als Drucker im Verlag ausländischer Arbeiter tätig. Nach der Verhaftung des Vaters ist auch Hans Leow zu 5 Jahren Zwangsarbeit verurteilt worden, er kam im Lager ums Leben (auch seine Mutter und seine Frau sind verschollen).

Leow, Willy. Geb. 25.1.1887 in Brandenburg/Havel. Tischler. 1904 SPD, im Krieg Spartakusgruppe, seit Gründung Mitglied der KPD. Parteisekretär, seit 1925 2. Bundesvorsitzender, damit faktisch Leiter des „Roten Frontkämpferbundes". 1927 Kandidat, seit 1929 Mitglied des ZK der KPD, 1928 bis 1933 Reichstagsabgeordneter. Der enge Freund Thälmanns emigrierte 1933, kam 1934 in die UdSSR und wurde in die Wolga-Republik abgeschoben. 1937 verhaftet und vermutlich erschossen (Biographie: Weber, Wandlung).

Lesch, Kurt. Geb. 7.7.1904 in Berlin. In der KPD als Redakteur tätig, emigrierte er nach 1933 in die Sowjetunion. Er wurde in Moskau verhaftet und zu acht Jahren Lager verurteilt, seither verschollen.

Leventh, Franziska. Tochter eines Danziger Kapellmeisters, war mit einem Russen verheiratet, der im sowjetischen Spionageapparat arbeitete. 1937 wurde das Ehepaar aus England nach Moskau zurückgerufen und verhaftet. Franziska L. wurde 1938 von Margarete Buber-Neumann im sowjetischen Gefängnis gesehen, seither ist sie verschollen.

Levien, Dr. phil, Max. Geb. 1885 in Moskau. 1905 verhaftet. Emigration nach Zürich, wo er in Verbindung zu Lenin kam. Übersiedlung nach Deutschland, Fortsetzung der naturwissenschaftlichen Studien, Promotion. Er wurde deutscher Staatsbürger und war von 1914 bis 1918 Soldat. Im November 1918 in München, Führer der Spartakusgruppe und Vorsitzender des Soldatenrates. Delegierter des Gründungsparteitages der KPD. Zusammen mit Eugen Leviné Führer der Münchner Räterepublik. Levien konnte nach Niederschlagung der Räterepublik im Mai 1919 nach Wien flüchten. Er übersiedelte im Juni 1921 nach Moskau und arbeitete im Kominternapparat. In den Stalinschen Säuberungen 1937 verhaftet und vermutlich erschossen.

Levy, Alfred. Geb. 6.1.1895 in Hamburg. Hilfsarbeiter. 1906 SPD, 1917 USPD, 1920 KPD. 1920 drei Jahre Gefängnis. Wegen Teilnahme am Hamburger Aufstand von 1923 im Jahre 1925 zu 4 Jahren Festung verurteilt, 1926 durch eine Amnestie freigekommen. 1924 bis 1927 Abgeordneter der Hamburger Bürgerschaft, 1927 als Anhänger der linken Opposition aus der KPD ausgetreten, 1932 wieder aktiver KPD-Funktionär. 1933 zu drei Jahren Gefängnis verurteilt, dann im KZ. 1937 Flucht, Emigration in die CSR, danach vermutlich in die Sowjetunion, wo er 1938 verhaftet worden sein soll, seither verschollen (Biographie: Weber, Wandlung).

Lhoste, Hubert. Sohn eines Saar-Bergarbeiters. Er kam im Januar 1935 als Kind auf Einladung des 1938 erschossenen Schriftstellers Michail Kolzow (dessen „Spanisches Tagebuch" 1986 in der DDR ohne jeden Hinweis auf das Schicksal des Autors erschien) nach Moskau. Kolzow schrieb ein Buch, das von Lhoste handelte: „Hubert im Wunderland". 1941 wurde Lhoste nach Kasachstan deportiert. Wolfgang Leonhard traf Lhoste 1942 völlig abgerissen im Karaganda-Gebiet, seither ist er verschollen.

Linke, Emil. KPD-Funktionär. In der Emigration in Moskau verhaftet, seither verschollen. Seine Frau und seine vier Kinder sollen verhungert sein.

Lochthofen, Lorenz. Geb. 21.10.1907 in Alten-Derne. Schlosser. Anfang der dreißiger Jahre Redakteur an KPD-Zeitungen im Rheinland. Emigrierte in die Sowjetunion und war Redakteur in Engels (Wolga-Republik). Zu acht Jahren Zwangsarbeit verurteilt, kam er im Lager ums Leben.

Löwen, Hilde. KPD-Funktionärin. Sie war in der Moskauer Emigration wie ihr Mann Rudolf als Redakteurin der „Deutschen Zentral-Zeitung". 1936 verhaftet, wurde sie 1940 von Margarete Buber-Neumann in einer Auslieferungszelle nach Deutschland gesehen, seither ist sie verschollen.

Löwenthal, Willi. Deutscher Emigrant. 1937 verhaftet, Schicksal unbekannt.

Lorenz-Malchow, Fritz. Angestellter im Verlag „Junge Garde" des Kommunistischen Jugendverbandes in Berlin. 1933 nach Moskau emigriert, dort 1937 verhaftet und zu fünf Jahren Lager verurteilt. Er wurde 1940 in der Auslieferungszelle nach Deutschland gesehen, sein weiteres Schicksal ist unbekannt.

Ludewig, Johanna. Geb. 28.3.1891 in Berlin. Buchhalterin. 1913 Mitglied der SPD, während des Krieges Übertritt zur USPD. 1920 KPD, die sie in der Berliner Stadtverordneten-Versammlung vertrat. 1921 bis 1933 ununterbrochen MdL Preußen. Von 1927 bis 1930 Sekretärin des kommunistischen „Roten Frauen- und Mädchen-Bundes" (RFMB). 1935 emigrierte sie in die Sowjetunion, wo sie 1937 verhaftet wurde und verschwand. In einer 1983 in der DDR erschienenen Chronik zur Rolle der Frau ist 1960 als Todesjahr angegeben, aber ohne jeglichen weiteren Hinweis auf ihr Schicksal.

Lüschen, Heinz. Geb. 23.10.1911 in Berlin. Studierte in Berlin und emigrierte als Mitglied des Kommunistischen Jugendverbandes 1933 nach Moskau. Dort war er Lehrer für Geschichte und Geographie an der deutschen Karl-Liebknecht-Schule. Er wurde 1937 verhaftet und ist seither verschollen.

Madje, Alice. KPD-Funktionärin, die in Moskau 1937 verhaftet wurde und seither verschollen ist.

Mainz, Hans. Funktionär der Freidenkerbewegung. Er war zur Berichterstattung in Moskau, wurde am Tag der geplanten Abreise in der Sowjetunion verhaftet und ist seither verschollen.

Mansfeld, Ernst. Geb. 5.11.1908 in Schöneberg, kfm. Angestellter, KPD-Funktionär, 1938 in Moskau verhaftet, seither verschollen.

Margies, Rudolf. Geb. 25.2.1882 in Parchau, Fabrikarbeiter. Im Ruhrgebiet als radikaler Kommunist bekannt, wurde er bereits 1923 gesucht, weil er einen Polizisten erschossen hatte. Lebte und arbeitete unter falschem Namen für den Militärapparat der KPD. Angeklagter im „Tscheka-Prozeß" 1925, wurde er im März 1926 zu 11 Jahren Zuchthaus verurteilt. Die KPD forderte immer wieder seine Freilassung, der XII. KPD-Parteitag 1929 wählte Margies ins Ehrenpräsidium. Im Oktober 1930 aus der Haft entlassen. Zu seinen Ehren veranstaltete die KPD in Essen eine Feier. Funktionär der „Roten Hilfe", 1933 Emigration in die Sowjetunion, 1937 verhaftet, verschwand er als Opfer der Säuberungen.

Marker, Wilhelm. Geb. 31.10.1899 in Ahlsfeld, Bauarbeiter. Ab 1925 KPD- und RFB-Funktionär, 1929/30 Stadtverordneter der KPD in Berlin. 1931 Besuch der Lenin-Schule in Moskau. 1934 Flucht aus Deutschland, in sowjetischer Emigration verhaftet und verschollen.

Mauser, Robert. Arzt aus Breslau, emigrierte in die UdSSR, zu 10 Jahren Haft verurteilt.

Meier, Willi. KPD-Funktionär, in Moskau verhaftet, seither verschollen.

Mengel, Margarete. Architektin, 1938 im Moskauer Gefängnis inhaftiert, wahrscheinlich nach Deutschland ausgeliefert.

Metzger, Georg. KPD-Funktionär, emigrierte 1933 in die UdSSR und wurde außenpolitischer Redakteur der „Deutschen Zentral-Zeitung" (Pseud. Georg Wegener). Im Februar 1938 verhaftet, seither verschollen.

Meus, Gottwald. Geb. 8.12.1890 in Haan, Elektromonteur, 1937 in Moskau verhaftet, seither verschollen.

Meyer, Kurt. Architekt aus Köln, KPD-Funktionär, Mitbegründer des KPD-Organs „Sozialistische Republik" in Köln. 1930 als Architekt in die UdSSR, Leiter eines Moskauer Bezirks-Bauamtes. Während der Säuberungen im November 1936 verhaftet, zu Zwangsarbeit verurteilt und im Lager umgekommen. Seine Frau Gertrud Meyer (1898-1975), wurde verhaftet, schon 1938 nach Deutschland ausgewiesen und hier 1938 bis 1940 inhaftiert. Sie veröffentlichte später Darstellungen des KPD-Widerstands, ihr eigenes Schicksal ist im Buch „Die Frau mit den grünen Haaren" (Hrsg. M. Wiessing, Hamburg 1978), beschrieben.

Meyer, Heinrich (Heino). Geb. 22.5.1904 in Hamburg. Lehrerseminar 1923 KPD, seit 1925 Redakteur und Parteisekretär, 1929 Chefredakteur der „Hamburger Volkszeitung", 1931/32 Abgeordneter der Hamburger Bürgerschaft. 1932 kam er als Vertrauter Thälmanns nach Berlin, „Mitarbeiter" Thälmanns. Im Dezember 1932 verhaftet, 1933 KZ. Im Herbst 1934 entlassen, emigrierte er nach Moskau. 1937 (wie fast alle Mitarbeiter Thälmanns) in Moskau verhaftet, kam er in den Säuberungen ums Leben (Biographie: Weber, Wandlung).

Mielenz, Willi. Geb. 14.3.1895 in Berlin. Metallarbeiter. Seit Anfang der dreißiger Jahre Mitarbeiter im Apparat des ZK der KPD. In der sowjetischen Emigration zu zehn Jahren Zwangsarbeit verurteilt, seither verschollen.

Mielke, Max. Geb. 6.4.1906 in Platow. Maurer. Mitglied der Agitprop-Gruppe „Kolonne links", später Student der Komintern-Schule. 1938 in Moskau verhaftet, seither verschollen.

Mommer, Elvira. KPD-Funktionärin. In Moskau verhaftet und deportiert.

Morgner, Edwin. Geb. 1884. Dreher. Seit 1905 in der SPD, Mitbegründer des Spartakusbundes und der KPD in Jena. Vom V. Parteitag 1920 in den Zentralausschuß der KPD gewählt. Seit 1921 Handelsvertreter der UdSSR in Deutschland, emigrierte 1933 und wurde in den Säuberungen verhaftet. Er starb 1943, die näheren Umstände seines Todes sind unbekannt.

Moritz, Martha. Geb. 19.6.1904 in Hamburg. Kontoristin. KPD-Funktionärin in Hamburg und Berlin. Ihr Mann Ernst Becker (1900-1932) gehörte seit 1929 der KPO an. Sie emigrierte in die UdSSR und kam in den Säuberungen ums Leben.

Mose, Alfred. Geb. 18.5.1888. Ingenieur. Ging als Kommunist vor 1933 zum „Aufbau" in die UdSSR, wurde während der Säuberungen verhaftet und ist seither verschollen.

Müller, Willi. Geb. 1.12.1903 in Berlin. KPD-Funktionär (Pseud. Willi Messerschmidt), emigrierte in die UdSSR, wurde 1937 zu acht Jahren Zwangsarbeit verurteilt.

Münzenberg, Willi. Geb. 14.8.1889 in Erfurt. Arbeiter. 1910 Übersiedlung in die Schweiz, Mitbegründer und Sekretär der sozialistischen Jugend der Schweiz, arbeitete im Krieg eng mit Lenin zusammen. 1919 KPD, bis 1921 Sekretär der Kommunistischen Jugendinternationale. 1921 Begründer der Internationalen Arbeiterhilfe, Aufbau des „Münzenberg-Konzerns" (Verlage, Zeitungen). 1924 bis 1933 Reichstagsabgeordneter, ab 1927 Mitglied des ZK der KPD. 1933 Emigration nach Paris, organisierte u.a. das „Braunbuch über den Reichstagsbrand" und war Initiator der Volksfront. 1937 aus der KPD ausgeschlossen, aktiv gegen Hitler und Stalin. Nach Kriegsausbruch in Frankreich interniert, gelang ihm die Flucht. Im Oktober 1940 wurde seine Leiche gefunden, vermutlich hat ihn der Stalinsche Geheimdienst ermordet. (Biographie: Weber, Wandlung; Biogr. Lexikon; Babette Gross: Willi Münzenberg, Stuttgart 1967.)

Nawrey (richt. Nußbaum), Jack. Redakteur der „Deutschen Zentral-Zeitung" in Moskau. Im Februar 1938 verhaftet, zum letztenmal in den Goldfeldern von Kolyma gesehen.

Nebel, Willy. Geb. 3.1.1903 in Gleiwitz. Werkzeugschlosser. In Moskau als Lehrer tätig, in den Säuberungen verhaftet, seither verschollen.

Neher, Carola. Geb. 2.12.1905 in München. Heiratete 1925 den Dichter Klabund (der 1928 starb), war dann mit dem in Rumänien geborenen Anatol Becker verheiratet, der 1937 in den Säuberungen erschossen wurde. Ausbildung in den Kammerspielen München. Carola Neher war eine bekannte deutsche Schauspielerin. Sie sympathisierte mit der KPD, unterzeichnete z.B. 1933 einen Aufruf fortschrittlicher Künstler gegen

Hitler. 1933 Emigration, 1934 kam sie in die UdSSR. Dort 1936 inhaftiert, weil sie in Prag Verbindung zu dem inzwischen aus der KPD ausgeschlossenen Erich Wollenberg gehabt hatte. Sie wurde zu zehn Jahren Zwangsarbeit verurteilt. 1940 befand sich Carola Neher bereits in der Auslieferungszelle nach Deutschland, wurde aber wieder ins Lager zurückgebracht und kam am 22.6.1942 ums Leben. Nach einigen Berichten wurde sie erschossen, nach anderen soll sie an Typhus gestorben sein. Ihr Sohn Georg Becker (geb. 1934) erfuhr erst in den sechziger Jahren, daß Carola Neher seine Mutter war, er schrieb „Vor einem Jahr habe ich zum erstenmal die Gesichter meiner Eltern auf den Fotos gesehen. Schweigsame starre Gesichter. Es ist unmöglich, durch die Trauer allein dieses schwere Gefühl auszudrücken, das in meiner Seele seit jener Zeit erstarrt ist" (FAZ vom 14.9.1973). Der Sohn durfte 1975 aus der UdSSR in die Bundesrepublik ausreisen.

Neitzke, Hermann. Geb. 8.11.1880. Bereits im Spartakusbund organisiert, zeitweise Hausmeister des Karl-Liebknecht-Hauses der KPD in Berlin. 1933 Emigration in die UdSSR, 1937 verhaftet und vermutlich umgekommen.

Neumann, Heinz. Geb. 6.7.1902 in Berlin. Als Student 1920 Mitglied der KPD, 1922 hauptamtlicher Funktionär. Redakteur, hatte bereits 1922 Verbindung zu Stalin. 1925 Vertreter der KPD bei der Komintern. 1927 in China beim Kantoner Aufstand aktiv, danach wieder in Deutschland. 1927 Kandidat, 1929 Mitglied des ZK und Kandidat des Politbüros, 1930 bis 1932 Reichstagsabgeordneter. 1929 bis 1932 Mitglied des Sekretariats, neben Thälmann und Remmele der entscheidende Führer der KPD, er galt auch als ihr Theoretiker. Er versuchte durch Fraktionskampf gegen Thälmann seine Position auszubauen, wurde aber von Stalin fallengelassen und im April 1932 seiner Funktion enthoben. Nach 1933 zunächst in Spanien, dann in der Schweiz, dort verhaftet und 1935 in die UdSSR emigriert. Im April 1937 in Moskau verhaftet und vermutlich erschossen. (Biographie: Weber, Wandlung; Biogr. Lexikon.)

Neumann, Kurt. Geb. 15.9.1906 in Berlin. Mechaniker. Emigrierte nach 1933 als Kommunist in die UdSSR, lebte in Gorki und wurde dort 1937 verhaftet, seither verschollen.

Nixdorf, Dr., Kurt. Geb. 30.11.1903 in Breslau. KPD-Funktionär. In der Emigration Dozent am Marx-Engels-Institut in Moskau. 1936 verhaftet und nach Sibirien deportiert, seither verschollen.

Oefelein, Karl. Geb. 1.3.1909 in Wien. Maschinenschlosser. Mitglied der Schauspielertruppe „Kolonne links", die seit 1931 vor deutschen

Arbeitern in der UdSSR auftrat (und im Dezember 1934 ihre Tätigkeit einstellte). Über Oefelein u. a. schrieb der Leiter der „Kolonne links", Helmut Damerius (der 18 Jahre in Lagern verbringen mußte) in seinen 1977 in der DDR erschienenen Memoiren: „In der Zeit des Stalinschen Personenkultes, in den Jahren 1937 und 1938, wurden einige Mitglieder der „Kolonne links" und auch ich unter falschen Anschuldigungen verhaftet. 18 Jahre später wurde ich rehabilitiert. Von Bruno Schmidtsdorf, Karl Oefelein und Kurt Arendt habe ich nach ihrer Verhaftung nichts mehr gehört."

Olberg, Betty, geb. Biermann. Geb. 10.4.1906 in Neuruppin. Frau des im Moskauer Schauprozeß 1936 verurteilten Valentin Olberg. Sie kam 1934 in die UdSSR, wurde am 5.1.1936 verhaftet und 1940 nach Deutschland abgeschoben, ihr weiteres Schicksal ist unbekannt.

Olberg, Valentin. Geb. 1907, Angestellter. Lebte vor 1933 in Berlin und war in linken Kreisen aktiv (vermutlich im Auftrag der sowjetischen Polizei auch in trotzkistischen Gruppen). Emigrierte 1933 nach Moskau und war 1936 einer der Angeklagten des Schauprozesses gegen Sinowjew u. a. Zum Tode verurteilt und erschossen.

Osenbrügge, Heinrich. Geb. 6.2.1901 in Kassel. Schweißer. In der KPD aktiv, emigrierte er nach 1933 in die UdSSR, wurde während der Säuberungen verhaftet und ist seither verschollen.

Osten, Maria (richt.: Maria Greßhörner). Lebensgefährtin des sowjetischen Schriftstellers Michail Kolzow. Arbeitete nach 1933 für die KPD in Frankreich. Nach der Verhaftung Kolzows übersiedelte sie im Dezember 1938 in die UdSSR, um ihm zu helfen. Sie wurde im Juni 1941 selbst verhaftet und ist seither verschollen.

Ottwalt, Ernst (richt.: Ernst Nicolas). Geb. 13.11.1901 in Tippenow (Westpr.). Sohn eines Pfarrers, nach dem Krieg zunächst in rechtsradikalen Kreisen (Freikorps) aktiv, nach dem Studium und Erfahrungen als Werkstudent Mitglied der KPD. Einer der bekanntesten kommunistischen deutschen Schriftsteller (1929 erschien der Roman „Ruhe und Ordnung", 1931 „Denn sie wissen, was sie tun"). Aktiv im Bund Proletarisch-Revolutionärer Schriftsteller, arbeitete mit Bert Brecht zusammen. 1933 Emigration über Dänemark und Prag nach Moskau, dort im Herbst 1936 zusammen mit seiner Frau Waltraut Nicolas verhaftet, kam er am 24.8.1943 in einem sibirischen Lager ums Leben. Seine Frau wurde nach Deutschland ausgeliefert und stand unter Gestapo-Aufsicht, überlebte und berichtete später darüber. (Vgl. „Viele Tausend Tage. Erlebnisbericht aus zwei Ländern". Stuttgart 1960). Sie erfuhr erst 1958 vom Schicksal Ottwalts. Dabei hatte der sowjetische Ankläger im Nürnberger Kriegsverbrecherprozeß, Rudenko, sich 1946 direkt auf Ottwalts Buch „Deutschland erwache" als „Beweismittel" gestützt und den Autor namentlich genannt — fast Zynismus drei Jahre nach Ottwalts Tod im Lager. Im DDR-„Lexikon sozialistischer deutscher Literatur" von 1964 hieß es über Ottwalt: „In einem Prozeß wurde er wegen angeblicher Spionage für die faschistische Wehrmacht zum Tode verurteilt; nach 1953 wurde O. rehabilitiert". Hintergründe finden sich u. a. Andreas W. Mytze: Ottwalt. Berlin (West), 1977 der in seinem Verlag „europäische ideen" auch die Schriften Ottwalts herausgab.

Paschke, Richard. Mitarbeiter der Berliner sowjetischen TASS-Agentur, in Moskau verhaftet, Schicksal unbekannt.

Paul, Hermann. Sundetendeutscher Schriftsteller, Mitarbeiter der „Deutschen Zentral-Zeitung" in Moskau. Im Februar 1938 verhaftet, seither verschollen.

Pelz, Dr. med., Herbert. Geb. 15.11.1909 in Berlin. Arzt und Bakteriologe, Funktionär der KPD in Berlin. 1933 Emigration, 1937 in Moskau verhaftet, seither verschollen.

Petermann. Deutsches Ehepaar, das bei der Komintern beschäftigt war. Herbert Wehner berichtet („Zeugnis", 1982, S. 194 f.) über die Beschuldigungen sowie Verhaftungen.

Peters, Heinz. Angestellter der Komintern. Während der Säuberungen verhaftet, verbannt ins Zwangsarbeitslager Norilsk, kam er 1940 in die Auslieferungszelle nach Deutschland.

Peters, Richard. Geb. 28.11.1907 in Berlin. Maurer. Emigrierte nach 1933 in die UdSSR, wurde während der Säuberungen verhaftet und war in Tscheljabinsk in Haft, wo er umgekommen sein soll.

Podubecky, Irene. Tochter von Rudolf Podubecky, studierte an der Kominternschule. Wurde 1938 verhaftet und zu acht Jahren Zwangsarbeit verurteilt, seither verschollen.

Podubecky, Rudolf. Geb. 23.6.1896 in Karlsruhe. An der kommunistischen Räterepublik in München beteiligt, leitete dort im Generalstab der Roten Armee das Post- und Fernmeldewesen. Im Mai 1919 zu dreijähriger Festungshaft verurteilt. 1922 entlassen, führend im Militärapparat der KPD. Da er in Deutschland polizeilich gesucht wurde, mußte er schon Ende der zwanziger Jahre in die Sowjetunion übersiedeln; war im russischen Apparat tätig. Während der Stalinschen Säuberungen 1937 zu 20 Jahren Zwangsarbeit verurteilt. Er kam ins Lager Norilsk, wo er 1940 verstorben sein soll.

Pohl, Käthe (richt.: Lydia Rabinowitsch). Geb. 12.7.1892 in Petersburg. Heiratete nach dem Krieg August Kleine und trat der bolschewistischen Partei bei. Sie kam 1920 nach Deutschland und wurde 1922 (neben Flieg) Sekretärin des Polbüros (Politbüros). Zusammen mit August Kleine spielte sie in der KPD 1922 bis April 1924 eine große Rolle, wurde dann aber von den Linken abgelöst. Sie übersiedelte nach Hamburg, wo sie für die KPD kleinere Funktionen ausübte. Sie kehrte Ende der zwanziger Jahre in die Sowjetunion zurück und wurde ein Opfer der Stalinschen Säuberungen.

Presche, Williy. Geb. 1.12.1888 in Berlin, Schlosser. 1918 USPD, 1920 KPD. 1924 auf eine Schule nach Moskau delegiert. 1926 bis 1931 Abgeordneter der Hamburger Bürgerschaft. Mitglied der BL Wasserkante. 1928 im Zusammenhang mit der Wittorf-Affäre kurze Zeit seiner Funktion enthoben, dann aber durch Thälmann rehabilitiert. 1930 Militärapparat, 1931 Flucht in die Sowjetunion. Dort geriet Presche in die Stalinschen Säuberungen, 1937 verhaftet, verschwand er spurlos. (Biographie: Weber, Wandlung.)

Raabe, Otto. KPD-Funktionär, während der Säuberungen in der UdSSR verhaftet, 1941 im Lager Norilsk, seither verschollen.

Rahnsleben, Willi. Funktionär der „Roten Jungfront" in Berlin, in der UdSSR verhaftet, im Lager in Karaganda verschollen.

Rebe, Alfred. Geb. 25.12.1893 in Berlin, arbeitete nach der Schulentlassung in Metallbetrieben. 1912 zur Marine eingezogen, blieb er auch im Krieg Matrose. Während der Novemberrevolution Oberheizer auf der „Moltke". Er hatte großen Einfluß auf die Matrosen und war einer der Führer der Rebellion. Mitglied der SPD, nach der Revolution USPD, 1920 KPD. 1921 Redakteur und Vorsitzender KPD-Rostock, später an anderen KPD-Organen. 1927 Redakteur der „Roten Fahne", wo er seit 1929 im politischen Ressort arbeitete. 1933 emigrierte Rebe, er kam später in die Sowjetunion. Er arbeitete an verschiedenen deutschsprachigen Zeitungen. 1938 im Kaukasus verhaftet, verschwand er als Opfer der Stalinschen Säuberung.

Remmele, Helmut. Geb. 13.1.1910 in Mannheim. Mitglied des ZK des Kommunistischen Jugendverbandes Deutschlands. 1932 abgesetzt und in die UdSSR geschickt, lebte zunächst in Moskau, dann in der Provinz. 1937 verhaftet, ist er im Lager umgekommen.

Remmele, Hermann. Geb. 5.11.1880 in Ziegelhausen bei Heidelberg. Eisendreher. 1897 SPD, 1917 USPD, 1920 KPD. 1910 Redakteur in Mannheim, 1918 Führer der USPD in Mannheim, dann in Stuttgart. 1920 KPD. 1920 bis 1933 Reichstagsabgeordneter, von 1920 bis 1933 ununterbrochen Mitglied der Zentrale bzw. des ZK der KPD. 1924 einige Monate Parteivorsitzender. 1924 bis 1933 Mitglied des Politbüros, von 1929 bis 1933 mit Thälmann und Heinz Neumann Spitzenführer der KPD. Zum 50. Geburtstag 1930 als einer der „eisernen bolschewistischen Garde" vom ZK gefeiert. Die KPD verbreitete sein Werk „Die Sowjetunion". Bis Oktober 1932 Mitglied des Sekretariats, dann degradiert. 1933 Emigration in die UdSSR, 1937 mit seiner Frau Anna und seinem Sohn Helmut verhaftet. Er soll 1939 entweder erschossen worden oder in einer Irrenanstalt ums Leben gekommen sein. (Biographie: Weber, Wandlung; Biogr. Lexikon.)

Rentsch, Paul. Geb. 16.8.1902 in Sachsen. Schlosser. Nach 1933 Emigration in die UdSSR, in Stalino verhaftet und seither verschollen.

Richter, Bernhard. Geb. 13.5.1908 (?) in Leipzig. Schlosser. KPD-Funktionär, 1933 Emigration in die UdSSR. Korrektor bei der „Deutschen Zentral-Zeitung". 1938 verhaftet und seither verschollen.

Riemer, Franz. Geb. 10.9.1883. KPD-Funktionär, wurde in sowjetischer Emigration zusammen mit seiner Frau Marie geb. Kirschner (geb. 1886) in Moskau wegen angeblicher Spionage verhaftet, beide sind seither verschollen.

Ries, Erwin. Geb. 12.10.1907 in Mannheim. Former. 1923 KPD. War vor 1933 Leiter des Kommunistischen Jugendverbandes Baden/Pfalz. Von Mai bis Dezember 1933 Mitglied der illegalen Bezirksleitung der KPD Baden in Mannheim, danach Emigration. 1937 in der UdSSR, kam er als Opfer der Säuberungen ums Leben.

Rietdorf, Otto. KPD-Funktionär, arbeitete nach 1933 im Moskauer Verlag ausländischer Arbeiter, wurde verhaftet und ist seither verschollen.

Rosenke, Walter. Geb. 11.9.1902. Schlosser. KPD-Funktionär in Berlin-Schöneberg, nach 1933 Emigration in die UdSSR. Leiter des Ernst-Thälmann-Clubs in Moskau. 1937 verhaftet, kam 1940 in die Auslieferungszelle nach Deutschland.

Roth, Leo. Geb. 29.1.1911 in Rzeszow (Galizien). Tischler. KPD-Funktionär in Berlin, Mitarbeiter des illegalen M-Apparats. 1933 Stellvertreter von Hans Kippenberger (unter dem Pseud. Viktor). Kontaktmann zum Militär (seine Frau war eine Tochter des Generals v. Hammerstein). 1936 nach Auflösung des Militär-Apparats in Moskau verhaftet und vermutlich wie Kippenberger erschossen.

Sauerland, Kurt. Geb. 12.1.1905 in Köln. Kam als Student zur KPD und war 1928 bis 1933 Chefredakteur von „Der rote Aufbau". Er galt als einer der Theoretiker der KPD, sein stalinistisches Buch „Der dialektische Materialismus" (1932) richtete sich auch gegen den sogenannten Luxemburgismus. Als Neumann-Anhänger 1932 verwarnt. 1933/34 in Paris Redakteur kommunistischer Exil-Blätter. 1935 nach Moskau übersiedelt, dort 1937 verhaftet und erschossen.

Scheel, David. Geb. 23.5.1910. Nach 1933 Emigration in die UdSSR, dort verhaftet und seither verschollen.

Schimanski, Fritz. Geb. 1.7.1889 in Tilsit. Ziseleur. 1911 SPD, 1918 USPD, 1920 KPD. Mitglied der BL Berlin, 1925 ins ZK gewählt. Als Anhänger Ruth Fischers 1927 aus der Partei ausgeschlossen, 1929 wieder aufgenommen. Ab 1931 Funktionär der RGO. 1935 in die UdSSR emigriert, geriet er in die Stalinschen Säuberungen, seither verschollen (Biographie: Weber, Wandlung).

Schmidt, Erich. Geb. 1907. Am 27. August 1937 in Moskau verhaftet, 1940 an Deutschland ausgeliefert, verschollen.

Schmidt, Käthe. Mit 17 Jahren Mitglied des KJVD, dann der KPD. In der Weimarer Republik inhaftiert, 1933 Emigration in die UdSSR. Stenotypistin bei der Komintern. 1937 gemeinsam mit ihrem Vater, der als Spezialarbeiter in der Sowjetunion tätig war, verhaftet, 1938 im Moskauer Gefängnis, beide seither verschollen.

Schmidtsdorf, Bruno. Geb. 8.6.1908 in Eberswalde, Arbeiter. Mitglied der Agitprop-Gruppe „Kolonne links", wie Karl Oefelein (s. d.) u.a. verhaftet und verschollen.

Schmückle, Anna. Geb. 1.10.1892 in Hirschberg. Wissenschaftlerin, die mit ihrem Mann Karl Schmückle schon Anfang der dreißiger Jahre im Marx-Engels-Institut in Moskau arbeitete. Sie wurde dort 1931 im Zusammenhang mit der Ablösung Rjasanows entlassen, arbeitete weiter mit ihrem Mann zusammen und wurde nach dessen Verhaftung ebenfalls festgenommen, seither ist sie verschollen.

Schmückle, Dr. phil., Karl. Geb. ca. 1890. Der bekannte kommunistische Wissenschaftler, Schriftsteller und Übersetzer lebte schon vor 1933 in Moskau. Schmückle war für die deutsche Ausgabe der Werke Lenins in Berlin verantwortlich (z.B. den 1929 erschienenen Band 18) und er arbeitete zunächst auf diesem Gebiet auch in Moskau. Bereits 1931 bekam er und seine Frau nach der Ablösung des berühmten Marx-Forschers Rjasanow (der 1938 Opfer der Säuberungen wurde) Schwierigkeiten, sie verloren ihren Arbeitsplatz im Marx-Engels-Institut. Danach verantwortlich für die deutsche Gruppe der Internationalen Vereinigung revolutionärer Schriftsteller, geriet er 1935 erneut in Konflikt mit Funktionären der KPD, er soll aus der Partei ausgeschlossen worden sein. Das erklärt sowohl seine frühe Verhaftung im August 1936 als auch seine öffentliche Beschuldigung als „Agent". Schmückle wurde vermutlich 1937 erschossen.

Schneck, Karl. Geb. 21.4.1886 in Hageloch (Württ.). Schlosser. 1908 Mitglied der SPD, 1919 der USPD und 1920 der KPD. Von 1921 bis 1932 MdL Württemberg, 1924/25 im Gefängnis, 1926 Politischer Leiter, von 1927 bis 1932 Organisationsleiter der KPD in Württemberg. 1932 wegen „Abweichung" abgesetzt, 1933 von den Nazis verhaftet. Nach der Entlassung aus dem KZ 1935 Emigration, Soldat der Interbrigaden im Spanischen Bürgerkrieg. 1938 konnte er in die Sowjetunion emigrieren, wurde 1941 nach Sibirien verbannt und kam dort im Winter 1943 ums Leben.

Schneider, Joseph. Geb. 18.3.1882 in Hontheim (Eifel). Nach Besuch des Gymnasiums wurde er Schiffsjunge, um der vorgesehenen Pfarrerslaufbahn zu entgehen. 1904 Mitglied der SPD, 1910 Sekretär der Transportarbeitergewerkschaft in Hamburg. 1918 Vorsitzender des Arbeiter- und Soldatenrates in Wilhelmshaven, 1919 von der USPD zur KPD übergetreten, wurde er Parteisekretär in Mansfeld. Schneider war während des Mitteldeutschen Aufstandes im März 1921 Politischer Kommissar bei Max Hoelz. Nach der Niederschlagung des Aufstandes in die Sowjetunion geflüchtet, wurde er in Deutschland in Abwesenheit zum Tode verurteilt. Schneider arbeitete in den zwanziger und dreißiger Jahren als Redakteur und Schriftsteller in Moskau, wurde 1934 Mitglied der KPdSU. Gegen Ende der Säuberungen verhaftet, kam er 1939 ums Leben.

Schnichels, Hubert. Geb. 27.9.1892 in Vussem (Eifel). Bergarbeiter. Seit 1921 KPD-Funktionär in Brühl bei Köln, dort von 1924 bis 1933 Stadtverordneter, seit 1925 Kreistagsabgeordneter. Ab Ende der zwanziger Jahre Angestellter beim KPD-Organ „Sozialistische Republik" in Köln. Er flüchtete 1933 nach Holland und emigrierte dann in die

Sowjetunion, wohin ihm seine Frau mit den beiden Kindern folgte. In den Säuberungen verhaftet, ist er und seine Familie seither verschollen.

Schönfeld, Betty. KPD-Funktionärin aus Berlin, war in Moskau Angestellte der Komintern. 1937 zu fünf Jahren Zwangsarbeit verurteilt, verbrachte sie über 10 Jahre im Lager Kolyma, ihr weiteres Schicksal ist nicht bekannt.

Scholz, Paul. Geb. 13.4.1886 in Dresden. Werkzeugmacher. Vor dem Ersten Weltkrieg SPD, im Krieg aktiv im Spartakusbund und bei den Revolutionären Obleuten, die zunächst den Anschluß an die KPD verweigerten. Während der Januarkämpfe 1919 unterzeichnete er gemeinsam mit Karl Liebknecht und Georg Ledebour die „Absetzung" der Ebert-Regierung, ging danach in den Untergrund und schloß sich der KPD an. Später war er in der IAH aktiv und zeitweilig Redakteur. Von 1929 bis 1932 vertrat er die KPD in der Berliner Stadtverordnetenversammlung. Im April 1933 Flucht nach Frankreich, 1937 Emigration in die UdSSR. 1938 wurde er deportiert und starb als Opfer der Stalinschen Säuberung, trotz vieler Versuche konnte seine Familie keine Einzelheiten erfahren.

Schramm, Günther. KPD-Funktionär, der nach 1933 in die Sowjetunion emigrierte. Er starb im Zwangsarbeitslager.

Schubert, Hermann. Geb. 26.1.1886 in Lengfeld (Erzgeb.). Bergmann 1912 SPD, 1917 USPD, 1920 KPD. 1924 Reichstagsabgeordneter, von 1924 bis 1933 MdL Preußen. KPD-Sekretär im Ruhrgebiet. 1929 zum Kandidaten des ZK gewählt, 1931 Polleiter des Bezirks Wasserkante (Hamburg). Schubert, ein enger Freund Thälmanns wurde 1932 ins Politbüro berufen. Nach 1933 in der Emigration stand Schubert zusammen mit Schulte, Dahlem und Florin gegen Pieck und Ulbricht, durch die Schwenkung der Komintern 1934/35 verlor er seinen Einfluß, 1935 degradiert. 1937 verhaftet, wurde er 1938 erschossen (Biographie: Weber, Wandlung; Biogr. Lexikon).

Schulte, Fritz. Geb. 28.7.1890 in Hüsten (Westf.). Fabrikarbeiter. 1918 USPD, 1920 KPD. Betriebsrat bei Bayer-Leverkusen, 1922 Sekretär einer kommunistischen Gewerkschaft. 1927 Polleiter der KPD Niederrhein und Mitglied des ZK der KPD. 1928 bis 1930 MdL Preußen, 1930 bis 1933 Reichstagsabgeordneter. 1929 bis 1935 Mitglied des ZK und des Politbüros der KPD. 1932 Reichsleiter der RGO. Nach 1933 zusammen mit Schubert gegen Ulbricht und Pieck, 1935 degradiert. In sowjetischer Emigration 1937 verhaftet, 1943 im Lager umgekommen. (Biographie: Weber, Wandlung; Biogr. Lexikon.)

Schulze, Max. Geb. 10.7.1891 in Jena. Mechaniker bei der Firma Zeiss in Jena, KPD-Funktionär, Bundeshandball-Leiter des Arbeiter-Turn- und Sportverbandes. Wegen des Versuchs der KPD, den Verband zu spalten, trat er 1929 aus der Partei aus. 1933 emigrierte er über die CSR nach Schweden und kam als Spezialist in die Putilow-Werke in Leningrad, Mitarbeiter der dortigen „Roten Zeitung". Während der Säuberungen verhaftet und seither verschollen.

Seiler, Johann. Geb. 22.8.1901 in Nürnberg. In der KPD aktiv, nach 1933 Emigration in die UdSSR. In Swerdlowsk verhaftet, vermutlich im Gefängnis ums Leben gekommen.

Singvogel, Kurt. Geb. 8.12.1912 in Berlin. KPD-Funktionär in Berlin-Charlottenburg. Chauffeur beim ZK der KPD. Emigrierte mit seiner Familie in die UdSSR und wurde dort 1937 mit seiner Frau verhaftet, das weitere Schicksal der ganzen Familie ist unbekannt.

Skjellerup, Johann. Geb. 20.9.1877 in Hadersleben. Gärtner. 1896 SPD, 1917 USPD, 1920 KPD. 1921 bis 1932 MdL Preußen. 1924 Mitglied der KPD-Bezirksleitung Wasserkante (Hamburg), Anhänger der Ruth-Fischer-Opposition, 1927 Übergang zu Thälmann. Ende 1932 Übersiedlung in die UdSSR, 1937 verhaftet und seither verschollen (Biographie: Weber, Wandlung).

Sobottka. Sohn des KPD-Führers Gustav Sobottka, wurde 1937 in Moskau verhaftet und kam im Lager ums Leben.

Sommer, Michael. Geb. 12.7.1896 in Gielsdorf bei Köln. Bergarbeiter. 1918 USPD, 1920 KPD. 1924 Unterbezirksleiter und hauptamtlicher Parteifunktionär der KPD. 1925 Abgeordneter im Provinzial-Landtag. 1926 zum Orgleiter des Bezirks Mittelrhein nach Köln berufen. Diese Funktion übte er bis Ende 1929 aus. Anschließend wurde er zur RGO nach Berlin geholt und noch vor 1933 zur RGI nach Moskau überstellt. Er geriet in die Stalinschen Säuberungen und verschwand 1938 spurlos, auch seine Frau und seine Söhne wurden inhaftiert.

Sorge, Walter. KPD-Funktionär, in sowjetischer Emigration verhaftet und ins Lager deportiert, er arbeitete 1948 in Norilsk als verbannter „Freier", seither verschollen.

Spaan, Heinrich. Philologe, verfaßte mehrere Sprach- und Grammatik-Bücher, die im Staatsverlag in Engels veröffentlicht wurden. 1936 verhaftet, seither verschollen.

Stahl, Gertrud. Stenotypistin im Politbüro der KPD in Berlin, zeitweilig Sekretärin von Ernst Thälmann. Emigrierte in die Sowjetunion und wurde dort 1937 in den Selbstmord getrieben.

Stauer, Hans (richtig: Konon Berman-Jurin). Geb. 1901, arbeitete als Beauftragter der Komintern in Deutschland. Nach einem kurzen Besuch der Universität Mitte der zwanziger Jahre in den Apparat der Komintern aufgenommen. Seit 1928 Mitglied der BL Berlin-Brandenburg. 1929 bis 1932 Agitprop-Sekretär der Bezirksleitung. Ende 1931 vom ZK gerügt. Im März 1933 in die Sowjetunion, arbeitete im Apparat der Komintern. Im Mai 1936 verhaftet. Berman-Jurin wurde Mitangeklagter des ersten Moskauer Schauprozesses gegen Sinowjew, Kamenew u. a. Er „gestand" alle ihm zur Last gelegten Verbrechen. Am 24. August 1936 wurde Berman-Jurin zum Tode verurteilt und erschossen.

Steffen, Erich. Geb. 11.6.1895 in Berlin, lernte Schlosser. 1918 USPD, 1920 KPD. Als Anhänger der Linken 1924 in den hauptamtlichen Apparat aufgenommen, zunächst Orgleiter des Bezirks Pommern. 1926 mit der Reichsleitung der kommunistischen Erwerbslosenbewegung in Berlin betraut. 1930 übernahm Steffen die Leitung des Fabrikarbeiterverbandes in der RGO und gab die Zeitschrift „Der rote Fabrikarbeiter" heraus. In dieser Eigenschaft zog man ihn 1931 in einen Werksspionageprozeß der BASF in Ludwigshafen/Rhein. Er wurde verhaftet und verurteilt, emigrierte dann nach Moskau. Dort leitete er nach 1933 den „Ernst-Thälmann-Club". Steffen wurde zusammen mit seiner Frau 1936 in Moskau verhaftet und verschwand als Opfer der Stalinschen Säuberungen.

Stegmaier, Anna. Emigrierte 1933 in die UdSSR, 1937 zu acht Jahren Zwangsarbeit verurteilt.

Steinbring, Ernst. Geb. 25.8.1887 in Berlin. Fräser. KPD-Funktionär. 1933 Emigration in die UdSSR, Leiter des deutschen Klubs in Moskau, 1937 verhaftet, seither verschollen.

Strötzel, Max. Geb. 25.7.1885 in Markranstädt (Sachsen). Dreher. 1906 SPD, 1917 USPD, 1920 KPD. 1921 Politischer Leiter der KPD Westsachsen. 1924 bis 1932 Reichstagsabgeordneter. 1925 Kandidat des ZK, Anhänger Ruth Fischers, 1925 ging er zu Thälmann über. 1927 bis 1932 Polleiter in Pommern, 1933 Emigration in die UdSSR, 1937 verhaftet, 1945 gestorben (Biographie: Weber, Wandlung; Biogr. Handbuch).

Sturm, Fritz (richt.: Samuel Sachs-Gladjew). Geb. ca. 1890. Kam im November 1918 als Vertreter der KP Rußlands nach Hamburg. Delegierter des Gründungsparteitages der KPD (Mitglied der Programmkommission), 1919 in der KPD aktiv, im März 1920 verhaftet und nach Rußland ausgewiesen. In der Komintern dann in Leningrad aktiv, 1930 Anhänger Bucharins. Während der Stalinschen Säuberungen als angeblicher Terrorist verhaftet und 1937 erschossen.

Süßkind, Heinrich. Geb. 30.10.1895 in Kolomea. Studium in Tübingen. 1919 in Berlin „Freideutsche Jugend", Ende 1919 KPD. 1921 Chefredakteur des KPD-Zentralorgans „Rote Fahne", 1922 verhaftet und ausgewiesen. 1924 Chefredakteur der KPD in Chemnitz, 1927 als Kandidat ins ZK gewählt, wieder Chefredakteur der „Roten Fahne" und Kandidat des Politbüros. Als „Versöhnler" 1929 abgesetzt. 1933 Emigration nach Prag, dann in die UdSSR. 1936 verhaftet, als Opfer der Säuberung verschwunden (Biographie: Weber, Wandlung).

Taubenberger, Hermann. Geb. 21.11.1895 in München. Techniker. Im Krieg Soldat, 1919 Kommunist, war er führend an der Münchner Räterepublik beteiligt, saß deswegen von Juli 1919 bis Juli 1922 in der Festung Niederschönfeld. Anschließend Mitarbeiter des Militär-Apparats der KPD. Aktiv an den Aufstandsvorbereitungen 1923 beteiligt, wurde er im Februar 1924 in Stuttgart verhaftet, danach wieder im M-Apparat. 1933 emigrierte er mit seiner Frau Else in die Sowjetunion. Nach der Verhaftung von Carola Neher nahmen sie deren Sohn zu sich, wurden aber kurze Zeit später (als enge Freunde Erich Wollenbergs) selbst verhaftet. Hermann Taubenberger wurde erschossen, Else Taubenberger erst nach Stalins Tod aus dem Lager entlassen. Sie lebte im Baltikum, und konnte 1972 in die Bundesrepublik ausreisen, sie starb kurz darauf.

Tennenbaum, Kasimir. Als Emigrant in Moskau 1937 verhaftet und zu 10 Jahren Zwangsarbeit verurteilt, Schicksal unbekannt.

Thonke, Heinz. Funktionär der KPD in Berlin-Moabit. 1938 in Moskau verhaftet und zu acht Jahren Zwangsarbeit verurteilt, kam 1940 in Auslieferungshaft nach Deutschland.

Trettau, Otto. Geb. 24.11.1907 in Ohlau. KPD-Funktionär, 1937 in Moskau verhaftet und zu acht Jahren Zwangsarbeit verurteilt, seither verschollen.

Tugend, Otto. Geb. 7.4.1882 in Reinickendorf. Kinovorführer. KPD-Mitglied und Funktionär des Roten Frontkämpferbundes. Emigrierte in die UdSSR und wurde dort mit Frau und Tochter verhaftet, sein weiteres Schicksal ist unbekannt.

Unger, Hermann. Geb. 1907. Am 27. August 1937 in Moskau verhaftet, 1940 an Deutschland ausgeliefert, verschollen.

Unger, Otto. Geb. 5.9.1893 in Böllberg (Halle). Buchhändler. 1912 Mitglied der SPD, im Krieg in der Jugendbewegung für die Spartakusgruppe aktiv. 1919 Mitglied der KPD, Geschäftsführer des Verlages „Junge Garde", kommunistischer Jugendführer. Ab 1921 Mitglied des ZK des Kommunistischen Jugendverbandes, 1921 als einer der deutschen Vertreter in die Exekutive der Kommunistischen Jugendinternationale gewählt. Unger war auch schriftstellerisch tätig, 1926 wurde er Sekretär der KPD in Hamburg. 1928 als „Versöhnler" abgesetzt. Er emigrierte und wurde Leiter der Verlagsgenossenschaft ausländischer Arbeiter in Moskau (Pseud. Bork). Im November 1937 verhaftet und erschossen.

Vatter, Clara. Geb. 1900. Lebte in der Emigration in der UdSSR mit August Creutzburg zusammen. Am 15. Juni 1938 verhaftet. Sie kam 1940 in Auslieferungshaft und sollte im Februar 1940 nach Deutschland ausgewiesen werden. Da ihr zweijähriges Kind erst gesucht werden mußte, verspätete sich die Auslieferung (vgl. Dok. 3). Das weitere Schicksal von Clara Vatter und ihrem Kind ließ sich nicht ermitteln.

Vogeler, Heinrich. Geb. 12.12.1872 in Bremen. Der Maler, der später weltberühmt wurde, hatte sich 1894 in Worpswede niedergelassen, wo er später seinen „Barkenhoff" der kommunistischen Roten Hilfe zur Verfügung stellte. Vogeler war Kommunist, er gehörte seit 1923 der KPD sowie zahlreichen kommunistischen Organisationen an, stand aber in der KPD vor allem Clara Zetkin und den „rechten" Kommunisten nahe. Er wurde 1929 vorübergehend aus der Partei ausgeschlossen. Übersiedlung 1931 nach Moskau, bereiste die Sowjetunion und erlebte dort verschiedene Ausstellungen seiner Werke. Während der Säuberungen lebte er in großer Armut, wurde aber nicht verhaftet. 1941 nach Kasachstan „verschickt" litt er unter den schrecklichen Entbehrungen. Er starb (oder: verhungerte) am 14.6.1942. Zur umfangreichen Literatur vgl. den Artikel im Biographischen Handbuch des deutschsprachigen Exils, Bd. 2, 19).

Vogt, Kurt. KPD-Funktionär. 1938 in Moskau verhaftet, seither verschollen.

Walden, Herwarth (richt.: Georg Lewin). Geb. 16.9.1878 in Berlin. Der Dramatiker, Satiriker, Kunstkritiker und Musiker wurde vor allem berühmt durch die Gründung des Verlags und der Zeitschrift „Der Sturm", die dem Expressionismus und der Moderne in der deutschen

Kunst den Weg bahnte. Er war Mitglied der „Gesellschaft der Freunde Sowjet-Rußlands" und übersiedelte mit seiner Frau 1932 nach Moskau, dort lehrte er im Fremdsprachen-Institut und schrieb für deutsche Zeitschriften. Walden wurde am 13. März 1941 in Moskau verhaftet, als die schlimmste Zeit der Säuberungen bereits vorüber war. Seine junge deutsche Frau Ellen (geb. Bork) floh mit ihrem Kind in die deutsche Botschaft und kam nach Berlin zurück. Die Tochter erhielt erst nach einem Besuch in Moskau (1966) nähere Informationen: Walden war am 31.10.1941 in Saratow/Wolga verstorben. „In einem Zusatz hieß es, daß er ‚rehabilitiert' wurde. (Weitere Nachfragen, was es mit dieser Rehabilitation auf sich habe und ob ich Aussicht hätte, das beschlagnahmte Eigentum meines Vaters, d.h. seine Bibliothek und seinen schriftlichen Nachlaß zu erhalten, blieben wieder unbeantwortet)" („europäische ideen", Heft 14/15, 1976).

Wallendorf, Philipp. Geb. 4.12.1899 in Weinheim. Lederarbeiter. Führer der KPD in Weinheim, Vorsitzender des „Freien Sportkartells". Kandidat der KPD bei Wahlen, 1932 Streikleiter. Nach Widerstandsarbeit gegen das NS-Regime 1934 Emigration in die UdSSR, 1937 verhaftet, seither verschollen.

Walter, Kurt. KPD-Funktionär, in Moskau 1937 verhaftet, seither verschollen.

Weber, Hermann. Geb. 15.2.1888 in Horn (Lippe). Schlosser. 1909 SPD, 1917 USPD, 1920 KPD. 1923 bis 1925 KPD-Sekretär in Düsseldorf, dann in Hamburg. 1929 Sekretär der KPD in Solingen, dort 1930 zum Oberbürgermeister gewählt, aber nicht bestätigt. Anhänger Heinz Neumanns. 1932 in die UdSSR übersiedelt, 1937 in Odessa verhaftet und seither verschollen (Biographie: Weber, Wandlung; Biogr. Handbuch).

Wedrich, Heinrich. Geb. 19.1.1897 in Lodz, in der Weimarer Republik in der KPD aktiv. Nach 1933 Emigration in die UdSSR, dort verhaftet, seither verschollen.

Wilde, Grete. Geb. 12.5.1904 in Berlin. Stenotypistin. Seit 1923 Politische Leiterin des Bezirks Berlin-Brandenburg des KJVD. Sie war politisch und persönlich eng mit Ruth Fischer befreundet, behielt ihre Funktion aber auch nach deren Absetzung. Ende 1927 zur Arbeit in der Komintern nach Moskau geschickt. Für die Komintern arbeitete sie 1929 in der Türkei, wurde dort zu 4 Jahren Zuchthaus verurteilt. 1932 kehrte sie nach Moskau zurück und war im Mitteleuropäischen Sekretariat der Komintern (bei Knorin, der 1936 verhaftet und erschossen wurde) tätig.

Sie wurde zusammen mit Knorin 1936 verhaftet und ist im Lager umgekommen.

Wilke, Johanna geb. Hartog. Geb. 16.8.1904 in Aachen, Stenotypistin. Emigrierte in die UdSSR, wurde in Engels (Wolga-Republik) verhaftet und zu 5 Jahren Lager verurteilt, war 9 Jahre im Lager Kolyma und soll dann in der UdSSR „frei" gelebt haben.

Willert, Fritz. Geb. 30.8.1908. Emigrierte nach 1933 in die UdSSR, wurde 1937 verhaftet und kam vermutlich in der Haft in Tscheljabinsk ums Leben.

Wloch, Willi. Geb. 13.2.1897 in Berlin. Bauarbeiter. Seit 1920 Mitglied der KPD, Funktionär in Berlin, Mitarbeiter des Militär-Apparats. Seit 1932 Angestellter der Komintern. 1937 verhaftet und zu 20 Jahren Lager verurteilt, kam er ums Leben. Seine Frau und sein Sohn Lothar wurden nach Deutschland ausgewiesen, der Sohn wurde im Krieg zur Wehrmacht eingezogen.

Wolf, Felix (richt.: Nikolaus Rakow). Geb. 1.4.1890 in Reichenbach. In Rußland aufgewachsen, Sohn eines deutschen Werkmeisters, aktiv an der Oktoberrevolution beteiligt. 1918 Sekretär des deutschen Soldatenrates in Moskau. Ende 1918 mit Radek und Reuter nach Deutschland. Anfang der zwanziger Jahre Korrespondent der Komintern. Delegierter auf dem IV. und V. Parteitag 1920 der KPD. Später im Komintern-Apparat in Moskau, häufig in Deutschland. 1934 (zusammen mit Erich Wollenberg) von der Internationalen Kontrollkommission aus der Komintern ausgeschlossen, während der Stalinschen Säuberungen verhaftet und im Gefängnis umgekommen.

Wolff, Dr. med., Lothar. Geb. 17.6.1882 in Wiesbaden. Berliner Arzt und Kommunist, 1937 verhaftet, seither verschollen.

Wolfsdorf, Eduard. Geb. 17.3.1895. Mechaniker. In der KPD aktiv, emigrierte nach 1933 in die UdSSR, wurde während der Säuberungen verhaftet und zuletzt im Gefängnis von Bobruisk gesehen.

Wundersee, Erich. Geb. 25.5.1889 in Berlin. Seit 1909 in der SPD, im Krieg Mitglied der Spartakusgruppe. War auf dem Gründungsparteitag der KPD anwesend und hatte in der Partei verschiedene Funktionen (Deckname Knorke). Er emigrierte 1933 in die Sowjetunion, wurde 1937 verhaftet und ist seither verschollen.

Zwicker, Albert. Geb. 17.8.1897 in Stuttgart. Schlosser. 1919 KPD. 1922 bis 1923 in der Zentrale der KPD in Berlin. Danach arbeitete er in kommunistischen Massenorganisationen. 1925 zu 1 1/2 Jahren Gefängnis verurteilt. 1927 bis Anfang 1929 Agitprop-Sekretär in der KPD-Bezirksleitung Württemberg. Im Februar 1929 schickte das ZK Zwicker nach Sachsen. 1933 illegale Arbeit, später in die Sowjetunion emigriert. Leiter des Klubs ausländischer Arbeiter in Moskau. Zusammen mit Schwenk während der Moskauer Säuberungen 1937 verhaftet, soll Zwicker hingerichtet worden sein.

25 in der UdSSR Verhaftete, die überlebten

Beimler, Johann. Geb. 28.4.1921 in München. Sohn des KPD-Führers (MdL Bayern) Hans Beimler (der aus dem KZ Dachau flüchten konnte und im Spanischen Bürgerkrieg fiel). Johann Beimler wurde wie Kinder anderer prominenter deutscher Kommunisten im Jahre 1937 im Alter von 16 Jahren in Moskau verhaftet. Angeblich hatten sie ein Attentat auf Stalin vorbereitet. Beimler kam wieder frei.

Brass, Otto. Geb. 11.9.1900 in Remscheid. Sohn des bekannten Sozialdemokraten Otto Brass, der in der Illegalität in Deutschland mit der KPD zusammenarbeitete. Otto Brass jr. wurde 1938 in der UdSSR verhaftet, er soll nach einigen Monaten freigekommen sein, nachdem Pieck über die Komintern gegen die Verhaftung interveniert hatte.

Buber-Neumann, Margarete, geb. Thüring. Geb. 21.10.1901 in Potsdam. Kindergärtnerin, 1926 KPD. Ab 1928 Redakteurin „Inprekorr". 1933 mit Heinz Neumann nach Spanien, 1935 Moskau. 1937 Verhaftung, bis 1939 in Karaganda im Lager. 1940 nach Deutschland ausgeliefert, bis 1945 im KZ Ravensbrück. Sie lebt seit 1950 in Frankfurt/Main (Biographie: Biogr. Handbuch).

Damerius, Helmut. Geb. 16.12.1905 in Berlin. Arbeiter. 1923 Mitglied der KPD, in Agitpropgruppen aktiv, seit 1928 Leiter der Gruppe „Kolonne links", die mehrfach in der UdSSR auftrat. 1938 in Moskau verhaftet, wegen angeblichen Spionageverdachts zu 7 Jahren verurteilt, 1945 wegen „konterrevolutionärer Agitation" erneut zu 5 Jahren Haft verurteilt, nach Revision von 1948 bis 1955 „frei" in Sibirien. 1955 „rehabilitiert", 1956 Rückkehr nach Berlin (Ost), lebte dort bis zu seinem Tode am 29.9.1985 (Biographie: W. Mittenzwei: H. Damerius, „Sinn und Form" 1987, S. 713 ff.).

Dröll, Karl. Geb. 10.3.1897. Handlungsgehilfe. 1929 KPD-Stadtverordneter in Berlin, 1930 Mitglied der UB-Leitung „Zentrum" der Berliner KP. Zunächst nach Holland, dann in die Sowjetunion emigriert, dort verhaftet und nach Sibirien deportiert. 1947 lebte er mit seiner Frau in Tomsk, konnte nach Stalins Tod nach Moskau zurückkehren, kam aber erst Ende der fünfziger Jahre in die DDR. Dröll war im Archiv der FDGB-Hochschule „Fritz Heckert" tätig, er starb am 7.2.1969.

Eberlein, Werner. Geb. 9.11.1919 in Berlin. Der Sohn des KPD-Mitbegründers Hugo Eberlein emigrierte 1934 mit der Familie in die UdSSR. Er begann eine Elektrikerlehre, wurde nach der Verhaftung des Vaters 1937 (wie zwei weitere Familienmitglieder) festgenommen und mußte acht Jahre in Sibirien verbringen. 1948 Rückkehr nach Deutschland, Journalist. 1960 Mitarbeiter des ZK der SED, Dolmetscher für Russisch. 1964 bis 1983 stellvertretender Leiter der Abteilung Parteiorgane im ZK der SED, 1981 Mitglied des ZK, 1983 1. Sekretär der SED Bezirksleitung Magdeburg, 1985 Kandidat und seit April 1986 Mitglied des Politbüros der SED.

Gabelin, Bernward. Geb. 15.2.1891 in Krefeld. Journalist. 1919 Redakteur der USPD-„Freiheit", später in der Geschäftsabteilung des ZK der KPD tätig. 1933 Emigration in die CSR, Verlagsleiter, 1935 in die UdSSR. Während der Säuberungen verhaftet, nach der Haftentlassung 1944 in Moskau Redakteur. In der DDR in den fünfziger Jahren Leiter des Sachsenverlages, seit 1976 „Parteiveteran".

Globig, Fritz. Geb. 25.1.1892 in Leipzig. Chemigraph. 1908 SPD, Jugend-Delegierter auf dem Gründungsparteitag der KPD. In den zwanziger Jahren Redakteur an KPD-Zeitungen. 1930 in die Führung der Internationalen Arbeiterhilfe in Moskau berufen. 1937 verhaftet, in verschiedenen Lagern festgehalten, konnte er erst 1955 nach Deutschland zurückkehren. Mitarbeiter der SED-Leitung Leipzig, 1962 „Karl-Marx-Orden", Globig starb am 24.2.1970 (Biographie: Weber, Wandlung; Biogr. Handbuch).

Gropper, Roberta. Geb. 16.8.1897 in Memmingen. Arbeiterin. 1919 KPD. 1930 bis 1932 Sekretärin für Frauenarbeit bei der BL Berlin-Brandenburg der KPD, 1930 bis 1932 Reichstagsabgeordnete. 1934 Emigration Frankreich, 1935 UdSSR. 1937 verhaftet und mehrere Jahre im Lager. 1947 Rückkehr nach Berlin, Sekretärin des FDGB, Vorsitzende DFD Berlin, 1950 bis 1981 Abgeordnete der Volkskammer. Die zahlreichen Veröffentlichungen über Roberta Gropper in der DDR verschweigen ihre Haftzeit in der UdSSR (Biographie: Biogr. Handbuch; Handbücher der Volkskammer).

Kassler, Georg. Geb. 8.4.1887 in Berlin. Buchdrucker. 1904 SPD. Seit Gründung in der KPD, 1928 bis 1930 Reichstagsabgeordneter. 1933 Emigration in die Sowjetunion. 1937 verhaftet und längere Zeit inhaftiert (einer seiner Söhne kam in einer sowjetischen „Arbeitsarmee" ums Leben). 1946 Rückkehr nach Deutschland, untergeordnete Funktion in der SED, erhielt den „Karl-Marx-Orden", er starb am 8.10.1962 (Biographie: Weber, Wandlung).

Kerff, Willy. Geb. 1.5.1897 in Aachen. Lehrer. 1919 USPD, 1920 KPD, 1923 hauptamtlicher Parteifunktionär. 1924 bis 1933 MdL Preußen. Ab 1925 Mitarbeiter im ZK der KPD (Landabteilung). März 1933 verhaftet, als Zeuge im Reichstagsbrandprozeß vorgeführt. 1935 aus dem KZ entlassen, Emigration in die UdSSR, dort 1937 verhaftet, verweigerte ein Geständnis, kam erst 1940 wieder frei. 1947 Rückkehr nach Deutschland, 1953 bis 1957 stellv. Direktor des Instituts für Zeitgeschichte in Berlin (Ost). 1967 erschien sein Buch über Karl Liebknecht. Parteiveteran, starb am 19.4.1979 (Biographie: Weber, Wandlung; Biogr. Handbuch).

Kleine, August (richt.: Samuel Guralski). Geb. 25.3.1885 in Lodz. 1918 KP Rußlands, 1921 nach Deutschland entsandt, wurde er in die Zentrale der KPD aufgenommen. 1924 Rückkehr in die UdSSR, Anhänger der Sinowjew-Opposition. 1937 verhaftet, erst 1953 aus dem Lager entlassen, 1960 gestorben (Biographie: Weber, Wandlung).

Klepper, Dr. rer. pol., Julius. Geb. 12.3.1897 in Köln. 1921 Promotion, 1920 USPD, 1922 KPD. Redakteur, 1925/26 Chefredakteur des KPD-Organs in Köln. 1929 ein Jahr Festungshaft, danach Sekretär der KPD-Reichstagsfraktion. 1933 Emigration, 1934 in die UdSSR. 1937 verhaftet, zu 25 Jahren Haft verurteilt. Erst nach Stalins Tod rehabilitiert, kehrte er 1955 nach Deutschland zurück. Mitglied der SED, Parteiveteran, starb am 21.7.1960 (Biographie: Weber, Wandlung; Biogr. Handbuch).

Koenen, Bernard. Geb. 17.2.1889 in Hamburg. Mechaniker. 1907 SPD, 1917 USPD, 1920 KPD. Redakteur in Halle, 1924 bis 1929 Mitglied des preußischen Staatsrates. 1929 „Versöhnler", 1931 Leiter des Unterbezirks Mansfeld der KPD. 1933 Emigration, 1937 bis 1939 in Moskau inhaftiert, da er das NKWD der Folterung beschuldigte, nochmals in Haft. 1945 Rückkehr nach Deutschland, 1. Sekretär der KPD bzw. SED in Sachsen-Anhalt, 1952 bis 1958 Botschafter der DDR in Prag. Er starb am 30.4.1964 (Biographie: Weber, Wandlung; Biogr. Lexikon [ohne die Verhaftung zu erwähnen]).

Landwehr, Christian. Geb. 24.7.1908 in Bremen. Buchdrucker. 1927 KJVD, bis 1931 Organisationsleiter Bezirk Weser-Ems (Bremen), 1930/31 Mitglied Bremer Bürgerschaft. 1932 UdSSR, Jugendsekretär RGI, 1934 illegale Arbeit Ruhrgebiet, 1936 zurück in die UdSSR, 1937 verhaftet (auch seine Frau), Dezember 1939 Auslieferung nach Deutschland. Tätigkeit als Buchdrucker. 1945 SPD, 1959 bis 1970 Landesgeschäftsführer SPD Bremen, gestorben 8. Mai 1974.

Leonhard, Dr., Susanne, geb. Köhler. Geb. 14.6.1885 in Oschatz (Sachs.). Studium Göttingen, 1916 Spartakusgruppe, 1919 bis 1925 KPD. Mitarbeiterin an KPD-Zeitungen, 1925 Parteiaustritt. Journalistin, 1933 Berufsverbot, wieder Mitarbeit in der illegalen KPD. 1935 Emigration in die UdSSR. Oktober 1936 Verhaftung, bis 1948 in Arbeitslagern. 1948 Rückkehr nach Berlin (Ost), 1949 Flucht nach Westdeutschland, lebte bis zu ihrem Tod am 3.4.1984 in Stuttgart (Biographie: Biogr. Handbuch. Memoiren: Gestohlenes Leben. Neuaufl. 1988).

Mahlow, Bruno. Geb. 1.5.1899 in Göhren (Rügen). Buchdrucker. Delegierter auf dem Gründungsparteitag der KPD. 1923 Mitglied der Bezirksleitung Berlin, Anhänger der „Ultralinken", 1926 Übergang zu Thälmann. 1930 Mitglied der Reichsleitung der RGO. 1933 Emigration, in der Komintern tätig. 1937 verhaftet, 1938 krank aus dem Lager entlassen. 1947 schwerkrank Rückkehr nach Deutschland, Auszeichnung mit mehreren Orden der SED, starb am 3.2.1964.

Mühsam, Zensl (Kreszentia), geb. Elsinger. Geb. 28.7.1884 in Hasbach (Bay.). Ehefrau des deutschen Anarchisten Erich Mühsam, der 1934 im KZ Oranienburg ermordet wurde. Sie emigrierte danach nach Prag. Ging von dort nach Moskau, wo einige Werke Mühsams publiziert werden sollten. Sie wurde im April 1936 verhaftet, kam Ende 1936 jedoch aufgrund internationaler Proteste wieder frei und wollte die UdSSR verlassen. Daraufhin erneut verhaftet und zu acht Jahren Lager verurteilt. Sie sollte an die Gestapo ausgeliefert werden, blieb aber bis nach Stalins Tod in sowjetischen Gefängnissen. Erst Mitte der fünfziger Jahre durfte sie in die DDR übersiedeln, wo sie verstarb.

Noffke, Ernst. Geb. 11.12.1903 in Hamburg. 1923 Mitglied der KPD, später hauptamtlicher Funktionär. Nach 1933 Emigration in die UdSSR, dort 1937 verhaftet und längere Zeit im Lager festgehalten. Nach 1945 Rückkehr nach Berlin, SED-Funktionär, er starb 1973.

Reisberg, Arnold. Geb. 1904. Studierte in Wien und war in der KPÖ aktiv. 1934 Emigration in die CSR, dann UdSSR. Dozent an der

Kominternschule, 1936 verhaftet. Bis 1956 in Lagern, danach Übersiedlung in die DDR, 1964 Habilitation, wissenschaftlicher Mitarbeiter im Institut für Marxismus-Leninismus, Verfasser von Arbeiten über Lenin und über die KPD. Er starb am 20.7.1980.

Schwenk, Paul. Geb. 8.8.1880 in Meißen. Schlosser. 1905 SPD, 1917 USPD, 1920 KPD. Seit 1919 Redakteur, 1924 bis 1933 MdL Preußen. In der Kommunalarbeit der KPD aktiv. 1933 Emigration in die UdSSR, Leiter des Ernst-Thälmann-Clubs in Moskau. 1937 verhaftet, legte ein „Geständnis" ab und blieb fast drei Jahre im Lager. 1939 kam er frei, kehrte 1945 nach Berlin zurück und wurde stellvertretender Oberbürgermeister, 1955 Ehrenbürger von Berlin (Ost). Er starb am 22.8.1960 (Biographie: Weber, Wandlung; Biogr. Lexikon).

Steinberger, Edith, geb. Lewin. Geb. am 21.6.1908 in Berlin, als Jugendliche in der jüdischen sozialistischen Jugendbewegung und im KJVD, mit 18 Jahren Eintritt in die KPD, 1932 zusammen mit Nathan Steinberger nach Moskau, 1941 verhaftet, Gefängnisaufenthalt in der Lubljanka und Butyrka, nach administrativer Verurteilung deportiert nach Mittelasien (Karaganda-Lager), 1946 aus dem Lager entlassen und „auf ewig verbannt", 1952 erhielt E. S. die Erlaubnis, zum Ehemann nach Kolyma/Sibirien zu ziehen, 1955 rehabilitiert und Rückkehr nach Deutschland, lebt in Berlin/DDR.

Steinberger, Nathan. Geb. 16.7.1910 in Berlin, als Jugendlicher in der jüdischen sozialistischen Jugendbewegung und im KJVD, 1926/27 in der Reichsleitung des Sozialistischen Schülerbundes, mit 18 Jahren Eintritt in die KPD, 1929 bis 1932 Studium der Nationalökonomie, zuletzt als Assistent von Karl August Wittfogel, 1932 von der KPD nach Moskau in das dem EKKI unterstellte Internationale Agrarinstitut delegiert, 1935 Promotion in Moskau („Die Agrarpolitik des Nationalsozialismus"), April 1937 verhaftet, nach zweimonatigem Aufenthalt im Gefängnis Butyrka administrativ verurteilt auf „ewig verbannt", lebte als Verbannter in Magadan, zuletzt als Planungschef eines Industriebetriebes. 1952 erstes Wiedersehen mit der 1935 geborenen Tochter Marianne. 1955 rehabilitiert und Rückkehr nach Deutschland (DDR), ab 1960 als Professor tätig, zunächst an der Hochschule Meissen, ab 1963 an der Hochschule für Ökonomie in Berlin, lebt als Pensionär in Berlin/DDR.

Sumpf, Hermann. Geb. 1.5.1882 in Mannheim. Tapezierer. 1917 USPD, 1920 KPD. Seit 1926 Sekretär der KPD in Mainz, 1927 bis 1931 MdL Hessen. 1932 Übersiedlung in die UdSSR, 1937 verhaftet, verbrachte über 10 Jahre in Lagern. 1958 übersiedelte er in die DDR, wo er nach 1970 starb.

Wendt, Erich. Geb. 29.8.1902 in Leipzig. Schriftsetzer. 1922 KPD. Redakteur an Parteizeitungen, 1927 bis 1929 Mitglied des ZK des KJVD. 1932 Emigration in die UdSSR, im Verlagswesen tätig. 1937 bis 1939 inhaftiert, dann Deutschlehrer in Engels, 1941/42 erneut nach Sibirien deportiert, dann Moskau, Mitarbeiter am Rundfunk. 1947 Rückkehr nach Deutschland, bis 1953 Leiter des Aufbau-Verlages. Ab 1950 Abgeordneter der Volkskammer, 1957 bis 1964 Staatssekretär für Kultur der DDR. 1963/64 Leiter der DDR-Delegation bei den Passierscheinverhandlungen mit West-Berlin. Träger zahlreicher DDR-Orden. Er starb am 8.5.1965 (Biographie: Biogr. Handbuch).

Anhang

ZK-Mitglieder der KPD in der Weimarer Republik

Auf den Parteitagen der KPD in der Weimarer Republik wurden folgende Mitglieder in die Zentrale (ab 1925: ZK) gewählt:

I. Parteitag Januar 1919: Hermann Duncker, Käte Duncker, Hugo Eberlein, Paul Frölich, Leo Jogiches, Paul Lange, Paul Levi, Karl Liebknecht, Rosa Luxemburg, Ernst Meyer, Wilhelm Pieck, August Thalheimer.

II. Parteitag Oktober 1919: Heinrich Brandler, Hugo Eberlein, Paul Frölich, Paul Levi, Ernst Meyer, August Thalheimer, Clara Zetkin.

III. Parteitag Februar 1920: Heinrich Brandler, Hugo Eberlein, Paul Frölich, Ernst Meyer, Wilhelm Pieck, August Thalheimer, Clara Zetkin. Ersatzleute (Kandidaten): Ernst Friesland (Reuter), Arthur Hammer, Fritz Heckert, Joseph Köring, Paul Lange, Fritz Schnellbacher, Jakob Walcher.

IV. Parteitag April 1920: Heinrich Brandler, Hugo Eberlein, Paul Levi, Ernst Meyer, Wilhelm Pieck, August Thalheimer, Clara Zetkin. Ersatzleute: Ernst Friesland, Paul Frölich, Fritz Heckert, Paul Lange, Fritz Schnellbacher, Jakob Walcher, Rosi Wolfstein.

V. Parteitag November 1920: Heinrich Brandler, Hugo Eberlein, Paul Levi, Ernst Meyer, Wilhelm Pieck, August Thalheimer, Clara Zetkin. Ersatzleute: Ernst Friesland, Paul Frölich, Fritz Heckert, Paul Lange, Fritz Schnellbacher, Jakob Walcher, Rosi Wolfstein.

VI. Parteitag Dezember 1920: Paul Levi (Vors.), Ernst Däumig (Vors.). Sekretäre: Heinrich Brandler, Otto Brass, Wilhelm Koenen, Wilhelm Pieck, Hermann Remmele, Walter Stoecker, Clara Zetkin. Beisitzer: Otto Gaebel, Kurt Geyer, Fritz Heckert, Adolph Hoffmann.

VII. Parteitag August 1921: Paul Böttcher, Bertha Braunthal, Hugo Eberlein, Ernst Friesland, Fritz Heckert, Edwin Hoernle, Ernst Meyer, Wilhelm Pieck, Hermann Remmele, Felix Schmidt, August Thalheimer, Jakob Walcher, Rosi Wolfstein, Clara Zetkin.

VIII. Parteitag Januar 1923: Karl Becker, Paul Böttcher, Heinrich Brandler, Hugo Eberlein, Arthur Ewert, Paul Frölich, Fritz Heckert, Edwin Hoernle, August Kleine (Guralski), Wilhelm Koenen, Rudolf Lindau, Hans Pfeiffer, Wilhelm Pieck, Hermann Remmele, Felix Schmidt, Georg Schumann, Walter Stoecker, August Thalheimer, Walter Ulbricht, Jakob Walcher, Clara Zetkin. Dazu ab 17.5.1923: Ruth Fischer, Ottomar Geschke, Arthur König, Ernst Thälmann.

IX. Parteitag April 1924: Hugo Eberlein, Ruth Fischer, Wilhelm Florin, Ottomar Geschke, Fritz Heckert, Iwan Katz, Arthur König, Arkadij Maslow, Wilhelm Pieck, Hermann Remmele, Arthur Rosenberg, Paul Schlecht, Ernst Schneller, Werner Scholem, Max Schütz, Ernst Thälmann.

X. Parteitag Juli 1925: Philipp Dengel, Hugo Eberlein, Ruth Fischer, Wilhelm Florin, Ottomar Geschke, Arthur Golke, Fritz Heckert, Arkadij Maslow, Wilhelm Pieck, Hermann Remmele, Arthur Rosenberg, Joseph Schlaffer, Paul Schlecht, Ernst Schneller, Werner Scholem, Wilhelm Schwan, Ernst Thälmann, Hugo Urbahns und Hans Weber (Vertreter der Jugend: Konrad Blenkle). Kandidaten: Arthur Ewert, Otto Kühne, Joseph Lenz (Winternitz), John Schehr, Fritz Schimanski, Max Strötzel und Jean Winterich.

XI. Parteitag März 1927: Karl Becker, Adolf Betz, Julius Biefang, Konrad Blenkle, Franz Dahlem, Philipp Dengel, Paul Dietrich, Hugo Eberlein, Arthur Ewert, Leo Flieg, Wilhelm Florin, Max Gerbig, Ottomar Geschke, Arthur Golke, Walter Hähnel, Fritz Heckert, Wilhelm Hein, Paul Merker, Ernst Meyer, Willi Münzenberg, Michael Niederkirchner, Helene Overlach, Wilhelm Pieck, Hermann Remmele, Joseph Schlaffer, Ernst Schneller, Hans Schröter, Fritz Schulte, Georg Schumann, Walter Stoecker, Ernst Thälmann, Walter Ulbricht, Jean Winterich, John Wittorf, Clara Zetkin.
Kandidaten: Albert Bassüner, Franz Bellemann, Gerhart Eisler, Karl Fischer, Heinrich Galm, Paul Grasse, Ernst Grube, Joseph Hark, Erich Hausen, Hans Kollwitz, Willy Leow, Heinz Neumann, Paul Maslowski, Alfred Noll, John Schehr, Heinrich Süßkind, Heinrich Wesche, Joseph Winternitz-Lenz.

XII. Parteitag Juni 1929: Joseph Büser, Franz Dahlem, Philipp Dengel, Leo Flieg, Wilhelm Florin, Ottomar Geschke, Ernst Grube, Arthur Golke, Walter Häbich, Margarethe Hahne, Fritz Hastenreiter, Fritz Heckert, Wilhelm Hein, Wilhelm Kasper, Robert Klausmann, Wilhelm Koenen, Karl Küll, Willy Leow, Friedrich Lux, Paul Merker, Willi Münzenberg, Heinz Neumann, Michael Niederkirchner, Gustav Nitsche, Helene Overlach, Wilhelm Pieck, Gustav Pötsch, Hermann Remmele, Rudolf Renner, Helene Rosenhainer-Fleischer, Joseph Schlaffer, Fritz Schulte, Walter Stoecker, Ernst Thälmann, Walter Ulbricht, Karl Winter, Jean Winterich, Joseph Lenz (Winternitz).
Kandidaten: Paul Bertz, Klara Blinn, Philipp Daub, Karl Fischer, Walter Kassner, Hans Kippenberger, Willi Koska, Frida Krüger, Karl Kübler, Albert Kuntz, Kurt Müller, Alfred Noll, Max Opitz, Hans Pfeiffer, Siegfried Rädel, John Schehr, Albert Schettkat, Heinrich Schmidt, Hermann Schubert, Fritz Schuldt, Franz Stenzer, Arthur Ullrich, Otto Voigt, Willi Voigt, Erna Weber.

Die Mitglieder des Politbüros (Polbüro) der KPD in der Weimarer Republik (1921-1933)

Name	Mitglied (Kandidat) von-bis	Tod vor 1933, Ausschluß od. Emigration	In den Stalinschen Säuberungen od. in Hitler-Deutschl. erm.
Konrad Blenkle	1925-1927		Opfer Hitlers
Paul Böttcher	1921-1923	1929 Ausschluß KPD	
Heinrich Brandler	1921-1923	1929 Ausschluß KPD	
Franz Dahlem	1928-1933	Emigr. Westen	
Philipp Dengel	1925-1929	Emigr. UdSSR	
Hugo Eberlein	1924, '27/28		Opfer Stalins
Gerhart Eisler	1927/1928	Emigr. Westen	
Arthur Ewert	1925-1929	Emigr. Westen	
Ruth Fischer	1924/1925	1926 Ausschluß KPD	
Leo Flieg	1927-1932		Opfer Stalins
Wilhelm Florin	1929-1933	Emigr. UdSSR	
Ottomar Geschke	1925-1927	Haft Deutschland	
Fritz Heckert	1927-1933	Emigr. UdSSR, 1936 gest.	
Wilhelm Hein	1929-1933	1933/45 Deutschland	
Edwin Hoernle	1921-1923	Emigr. UdSSR	
Wilhelm Kasper	1929-1933	Haft Deutschl. (bis '37)	
Iwan Katz	1924/1925	1926 Ausschluß KPD	
August Kleine	1922/1923	UdSSR verhaftet	
Wilhelm Koenen	1921-1923	Emigr. Westen	
Arkadij Maslow	1924/1925	1926 Ausschluß KPD	
Paul Merker	1927-1930	Emigr. Westen	
Ernst Meyer	1927-1929	1930 gestorben	
Heinz Neumann	1928-1932		Opfer Stalins
Helene Overlach	1929-1933	Haft, dann Emigr. Westen	
Wilhelm Pieck	1927-1933	Emigr. UdSSR	
Hermann Remmele	1924-1933		Opfer Stalins
Arthur Rosenberg	1924/1925	1927 Austritt KPD	

Name	Mitglied (Kandidat) von-bis	Tod vor 1933, Ausschluß od. Emigration	In den Stalinschen Säuberungen od. in Hitler-Deutschl. erm.
John Schehr	1932/1933		Opfer Hitlers
Paul Schlecht	1924/1925	1927 Ausschluß KPD	
Ernst Schneller	1925-1929		Opfer Hitlers
Werner Scholem	1924/1925	1926 Ausschluß KPD	Opfer Hitlers
Hermann Schubert	1932/1933		Opfer Stalins
Max Schütz	1924/1925	1926 Ausschluß KPD	
Fritz Schulte	1929-1933		Opfer Stalins
Wilhelm Schwan	1925	1926 Ausschluß KPD	
Walter Stoecker	1924 (Jan.-Aug.)		Opfer Hitlers
Heinrich Süßkind	1927/1928		Opfer Stalins
Ernst Thälmann	1924-1933		Opfer Hitlers
August Thalheimer	1921-1923	1928 Ausschluß KPD	
Walter Ulbricht	1929-1933	Emigr. UdSSR	
Jacob Walcher	1921-1923	1928 Ausschluß KPD	
Jean Winterich	1929-1931	1931 gestorben	
Clara Zetkin	1921-1923	1933 gestorben	

Dokument 1

Resolution des ZK der KPD zu den konterrevolutionären trotzkistisch-sinowjewistischen Verbrechen gegen die Arbeiterklasse

Durch die Wachsamkeit der Sicherheitsorgane des sozialistischen Staates wurde in der Sowjetunion eine von Trotzki geleitete niederträchtige Bande konterrevolutionärer trotzkistisch-sinowjewistischer Terroristen aufgedeckt und unschädlich gemacht. Diese Bande stand in Verbindung mit der Geheimen Staatspolizei (Gestapo) des Hitlerfaschismus und hatte sich das Ziel gestellt, die Führer der Bolschewistischen Partei und des Sowjetstaates zu ermorden.

Der öffentliche Gerichtsprozeß in Moskau gegen diese Feinde der Sowjetunion hat durch das beigebrachte Beweismaterial die Führer dieser Mörderbande zu dem Eingeständnis gezwungen, daß sie auf Anweisung des außerhalb der Sowjetunion lebenden Trotzki die Ermordung des großen, unvergeßlichen Tribunen des Sozialismus, Genossen *Kirow*, organisierten und am 1. Dezember 1934 durchführten und neue Mordanschläge gegen den besten Schüler Lenins, gegen den genialen und heißgeliebten Führer des Sowjetvolkes und der Werktätigen aller Länder, Genossen *Stalin*, und gegen seine nächsten Mitarbeiter vorbereiteten und zur Ausführung bringen wollten. Der Gerichtsprozeß hat Trotzki, Sinowjew und Kamenew als Abenteurer entlarvt, denen nur noch die grenzenlose Gier nach persönlicher Macht und nach Rache an dem Führer der Sowjetunion, der einzige Inhalt ihres Kampfes war, wobei sie auf die Stufe krimineller Verbrecher herabsanken. (...)

*

Die Kommunistische Partei Deutschlands vereint ihre Stimme mit der Forderung des von Empörung und Zorn erfüllten 170-Millionenvolkes der Sowjetunion auf schonungslose Ausrottung des menschlichen Abschaums der trotzkistisch-sinowjewistischen Mörderbande. Das vom Sowjetgericht gefällte Todesurteil und seine Vollstreckung ist die verdiente Strafe für die unerhörten Verbrechen dieser Banditen. Es gilt, alle noch vorhandenen Überreste des Gesindels unschädlich zu machen. Alle Werktätigen der Welt müssen erkennen, daß der Trotzkismus ein Feind der Arbeiterklasse ist. (...)

Unter den im Moskauer Gerichtsprozeß entlarvten Mordbanditen befinden sich auch Leute, denen es infolge unserer absolut ungenügenden Wachsamkeit gelungen ist, sich in die Reihen der Kommunistischen Partei Deutschlands einzuschleichen und die es verstanden, die Partei über ihre konterrevolutionäre Tätigkeit zu täuschen. Einer davon, der abgefeimte trotzkistische Schurke Fritz David, der nach seinem ins einzelne gehende Geständnis im persönlichen Auftrage Trotzkis die Ermordung des uns teuersten Menschen, unseres großen Lehrers und Führers, des Genossen Stalin, während seiner Anwesenheit auf dem VII. Weltkongreß der Kommunistischen Internationale durchführen wollte, gelang es sogar, sich das Vertrauen führender Genossen der KPD zu erschleichen, um unter dieser Deckung seine Mordtat ausführen zu können.

*

Die Kommunistische Partei Deutschlands muß auf Grund dieser bitteren Erfahrungen sehr weittragende Lehren ziehen. Unsere Genossen müssen klar erkennen, daß infolge unserer absolut ungenügenden revolutionären Wachsamkeit und leichtfertigen Vertrauensseligkeit es den Trotzkisten und der Gestapo gelungen ist, durch die in unsere Reihen eingeschlichenen Schurken ihre Spionage- und Mordtätigkeit in der Sowjetunion zu entfalten. Es gilt jetzt, die strengste Überprüfung unserer Reihen vorzunehmen. Wir müssen jeden einzelnen unserer Genossen zu größter Wachsamkeit und Kampfentschlossenheit gegen die trotzkistischen Feinde der Partei und des Proletariats anspornen und den Kampf für die Zerschlagung der letzten Überreste des faschistisch-trotzkistischen Gesindels organisieren, um die Arbeiterklasse und das Leben unserer Genossen vor diesen Banditen zu schützen. Dieser Kampf erfordert eiserne Geschlossenheit und Festigkeit, strengste Disziplin und unerschütterliche Treue zur Partei.

Das blanke Schild der Kommunistischen Partei Deutschlands kann durch diese Banditen, die sich das Mitgliedsbuch der KPD erschlichen, nicht beschmutzt werden. Die Kommunistische Partei hat unter der Führung des Genossen Ernst *Thälmann* den schärfsten Kampf gegen Trotzki, gegen seine konterrevolutionäre Tätigkeit und gegen das von ihm beauftragte Gesindel geführt. Die große Erziehungstätigkeit, die Ernst Thälmann zur Herausbildung bolschewistischer Kader in der KPD leistete, hat der Partei geholfen, ihren schweren Kampf zu führen. Heldenhaft kämpfen unsere Genossen unter den schwersten illegalen Bedingungen gegen den Hitlerfaschismus. Tausende unserer Besten sind in diesem Kampfe gefallen. Namen wie *Jonny Schehr*, August *Lüttgens*, und viele andere künden von der Standhaftigkeit und dem Mute der deutschen Kommunisten in ihrem Kampfe gegen den Faschismus. Tausende deutscher Emigranten, die im Lande des Sozialismus eine neue Heimat gefunden haben, stehen in den ersten Reihen der sozialistischen Aufbaufront. (...)

*

Arbeiter, Werktätige! Schließt eure Kampfreihen in der großen Volksfront für Frieden und Freiheit, für ein demokratisches Deutschland! Kämpft gemeinsam mit der KPD um die Reinheit der antifaschistischen Bewegung, kämpft gegen alle Agenten und Provokateure des blutbesudelten Hitlerfaschismus! Seid wachsam gegenüber allen Versuchen der trotzkistischen Provokateure, die Reihen der antifaschistischen Bewegung zu sprengen, stoßt diese Bande aus eurer Gemeinschaft!

Parteigenossen! Schließt fester die Kampfreihen um die Partei! Schärft eure ideologische Rüstung, eure revolutionäre Wachsamkeit, eure Disziplin zum erfolgreichen Kampfe gegen die trotzkistisch-faschistischen Agenten in der Arbeiterbewegung.

Schließt enger die Reihen um die Sowjetunion, das Land des Sozialismus und des Friedens, um seinen genialen Lenker, den Freund und Führer der um Freiheit und Glück kämpfenden Werktätigen der ganzen Welt, um unseren großen *Stalin!*

25. August 1936

Zentralkomitee der Kommunistischen Partei Deutschlands
(Sektion der Kommunistischen Internationale).

Aus: „*Rundschau über Politik, Wirtschaft, Arbeiterbewegung*", Basel, Heft 42, 1936, Seite 1782-1784 (Auszüge).

Dokument 2

Das ZK der KPD
an das ZK der KPdSU

Moskau, 6. Februar.
Die heutige Sowjetpresse veröffentlicht folgende Kundgebung:
An das Zentralkomitee der Kommunistischen Partei der Sowjetunion:

Werte Genossen! Im Namen der antifaschistischen Kämpfer Deutschlands sprechen wir unsere volle Übereinstimmung mit dem Urteil des Militärkollegiums des Obersten Gerichtshofes der Sowjetunion gegen die trotzkistische Verbrecherbande von Arbeitermördern und Vaterlandsverrätern aus. Der in aller Öffentlichkeit geführte Prozeß, wobei den Angeklagten alle Rechte der Verteidigung zustanden, gestaltete sie durch die Entlarvung des gegen sie gerichteten, zwischen Trotzki und dem Stellvertreter Hitlers abgekarteten Verbrechen zu einer ernsten Niederlage des Hitlerfaschismus. Vor aller Welt wurde bewiesen, daß er der Hauptbrandstifter des Weltkrieges ist.

Der Prozeß und sein Ergebnis sind eine große Hilfe für die unter schwersten illegalen Bedingungen in Deutschland kämpfenden Antifaschisten in ihrem Kampfe gegen den verbrecherischen Trotzkismus, der in seiner ganzen politischen Verkommenheit und Gemeinheit entlarvt wurde. In Deutschland sucht diese trotzkistische Bande das Zustandekommen der Einheitsfront und der Volksfront gegen den Hitlerfaschismus und für den Kampf um die Erhaltung des Friedens durch ihre konterrevolutionäre Tätigkeit zu verhindern und steht auch hier im Dienste des Hitlerfaschismus und seiner Gestapoagenten. Wir werden alles tun, um dieses Gesindel aus der Arbeiterbewegung völlig auszurotten. Ohne die Vernichtung des Trotzkismus ist der Sieg über den Faschismus nicht möglich.

Wir bringen unsere engste, brüderlichste Verbundenheit mit dem großen Sowjetvolk und seiner bolschewistischen Führung der Partei Lenins und Stalins, mit dem Rufe zum Ausdruck: Es lebe der große Führer, Lehrer und Freund des gesamten werktätigen Volkes! Es lebe unser Stalin!

1. Februar 1937.

Zentralkomitee der Kommunistischen Partei Deutschlands.

Aus: „Rundschau über Politik, Wirtschaft, Arbeiterbewegung", Basel, Heft 6, 1937, Seite 254.

Dokument 3
Verbalnote

Die Deutsche Botschaft hat die telefonische Mitteilung, wonach die in den Sammellisten vom 1. und 2. Februar 1940 benannten deutschen Reichsangehörigen, mit Ausnahme der Frau Klara Vatter am 5. des Monats nach Brest-Litowsk zur Übergabe an die Deutsche Grenzpolizei abbefördert worden sind, dankend zur Kenntnis genommen. Die Deutsche Botschaft hat ferner davon Kenntnis genommen, daß sich der Abtransport der Frau Vatter deshalb verzögere, weil die Ermittlungen nach ihrem zweijährigen Kinde, das mit zur Ausweisung kommen soll, noch nicht abgeschlossen sind. Die zuständigen deutschen Stellen sind entsprechend unterrichtet worden.

Die Deutsche Botschaft bittet das Volkskommissariat für Auswärtige Angelegenheiten, Maßnahmen zu ergreifen, daß die Ermittlungen nach dem Kinde beschleunigt durchgeführt werden und, daß nach dem Abschluß Frau Vatter mit ihrem Kinde einem neuen Sammeltransport Ausgewiesener zugeteilt wird.

Moskau, den 10. Februar 1940.

Im Anschluß an den Bericht vom 31. Januar 1940.

Nach Mitteilung des Außenkommissariats sind am 5. des Monats die in den beiden Sammelausweisen benannten Personen mit Ausnahme der Klara Vatter (insgesamt 28 Personen) nach Brest-Litowsk zur Übergabe an die Deutsche Grenzpolizei abbefördert worden.

Ausweisung der Vatter verzögert sich, da noch Ermittlungen nach ihrem zweijährigen Kind, das mit zur Ausweisung kommen soll, schweben.

(Quelle: Kopie im Archiv Sonja Creutzburg)

Dokument 4

Die Agententätigkeit der Neumann-Gruppe

Ein deutscher Metallarbeiter berichtet über die Sabotageaktionen der Neumann-Leute in der UdSSR zur Hitlerzeit. (...)

Immer mehr kamen Gerüchte auf, ein Krieg stehe bevor, Hitler werde einmarschieren und man müsse sich „rechtzeitig den Rücken decken". Dann kam aus Moskau ein gewisser Kurt Antes, ebenfalls ein Deutscher, sogar Mitglied der Kommunistischen Partei, und erzählte uns, selbst unter den Studenten der kommunistischen Universität würden solche Auffassungen vertreten.

In der sowjetischen Führung und in der Generalität habe man sich zum Teil bereits auf diese Entwicklung eingestellt, und Heinz Neumann, mit dem er in Verbindung stehe, vertrete ebenfalls diese Linie.

Wir bekamen des öfteren Besuch von Neumann-Leuten aus Moskau, die immer Verbindung mit Antes hatten. Ich persönlich erinnere mich an einen Josef Esser und einen gewissen Meier, die mir erklärten, wir müßten uns „jetzt schon decken" für den von ihnen erwarteten Zusammenbruch der UdSSR gegenüber dem Hitlerreich. (...)

In der Abteilung Maschinenschlosserei (Reparaturwerkstatt Schräm-Maschinen) der Schachtanlage 6 war der Schlosser Hans Kratzke beschäftigt, ein Freund des Antes und ebenfalls Anhänger Neumanns. Eines Tages wurde mir eine Schräm-Maschine der Firma Eickhoff überwiesen, die er repariert hatte. Bei der Überprüfung stellte ich fest, daß der Leitungskanal mit einem Meißel aufgeschlagen war. Wenn ich die genaue Überprüfung nicht vorgenommen hätte, so wäre durch diese Maschine im Schacht unter Umständen eine Schlagwetter-Explosion ausgelöst worden. Eine Untersuchungskommission überzeugte sich von der Richtigkeit dieser Feststellung.

Der Stiefsohn von Kratzke, Konopka, der bei mir als Reparaturschlosser beschäftigt war, hatte eine amerikanische Maschine Marke „Goodman" zu reparieren. Bei dieser Gelegenheit verschwand ein Doppelzahnrad aus dem Schräm-Kopf der Maschine, so daß diese unbrauchbar wurde. Es war zur damaligen Zeit in der SU sehr schwer, Ersatzteile für amerikanische Maschinen zu beschaffen. Später stellte sich heraus, daß Konopka es war, der den Sabotageakt ausgeführt hatte.

Im Klub der deutschen Arbeiter in Briansk tauchte plötzlich faschistische Propagandaliteratur aus Deutschland auf. Niemand wußte, wer sie hereingeschmuggelt hatte. Die Sowjetregierung ging schließlich dazu über, Hitlers Konsulat in Charkow zu schließen, und im Zuge der Trotzkisten-Prozesse nach der Ermordung Kirows durch die Volksfeinde wurde mit den Agenten, darunter auch mit der Neumann-Clique, aufgeräumt.

Aus: *Freies Volk,* Zentralorgan der KPD, Düsseldorf, vom 7. Mai 1951 (Auszüge.)

Dokument 5
A. J. Wyschinski „Gerichtsreden"

Der Dietz Verlag hat uns jetzt in einer deutschen Übersetzung den 1948 vom sowjetischen Unionsinstitut für juristische Wissenschaften herausgegebenen Sammelband der „Gerichtsreden" des Außenministers und Akademikers, Genossen A. J. Wyschinski, zugänglich gemacht. Diese Neuerscheinung ist für unsere Partei und darüber hinaus für alle Menschen, die am Aufbau unserer antifaschistisch-demokratischen Ordnung arbeiten, ein Buch von größter Bedeutung. (...)

Die Reden Wyschinskis sind ein lebendiges Stück Geschichte jenes heldenhaften Kampfes des Sowjetvolkes um den Aufbau seiner Wirtschaft von der NÖP-Periode bis zum Sieg des Sozialismus, um den Schutz seiner sozialistischen Heimat gegen die Wühl- und Sabotagearbeit der trotzkistischen Agenten des Imperialismus, zur Erreichung jener Verteidigungsfähigkeit, durch die schließlich auch die deutschen faschistischen Aggressoren vernichtet wurden. Die „Gerichtsreden" des Genossen Wyschinski zeigen den Kampf um die Entwicklung und Durchsetzung der sozialistischen Gesetzlichkeit als einer entscheidenden Waffe des sozialistischen Staates und schließlich die Erziehung der Sowjetmenschen zu einer neuen sozialistischen Moral.

Das Studium der Anklagereden Wyschinskis gibt uns heute an Eindringlichkeit kaum zu überbietende Lehren und Anleitungen zur Lösung brennender Probleme, die vor uns stehen. Das ist einmal die Erziehung aller Menschen in unserer Republik, vor allem aber aller Genossen, zu höchster Wachsamkeit gegen Agenten, Saboteure und Schädlinge, die der amerikanische Imperialismus und sein Bonner Agentenchef Kaiser gegen die Deutsche Demokratische Republik einsetzen, um den immer sichtbarer und überzeugender werdenden Erfolgen unserer Arbeit entgegenzuwirken. Lernen wir von Wyschinski, wie er die raffinierten Methoden dieser Menschenfeinde, mit denen sie ihre Verbrechen zu tarnen versuchten, entlarvte, und lernen wir von ihm die nötige Härte und Konsequenz im Kampf gegen diese Elemente anzuwenden, die nichts anderes als höchster Humanismus, höchste Liebe zum wahren Menschentum, zum schöpferischen arbeitenden Menschen, zum menschlichen Leben aller ist, das es gegen Tiere in Menschengestalt zu schützen gilt. (...)

Aus: *Neuer Weg* (Berlin-Ost), Nr. 9, Mai 1952, S. 43. (Auszüge)

Dokument 6
Die Partei wird stärker, wenn sie ihre Reihen säubert!

Die 13. Tagung des Zentralkomitees unserer Partei, die Mitte Mai stattfand, hat einen neuen bedeutenden Schritt vorwärts auf dem seit 1950 beschrittenen Wege der Säuberung ihrer Reihen und besonders der Parteiführung getan. Auf Beschluß des Zentralkomitees wurden die bisherigen Mitglieder des Zentralkomitees Franz Dahlem und Hans Lauter von der Führung entfernt, Lena Fischer, Mitglied des ZK, und Fritz Uschner, Kandidat des ZK, wurden aus der Partei ausgestoßen.

Dieser Beschluß des Zentralkomitees, der einstimmig gefaßt wurde, ist ein Zeichen für die innere Stärke und Festigkeit der Partei. Stalin hat wiederholt hervorgehoben: Eine große Partei stärkt sich, wenn sie sich purifiziert. (...)

Die sozialistische Einheitspartei Deutschlands, die bestrebt ist, eine Partei nach dem Vorbild der Partei Lenins-Stalins zu werden, macht sich diese wichtige Lehre zu eigen und handelt danach. Der Beschluß der 13. Tagung „Über die Auswertung des Beschlusses des Zentralkomitees zu den ‚Lehren aus dem Prozeß gegen das Verschwörerzentrum Slansky'" ist ein neuer Beweis dafür. Die Rücksichtslosigkeit und Schärfe, mit der unsere Partei ohne Ansehen der Person ihre Reihen sauber hält, mit der sie vor der breiten Öffentlichkeit die Verhältnisse darlegt, stärkt das Vertrauen der Massen zur Partei. Nur eine Partei, die den Massen nichts zu verbergen hat, kann in solcher Offenheit Rechenschaft ablegen. Wenn andere Parteien glauben, sich damit brüsten zu können, daß sie solche Säuberungsaktionen „nicht nötig" hätten, so beweisen sie damit nur, wie innerlich faul sie sind. Zwei Beispiele mögen das zeigen. (...)

Der Sieg der Arbeiterklasse hat in der ganzen Welt eine unerhörte Verschärfung des Klassenkampfes mit sich gebracht. Gleichzeitig wurden mit diesem Sieg und mit der Lösung der konkreten Aufgaben der sozialistischen Revolution die Klassenfragen so scharf gestellt, daß viele schwankende Elemente, die in der vorrevolutionären Periode eine gewisse Rolle in der Arbeiterbewegung spielen konnten, vor der Größe des Kampfes zurückschreckten und ins Lager des Klassenfeindes überliefen. Dies war eine unvermeidliche Begleiterscheinung der Entwicklung des Opportunismus zum imperialistischen Agententum. Aus ihr erklärt sich die Tatsache, daß nach dem Siege der proletarischen Revolution der Klassenverrat solche riesigen Ausmaße angenommen hat, wie sie durch die Namen Trotzki, Sinowjew, Bucharin, Tito, Rajk, Kostoff, Slansky, Marty, Browder, Merker u. a. gekennzeichnet sind. Seit dem Siege der Oktoberrevolution haben die imperialistischen Agenturen unermüdlich daran gearbeitet, vor allem in der regierenden Partei der ersten proletarischen Diktatur, der KPdSU, Agentennester zu schaffen. Sie lenkten dabei ihre Bemühungen hauptsächlich auf solche Elemente, die schon wiederholt Abweichungen von der klaren Klassenlinie des Marxismus-Leninismus gezeigt hatten, wie Trotzki, der einen jahrzehntelangen Kampf gegen Lenin hinter sich hatte, wie Sinowjew und Kamenew, die den Oktoberaufstand sabotiert hatten, wie Bucharin, der wiederholt antileninistischen Fraktionen angehört hatte. Die Imperialisten stellten dabei jenes objektive Entwicklungsgesetz in Rechnung, welches besagt, daß der Opportunismus unvermeidlich ins Lager des Klassenfeindes führt, wenn er nicht rechtzeitig überwunden wird. Sie haben sich dabei nicht verrechnet in bezug auf diese opportunistischen Führer, die sie als Agenten anwerben konnten, sie haben sich aber gründlich verrechnet in bezug auf die von Lenin und Stalin erzogene bolschewistische Partei, in der die Gefahr rechtzeitig erkannt, der Kampf dagegen organisiert und die feindlichen Gruppen schließlich zerschmettert wurden. Dieser siegreiche Kampf der KPdSU gegen die verschiedenen Verräter- und Agentengruppen war das Vorgefecht des Großen Vaterländischen Krieges.

(...)

Mit der durch die Weisheit Stalins rechtzeitig erfolgten Liquidierung der Agentengruppen wurde eine wichtige Voraussetzung für den grandiosen Sieg der Sowjetunion im Zweiten Weltkrieg geschaffen. Dieser Sieg hatte die Befreiung zahlreicher weiterer Völker in Europa und Asien vom Imperialismus zur Folge. Der Weltimperialismus wurde dadurch weiter geschwächt, es wurde ein weiterer bedeutender Schritt auf dem Wege zu seinem Untergang getan, und sein Widerstand wurde dadurch noch zäher, noch verzweifelter. Solange die imperialistische Bourgeoisie noch über die geringste Kraft verfügt, wird sie diesen Widerstand nicht aufgeben. Sie wird ebenso wie das Hitlerregime „bis 5 Minuten nach 12" kämpfen. Um diesen Kampf nach Beendigung des Zweiten Weltkrieges fortsetzen zu können, haben die imperialistischen Geheimdienste bereits während des Krieges systematisch Agenten in der revolutionären Arbeiterbewegung angeworben. Ein besonders leichtes Betätigungsfeld waren ihnen dabei die Emigrationsgruppen in den verschiedenen westlichen Ländern. Unter dem Anschein der Hilfeleistung für die notleidenden Flüchtlinge stellten sie Verbindungen mit diesen Gruppen her und suchten sich besonders unter den aus kleinbürgerlichen oder bürgerlichen Kreisen stammenden, mit der revolutionären Arbeiterbewegung nicht fest verwurzelten und politisch schwankenden Elementen ihre Agenten aus. Die Prozesse gegen Rajk, Kostoff und Slansky wie die Entlarvung Merkers haben bewiesen, daß es ihnen tatsächlich gelungen ist, solche Agenten zu werben.

Es soll damit nicht gesagt werden, daß die feindlichen Agenturen ihre Tätigkeit nicht auch auf die Emigration in der Sowjetunion erstreckt hätten. Auch dort war es ihnen gelungen, über ihre trotzkistisch-bucharinsche Agentur in die revolutionäre Bewegung einzudringen. So hatten sie solche Verräter wie Remmele, Neumann, Schubert, Schulte und andere gewonnen. Aber mit der Zerschlagung der trotzkistischen und der bucharinschen Agentur wurden auch die Verrätergruppen in den anderen kommunistischen Parteien zerschlagen und die Reihen der kommunistischen Emigration weitgehend gesäubert.

(...)

Aber erst nach den Enthüllungen in den Prozessen gegen Rajk und Kostoff Ende 1949, besonders über die Tätigkeit des amerikanischen Agenten Noel H. Field, begann die Partei nach dem III. Parteitag ernsthaft mit der Aufdeckung der Agententätigkeit in Deutschland. In der Entschließung des Zentralkomitees vom 24. August 1950 hieß es selbstkritisch:

„Bis zum III. Parteitag waren in der Parteiführung versöhnlerische Tendenzen gegenüber solchen Parteifunktionären vorhanden, die in der Vergangenheit ernste Fehler begangen hatten." (Dokumente der Sozialistischen Einheitspartei Deutschlands", Bd. III, Dietz Verlag, Berlin 1952, S. 212).

Durch die gleiche Entschließung wurde eine Gruppe von Agenten mit Merker an der Spitze aus der Partei ausgeschlossen und eine Anzahl Genossen ihrer Funktion enthoben. In dieser Entschließung wurde bereits damals, im Jahre 1950, das kapitulantenhafte Verhalten der Pariser Emigrationsleitung festgestellt und als amerikanische Politik gekennzeichnet. Gleichzeitig wurde in diesem Dokument die Agententätigkeit des Noel H. Field und seiner Agentinnen aufgedeckt. (...)

Mit dem Beschluß der 13. Tagung des Zentralkomitees ist der Klärungsprozeß in der Partei noch nicht zu Ende. Es gibt noch eine ganze Reihe Fragen, die geklärt werden müssen. So hat die Partei z. B. die Probleme im Zusammenhange mit den Auseinandersetzungen in der Parteiführung der KPD in den Jahren 1934/35 noch nicht geklärt, bei denen von den Mitgliedern des ZK nur die Genossen Pieck und Ulbricht einen richtigen Standpunkt vertraten, und bei denen andere Mitglieder des ZK, wie z. B. Schubert, nachweisbar der Gestapo in die Hände gearbeitet haben. Auch damals hat Genosse Dahlem aus politischer Blindheit die Parteifeinde unterstützt. Nicht genügend untersucht sind bisher auch die Verhältnisse in anderen westlichen Emigrationen, insbesondere in England und den skandinavischen Ländern. Auch über das Verhalten vieler Genossen in den Konzentrationslagern und Zuchthäusern der Gestapo gibt es noch viele Unklarheiten. Die Angelegenheiten Lena Fischer und Hans Lauter sind in dieser Hinsicht eine ernste Warnung für die Partei. Die Entschließung der 13. Tagung des Zentralkomitees muß für alle Parteimitglieder und Kandidaten eine Mahnung sein, der Partei ernsthaft zu helfen, alle Fragen der Vergangenheit restlos zu klären und damit der Partei zu helfen, in allen Fragen klare und eindeutige Verhältnisse zu schaffen. (...)

Aus: *Einheit*, Zeitschrift für Theorie und Parxis des Wissenschaftlichen Sozialismus; Herausgeber: Zentralkomitee der SED, Berlin (Ost), 8. Jg., Heft 6, Juni 1953, Seite 761-768 (Auszüge).

Dokument 7

UZ-Interview
mit dem Historiker Günter Judick
über „Unpersonen"
Kommunisten — von der Partei vergessen?

Eine Reihe in der linken Bewegung der Bundesrepublik bekannter Persönlichkeiten wandte sich am Freitag vergangener Woche an den Botschafter der UdSSR, Juri Kwizinski, und übergab ihm einen Appell, in dem die Erwartung ausgesprochen wird, daß auch die im Zuge der „Moskauer Prozesse" von 1936-1938, zur Zeit Stalins, unter falschen Beschuldigungen verurteilten deutschen Kommunisten rehabilitiert werden sollen (vgl. *UZ* vom 30. 4., Seite 1).

Die deutschen Kommunisten sind natürlich an der vollen Rehabilitierung ihrer Genossen interessiert. Bei den von den Unterzeichnern (darunter Experten für die Geschichte der Arbeiterbewegung) genannten Namen müssen wir jedoch die Frage stellen, wieso den Erstunterzeichnern unbekannt sein sollte, daß der hier genannte Personenkreis bereits im Ergebnis des 20. Parteitags der KPdSU nach 1956 rehabilitiert wurde und seither auch in der kommunistischen Geschichtsschreibung entsprechend seiner Rolle historisch-kritisch gewürdigt wird. Der Historiker Günter Judick, Sprecher der Geschichtskommission beim Parteivorstand der DKP, beantwortet im folgenden Gespräch mit UZ-Redakteur Hans Bert Reuvers diese und weitere Fragen zur kommunistischen Geschichtsschreibung.

UZ: *Sind dir die Namen der KPD-Genossen bekannt, für deren Rehabilitierung sich die Unterzeichner des Appells beim sowjetischen Botschafter in der Bundesrepublik einsetzen?*

Günter Judick: Ja, das sind alles keine neuen Namen, obwohl einige von ihnen weniger bekannt sind. Aber die Mitglieder des Politbüros — wie Hugo Eberlein, Leo Flieg, Fritz Schulte, Heinz Neumann, Hermann Remmele, Hermann Schubert und andere sind mehrfach in den verschiedensten Veröffentlichungen genannt, werden gewürdigt, auch über ihr Schicksal berichtet.

UZ: *Zu meiner ersten Orientierung über Personen aus der Geschichte der Arbeiterbewegung sehe ich zunächst in dem vom Institut für Marxismus-Leninismus beim ZK der SED herausgegebenen biographischen Lexikon zur Geschichte der deutschen Arbeiterbewegung aus dem Dietz-Verlag nach. Kann man dort in diesem Lexikon diese Namen wiederfinden?*

Günter Judick: Nun, das Lexikon ist eine Auswahlbiographie, und es sind nicht alle Namen dort vertreten. Aber die von mir genannten Mitglieder des Politbüros sind alle dort erwähnt. Es wird auch dort mitgeteilt, daß sie unter falschen Beschuldigungen in den Jahren 1937-39 in der Sowjetunion verhaftet wurden und in der Sowjetunion ums Leben gekommen sind. Das ist aber nicht alles. Denn neben der Nennung im biographischen Lexikon sind fast alle der genannten Personen in den Aufarbeitungen zur Geschichte der deutschen Arbeiterbewegung, wie sie in der DDR bisher erfolgt sind, immer wieder historisch-kritisch gewürdigt worden. Es sind also keine Unpersonen und es sind keine weißen Flecken in unserer Geschichte.

UZ: *Wie ist dann eine solche Initiative zu bewerten? Denn, wie du ausgeführt hast, wissenschaftlich und juristisch muß dann diese Initiative ins Leere zielen. Die Absicht kann doch dann nur noch unmittelbar politisch sein. Auffällig scheint mir zu sein, daß die Mitglieder der Delegation beim sowjetischen Botschafter Wert darauf gelegt haben festzustellen, daß sie nicht Mitglieder einer kommunistischen Partei sind. Auf der anderen Seite sind bundesdeutsche Kommunisten von ihnen überhaupt nicht um Rat gefragt worden.*

Günter Judick: Ich glaube, man muß hier deutlich sagen, daß wohl eine der Absichten darin besteht, den Eindruck zu erwecken, als ob sich deutsche Kommunisten um die kritische Aufarbeitung ihrer Geschichte nicht kümmern würden. Dem müssen wir ganz eindeutig widersprechen. In vielen freundschaftlichen Gesprächen in der Sowjetunion ist auch über die Schicksale der deutschen Kommunisten in der Periode ungerechter Verfolgungen berichtet und informiert worden. Wir haben ihnen in unserer Parteiarbeit in der Aufarbeitung von geschichtlichen Erfahrungen — beispielsweise vor einigen Jahren im Studium der Thälmann-Biographie — größte Aufmerksamkeit geschenkt. Sie war Pflichtliteratur für alle Leitungsmitglieder unserer Partei auf den verschiedensten Ebenen. Gerade in der Thälmann-Biographie, erschienen im Verlag Marxistische Blätter und im Berliner Dietz Verlag, ist die kritische politische Würdigung all der genannten Personen, auch der im historischen Lexikon noch nicht enthaltenen, wie zum Beispiel Werner Hirsch, Willy Leow und Felix Halle, sehr ausführlich erfolgt.

UZ: *Ich will an eine kürzlich von Georg Fülberth in einer Kolumne erschienene Bemerkung anknüpfen. Er sagt dort: „Die Geschichte ist eine Schulmeisterin fürs Leben — aber nur dann, wenn sie alles sagen darf, was sie selbst gelernt hat." Haben wir deutschen Kommunisten hier Nachholbedarf?*

Günter Judick: Ich stimme zunächst einmal dem Gedanken von Georg Fülberth völlig zu. Es darf in der Tat keine weißen Flecken in der

Geschichte geben. Man kann eine Geschichte nicht schreiben, indem man nur schwarz-weiß darstellt, indem man nur das sieht, was einem gerade nützlich erscheint. Das unterscheidet auch unser heutiges Herangehen an die Geschichte von vielen Darstellungen aus der Stalin-Zeit, wo man unter Parteilichkeit eine bestimmte Scheuklappensicht sah, alles das ausklammerte, was nicht in unser Geschichtsbild hineinpaßte. Dieses Denken, meine ich, ist aber bei uns seit langem überwunden. (...)

UZ: *Dennoch ist es doch auffällig, daß vor allem in Arbeiten aus der DDR die wissenschaftliche Würdigung dieser Personen erfolgt ist. Mir ist von unserer Seite, also von Seiten unserer Literatur, dies nicht so eingängig und nicht so bekannt. Kannst du das erklären? Ist vielleicht doch eine gewisse Scheu vorhanden?*

Günter Judick: Zunächst einmal sind auch in unseren Materialien die Namen oder eine Reihe dieser Namen durchaus in Artikeln erwähnt. Ich will dies einmal verdeutlichen am Beispiel von Fritz Schulte, der hier auch regionalgeschichtlich am Niederrhein eine große Rolle gespielt hat als der langjährige Bezirkssekretär der KPD Niederrhein. Er war beispielsweise mit Bild lange Zeit an einer Wandzeitung der Karl-Liebknecht-Schule dargestellt, weil er zu den Schöpfern dieses früheren Volksheimes gehört, in dem heute die KL-Schule untergebracht ist. (...)

Sie sind alle rehabilitiert
Biographische Notizen
zu den im Appell genannten KPD-Genossen

Hugo Eberlein war Mitglied und Geschäftsführer der Zentrale des Spartakusbundes und der KPD. Er war Vertreter der KPD auf dem Gründungskongreß der Kommunistischen Internationale. Er schied 1929 aus dem ZK der KPD aus, weil er in den Auseinandersetzungen mit den „Rechten" eine versöhnlerische Position eingenommen hatte. Er behielt seine Funktion als Mitglied der internationalen Kontrollkommission der KI und war nach dem VII. Weltkongreß als Sektorenleiter bei der KI tätig.

Leo Flieg war Gründungsmitglied der kommunistischen Jugend und des Spartakusbundes. Seit 1922 Sekretär des Organisationsbüros des ZK der KPD, seit 1927 als „Generalsekretär" verantwortlich für den Geschäftsbetrieb und die Arbeit des zentralen Parteiapparates. Bis zum Frühjahr 1937 war er Mitglied bzw. Kandidat des Politbüros und als Hauptkassierer Mitglied des Sekretariats der KPD. Er gehörte zur internationalen Kontrollkommission der KI.

Heinz Neumann war Redakteur und später Chefredakteur der „Roten Fahne". Seit 1927 Kandidat, seit 1929 Mitglied des ZK und Kandidat des Politbüros. Als Vertreter einer ultralinken, abenteuerlichen Politik im Kampf gegen den Faschismus schied er 1932 aus der Parteiführung der KPD aus. Bis 1934 erfüllte er als Mitglied des Exekutikomitees der Internationale verschiedene Aufträge, danach schied er aus der Parteiarbeit aus, da er nicht bereit war — im Unterschied zu L. Flieg —, falsche Positionen zu korrigieren.

Hermann Remmele kam mit der linken USPD zur KPD. Von 1920 bis 1933 war er Mitglied des ZK, Mitglied des Politbüros und des Sekretariats und 1924 für kurze Zeit Parteivorsitzender. Von 1926 bis 1933 war er Mitglied des Evekutivkomitees der KI. 1932/33 vertrat er mit H. Neumann und L. Flieg ultralinke Positionen und war auch nach dem Machtantritt des Faschismus nicht bereit, sie zu korrigieren. Er schied 1933 aus allen Funktionen aus.

Hermann Schubert und **Fritz Schulte** waren die politischen Sekretäre der Bezirksleitungen Wasserkante und Niederrhein. Schubert war seit 1932 Kandidat des Politbüros der KPD. Fritz Schulte war seit 1932 Leiter des Sekretariats der RGO. Beide vertraten 1933/34 sektiererische Positionen und wurden deshalb auf der Brüsseler Konferenz der KPD 1935 nicht wieder ins ZK gewählt.

Hans Kippenberger war Teilnehmer am Hamburger Aufstand 1923. Militärspezialist der KPD im Apparat des ZK. Mitglied des Reichtags und Kandidat des ZK. Schied aus den gleichen Gründen wie Schubert und Schulte 1935 aus der KPD-Arbeit aus.

Alle bisher genannten wurden 1937 unter falschen Beschuldigungen in der UdSSR verhaftet und verurteilt und kamen in der Zeit zwischen 1937 und 1944 ums Leben. Sie werden im Biographischen Lexikon zur Geschichte der deutschen Arbeiterbewegung gewürdigt.

Werner Hirsch war langjähriger persönlicher Sekretär und engster Vertrauter Ernst Thälmanns und wurde mit ihm zusammen 1933 verhaftet. **Willy Leow** war 2. Bundesführer des Rotfrontkämpferbundes. **Felix Halle** organisierte im Auftrage des ZK die Vorbereitung des Thälmann-Prozesses (den die Nazis dann nach den Erfahrungen mit Dimitroff nicht durchführten). Die politische Würdigung dieser kommunistischen Persönlichkeiten, die ebenfalls nach ungerechtfertigten Beschuldigungen in der UdSSR verhaftet wurden und ihr Leben verloren, erfolgte vor allem in der Thälmann-Biographie, in der Geschichte des RFB und anderen jüngeren Veröffentlichungen der DDR-Geschichtsschreibung.

Aus: *Unsere Zeit (UZ)*, 4. Mai 1988.

Dokument 8

**Interview mit Günter Judick
zur Rehabilitierung von Genossen der KPD**

„... weil sie auf jeden Fall Opfer ungerechter Verfolgung sind"

Was heißt Rehabilitierung? — fragten mehrere UZ-Leser nach der Lektüre unseres Interviews mit Günter Judick, Sprecher der Geschichtskommission beim Parteivorstand der DKP. Thema war die Rehabilitierung deutscher Kommunisten, die im Zuge der „Moskauer Prozesse" von 1936 bis 1938, zur Zeit Stalins, unter falschen Anschuldigungen verurteilt wurden. Mehrere dieser Genossen kamen ums Leben — die genauen Umstände ihres Todes sind bis heute nicht bekannt.

UZ: *Günter, zu Deinem UZ-Interview über „Kommunisten — von der Partei vergessen?" und an Deinen biographischen Notizen zu der Frage, welche KPD-Genossen rehabilitiert worden sind, in der UZ vom 4. Mai 1988, haben uns zahlreiche kritische Leserbriefe erreicht. Einer der Punkte der Kritik an Deinen Ausführungen betraf die Frage, was heißt eigentlich Rehabilitierung? Ist es ausreichend, wenn eine knappe Notiz im biographischen Lexikon zur Geschichte der deutschen Arbeiterbewegung erscheint, wenn in der Thälmann-Biographie über diese Personen informiert wird, wenn man bei Bildungsveranstaltungen sich des Schicksals dieser Genossen annimmt und sie entsprechend würdigt?*

Günter Judick: Nun, ich will zunächst einmal die Frage der Rehabilitierung auf drei Ebenen sehen. Da ist zunächst die juristische Rehabilitierung, die Aufhebung der zu Unrecht erfolgten Verurteilung. Das ist nach 1956 im Ergebnis des XX. Parteitages der KPdSU erfolgt, wobei man beachten muß, daß die Prozesse gegen die die genannten Genossen und viele andere sowjetischer Kommunisten keine öffentlichen Prozesse waren im Unterschied zum Bucharin- oder zum Sinowjew-Prozeß, daß ihre Verurteilung über den Pauschalvorwurf der Zugehörigkeit zu trotzkistischen Verschwörungen erfolgte und daß folglich auch keine Einzelbegründungen der Urteile vorhanden sind. Deshalb war es immer nur möglich, die Prozesse insgesamt als unrechtmäßig zu erklären und die Verurteilungen damit als ungerechtfertigt darzustellen.

Eine zweite Sache ist die Rehabilitierung durch die Partei. Nach 1956 hat in jedem einzelnen bekannten Fall ungerechter Verfolgung in der Sowjetunion ein Parteiverfahren bei der Zentralen Parteikontrollkommission der SED stattgefunden, in dem die Unrechtmäßigkeit der Verfolgung festgestellt wurde und die Mitgliedschaft von Anfang an in der Partei wiederhergestellt wurde. Es gibt also auch in einer Vielzahl von

Einzelfällen — sowohl von den Toten als auch Überlebenden — ungerechter Verfolgung die volle Wiederherstellung ihrer parteimäßigen Rechte und ihrer politischen Ehre.

Eine dritte Frage ist sicher noch unzureichend gelöst. Es geht um die kritische Würdigung ihrer politischen Tätigkeit im Rahmen unserer Partei. Dabei muß gesagt werden, daß für die Verfolgung in der Sowjetunion in der Regel nicht die Tätigkeit in unserer Partei die Ursache war; also auch nicht die Zugehörigkeit in irgendwelchen Gruppierungen oder Fraktionen in der Weimarer Zeit. Dennoch ist es sicher notwendig, daß wir die historisch entstandenen Bezeichnungen wie „Zugehörigkeit zu den Rechten" oder zu den „Versöhnlern" unter heutigen Gesichtspunkten neu werten müssen. Das ist aber eine Frage, die nicht nur für diese Personen gilt, sondern die insgesamt für die Parteigeschichte gilt.

UZ: *Eine weitere Kritik an Deinen Ausführungen bezog sich auf die im biographischen Lexikon und auch von Dir wiederholte Formulierung, alle bisher Genannten wurden 1937 unter falschen Beschuldigungen in der UdSSR verhaftet und verurteilt und kamen in der Zeit zwischen 1937 und 1944 ums Leben. Die Leser hätten gerne eine präzisere Bestimmung dieser doch sehr vagen Formulierung. Was heißt „Sie kamen zwischen 1937 und 1944 ums Leben?"*

Günter Judick: Ich glaube, man muß ganz eindeutig sagen, daß wir nicht mehr wissen. Bekannt ist die Tatsache der Verhaftung, bekannt ist der Fakt, daß die Beschuldigungen pauschal waren, daß die gesamten Verfahren — sowohl die Art der Verfahren als auch Urteile — Unrecht darstellen.

Im einzelnen ist in der Tat bei den meisten der konkrete Tag des Todes nicht bekannt. Und es ist auch nicht bekannt, ob die Verurteilten hingerichtet wurden oder ob sie infolge der Haftbedingungen — Hunger, schwere Arbeit, Erschöpfung oder Krankheit — gestorben sind. Die Art des Todes ist aber insofern unbedeutend, als sie auf jeden Fall Opfer ungerechter Verfolgung sind.

UZ: *Als sehr unbestimmt wurde auch die von Dir gewählte Formulierung empfunden, daß einige Genossen aus der Parteiarbeit ausschieden. Was kann man darunter verstehen„*

Günter Judick: Die Formulierung ist korrekt, allerdings schwer verständlich, wenn man die damaligen Organisationsverhältnisse nicht kennt.

In der Tat schieden Heinz Neumann, Hermann Remmele, Fritz Schulte, Hermann Schubert und Hans Kippenberger zu verschiedenen Zeitpunkten, 1932/33, bzw. 1935, aus der Arbeit der KPD aus. Das bedeutete aber nicht, daß sie aufhörten, Kommunisten zu sein. Die KPD war eine Sektion, also eine Gliedorganisation, der Kommunistischen

Internationale. Wer zu diesem Zeitpunkt aus ihrer Arbeit ausschied, wurde einer Sonderorganisation der Kommunistischen Internationale zugeteilt und erhielt von ihr Aufträge im Rahmen der kommunistischen Weltbewegung.

So war beispielsweise Heinz Neumann bis 1936 zeitweilig im Auftrag der Kommunistischen Internationale in Spanien tätig. Es ist von anderen Funktionären bekannt, daß sie in diesen Jahren wichtige Funktionen in kommunistischen Bruderparteien ausübten. Zum Beispiel nahm ein deutscher Kommunist am „Langen Marsch" der chinesischen Kommunisten teil, ein anderer, Arthur Ewert, ein sogenannter „Versöhnler" der „Rechten", war Organisationssekretär, also der zweite Mann, der Brasilianischen Kommunistischen Partei.

Dennoch ist es richtig zu sagen, sie schieden aus der Arbeit der KPD aus, weil sie mit diesem Schritt nicht mehr der Disziplin der KPD unterstanden. Der einzige Unterschied besteht bei Leo Flieg. Flieg wurde aus der direkten Arbeit der KPD heraus verhaftet und verfolgt.

UZ: *Am tiefsten hat mich eigentlich beim Durchlesen der kritischen Lesermeinungen der Vorwurf berührt, daß die älteren Genossen, die von diesen Verfolgungen gewußt haben, den jüngeren Genossen gegenüber geschwiegen hätten, also das Problem der Glaubwürdigkeit unter Genossen. Wie siehst Du das?*

Günter Judick: Zunächst einmal darf man nicht das Wissen der alten Genossen über diese Dinge überschätzen. Es gab 1956 eine kurze Periode, wo darüber diskutiert wurde, einige erste Fragen auftauchten. Das Parteiverbot hat diese Diskussion rasch beendet, weil andere Aufgaben vorrangig wurden. Auch ich, der sich relativ viel mit der Geschichte der Partei beschäftigt hat, kannte zwar einige allgemeine Angaben, aber viele Namen sind auch mir erst in jüngerer Zeit, ausgehend auch von der Beschäftigung mit der Geschichte der Arbeiterbewegung der Mitte der 60er Jahre, bewußt geworden und haben erst dann Fragen hervorgerufen. (...)

Aus: *Unsere Zeit* (UZ) vom 29. Juni 1988.

Dokument 9
Aus den „Thesen" des ZK der SED zum 70. Jahrestag der Gründung der KPD

(...) Der wichtigste Schritt auf dem Entwicklungswege der KPD war die Formierung des Thälmannschen Zentralkomitees im Jahre 1925. Die Herausbildung einer stabilen marxistisch-leninistischen Führung aus erfahrenen, mit der Klasse eng verbundenen Arbeiterfunktionären war das Ergebnis eines tiefgreifenden inneren Wachstumsprozesses. Sie war zugleich die Voraussetzung dafür, daß die Partei sich immer enger mit den Massen verbinden und ihre Politik zielklar weiterentwickeln konnte. Mit Ernst Thälmann trat ein Kommunist an die Spitze der Partei, der sich zur bedeutendsten proletarischen Führerpersönlichkeit der KPD entwickelte. An seiner Seite sicherten in den folgenden Jahren in den Führungsorganen des Zentralkomitees Arbeiterpolitiker wie Conrad Blenkle, Franz Dahlem, Philipp Dengel, Hugo Eberlein, Arthur Ewert, Leo Flieg, Wilhelm Florin, Ottomar Geschke, Fritz Heckert, Wilhelm Koenen, Paul Merker, Ernst Meyer, Heinz Neumann, Helene Overlach, Wilhelm Pieck, Hermann Remmele, John Schehr, Ernst Schneller, Hermann Schubert, Fritz Schulte, Walter Stoecker, Walter Ulbricht, Jean Winterich und Clara Zetkin die kontinuierliche Entwicklung der Partei auf dem Fundament des Marxismus-Leninismus. (...)

Schon in den ersten Wochen und Monaten der Gewaltherrschaft erlitt die Partei große Verluste. Am 3. März 1933 geriet auch Ernst Thälmann in die Fänge der faschistischen Machthaber. John Schehr, der danach die Kämpfe der deutschen Kommunisten führte und den Aufbau der illegalen Partei organisierte, fiel im November 1933 der Gestapo in die Hände und wurde bald darauf hinterhältig gemeuchelt. Zu den Opfern der ersten Jahre der faschistischen Diktatur gehörten Erich Baron, Helene Glatzer, Sepp Götz, Christian Heuck, Fritz Lux, Ernst Putz, Eugen Schönhaar, Karl Schulz, Fiete Schulze und Franz Stenzer. (...)

Besonders kraftvolle Unterstützung für ihre illegale Arbeit fand die KPD durch die KPdSU (B), die Sowjetregierung und durch die Werktätigen der UdSSR. So ermöglichte die Sowjetunion dem Zentralkomitee für ein Jahrzehnt, die illegale Partei in Deutschland und die Exilparteiorganisationen in vielen Ländern der Welt politisch zu führen. Sie war das Zentrum der internationalen Solidaritätsbewegung für Ernst Thälmann und alle vom Naziregime verfolgten und eingekerkerten Antifaschisten.

Auch deutsche Kommunisten waren in der zweiten Hälfte der dreißiger Jahre von ungesetzlichen und ungerechtfertigten Repressalien in der Sowjetunion betroffen. Die KPD verlor durch diese dem Wesen des Sozialismus zutiefst widersprechenden Vorgänge bewährte, der Arbeiterklasse und der Partei treu ergebene Mitglieder und Funktionäre, unter ihnen Hugo Eberlein, Leo Flieg, Felix Halle, Werner Hirsch, Hans Kippenberger, Willy Leow, Heinz Neumann, Hermann Remmele, Hermann Schubert und Fritz Schulte. Nach den XX. Parteitag der KPdSU 1956 und dem Bekanntwerden aller Umstände stellte die SED die Parteimitgliedschaft und die Parteiehre der von Repressalien betroffenen deutschen Kommunisten wieder her.

Im Kampf gegen den faschistischen deutschen Imperialismus wirkten die KPD und die Partei Lenins internationalistisch fest zusammen. Gegen den Überfall Italiens auf Äthiopien (damals Abessinien) 1935, gegen die Okkupation Österreichs 1938, das Komplott von München 1938 und die schrittweise Zerschlagung der Tschechoslowakischen Republik durch Hitlerdeutschland 1938 und 1939 erhob die KPD leidenschaftlichen Protest. Gemeinsam mit den Bruderparteien trat sie für die Wiederherstellung der Souveränität der okkupierten Länder und für die Freiheit der vom Faschismus unterjochten Völker ein. (. . .)

Immer wieder unternahmen die nach Verhaftungen mehrmals neu gebildeten Landesleitungen große Anstrengungen, um Verbindungen zum Zentralkomitee der KPD in Moskau aufrechtzuerhalten bzw. wiederherzustellen. Diesen Landesleitungen gehörten an: Bernhard Bästlein, Arthur Emmerlich, Franz Jacob, Wilhelm Knöchel, Alfred Kowalke, Theodor Neubauer, Anton Saefkow, Georg Schumann, Martin Schwantes, Kurt Scheffelbauer und Robert Uhrig — aufrechte Kommunisten, die im antifaschistischen Kampf fielen. (...)

Aus: *Einheit*, Nr. 7, 1988, S. 594-610 (Auszüge).

Dokument 10

Hermann Weber
Die „weißen Flecken" in der Geschichte

In der Sowjetunion ist die Auseinandersetzung mit der eigenen Vergangenheit, vor allem mit dem Stalin-Terror, in vollem Gange. Inzwischen wurden dort viele Opfer der Säuberungen rehabilitiert, im Juli sind sogar Bucharin, Rykow und andere Verurteilte des Schauprozesses von 1938 wieder „posthum in die Partei" aufgenommen worden. Aus namhaften Persönlichkeiten konstituierte sich Ende August ein Komitee zur Errichtung eines Denkmals für die Opfer des Stalin-Terrors, das — nach Aussage seines Organisators Samodurow — „von Gorbatschow persönlich unterstützt" wird.

Der sowjetische Historiker Latyschew nannte nun auch Zahlen und Namen von Opfern der Stalinschen Säuberungen aus der Kommunistischen Internationale. Er erwähnte neben der KP Polens und Jugoslawiens, die die größten Verluste zu beklagen hatten, auch Führer der KPD und anderer Parteien. In Italien setzte daraufhin eine Diskussion um die Tragik der unter Stalin verfolgten italienischen Kommunisten ein.

Obwohl die Anzahl deutscher Kommunisten, die während der Stalinschen Säuberung ermordet wurden, viel größer war, ist das Thema hier kaum erörtert worden. Die DKP ging in ihrem Organ *Unsere Zeit (UZ)* zwar auf das Problem ein, sie hat sich aber noch nicht zur restlosen Überwindung bisheriger Legenden durchgerungen. In der DDR, wo sich die SED lautstark zur Traditionswahrerin der KPD erklärt, wird das Thema ganz bewußt verdrängt.

Typisches Beispiel dafür sind die vom Zentralkomitee (ZK) der SED verkündeten „Thesen" zum bevorstehenden siebzigsten Jahrestag der KPD-Gründung. Mit diesen Thesen versucht die SED, ihre Distanz gegenüber den Anfängen der „Revolution von oben" in der Sowjetunion zu legitimieren, indem sie mit einer dogmatisierten und heroisierenden Darstellung der Geschichte des deutschen Kommunismus die sowjetische kritische Vergangenheitsbewältigung unterläuft. Hier bestätigt sich wieder einmal, daß die DDR ihr Geschichtsbild weiterhin für die Politik der SED instrumentalisiert.

Bei der Erläuterung der Thesen erklärte der für Ideologie zuständige ZK-Sekretär Kurt Hager, für die SED bestehe „kein Grund, eine Suche nach ‚weißen Flecken' zu unternehmen". Damit setzt sich die SED von den sowjetischen Historikern ab, die sich gerade darum bemühen, die „weißen Flecken" in der Geschichtsdarstellung zu tilgen und so die Terrorherrschaft Stalins und ihre Folgen offenzulegen.

Freilich kann sich die SED nach den Enthüllungen und Rehabilitierungen in der Sowjetunion nicht ganz um eine Aufarbeitung der Geschichte herummogeln. In den Thesen zum siebzigsten Jahrestag der KPD-Gründung bestätigt die SED so immerhin erstmals ausdrücklich, was sie früher als „antikommunistisch" zurückwies, daß nämlich „auch deutsche Kommunisten" von „ungerechtfertigten Repressalien in der Sowjetunion" betroffen waren. Dadurch habe die KPD „treu ergebene" Funktionäre, „unter ihnen Hugo Eberlein, Leo Flieg, Felix Halle, Werner Hirsch, Hans Kippenberger, Willi Leow, Heinz Neumann, Hermann Remmele, Hermann Schubert und Fritz Schulte...verloren". Deren „Parteiehre" sei aber nach 1956 (also bereits nach Chruschtschows Enthüllungen über Stalin) wiederhergestellt worden.

Zunächst sind die verharmlosenden Formulierungen entlarvend. Nach dieser Version wurden die KPD-Führer also nicht ermordet oder Opfer Stalins (der überhaupt nicht genannt wird!), sondern waren von „Repressalien betroffen", die KPD „verlor" sie. Vor allem fällt auf, daß die SED von den Hunderten deutscher Kommunisten, die in den Stalinschen Säuberungen umkamen, nur jene zehn namentlich aufführt, die jüngst in den Diskussionen in der Bundesrepublik genannt wurden.

Immerhin — bereits die Nennung der Namen dieser zehn Stalin-Opfer bringt eine erschreckende Tatsache ans Licht. Sechs der in den SED-Thesen erwähnten KPD-Führer gehörten dem obersten Gremium der Partei, dem Politbüro an: Eberlein, Flieg, Neumann, Remmele, Schubert und Schulte. Außerdem war Heinrich Süßkind in diesem Spitzengremium, der bei der Aufzählung der Opfer der Säuberung noch immer fehlt.

Es sind also sieben Parteiführer der KPD von Stalins Geheimdienst NKWD ermordet worden. Hierin zeigt sich die besondere Tragödie des deutschen Kommunismus, denn dies sind mehr KPD-Führer, als unter Hitler umgebracht wurden. Die Gestapo ermordete fünf Mitglieder des Politbüros: Ernst Thälmann, John Schehr, Konrad Blenkle, Ernst Schneller und Walter Stöcker (er war allerdings nur drei Monate 1924 Mitglied). Bei den Mitgliedern des Politbüros, die 1932/33 — also am Ende der Republik und beim Übergang zur Illegalität — an der Spitze der KPD standen, ist die Bilanz noch schrecklicher: Von diesen wurden in Hitler-Deutschland Thälmann und Schehr ermordet, in der Sowjetunion Stalins aber Flieg, Neumann, Remmele, Schubert und Schulte.

Natürlich will eine solche Gegenüberstellung keinesfalls den Hitler-Terror bagatellisieren. Wenn diese Führer der Gestapo in die Hände gefallen wären, hätte sie die Kommunisten vermutlich ebenfalls ermordet. Daß diese aber nach gelungener Flucht vor Hitler dann im sowjetischen Exil in die Säuberungen Stalins gerieten, war nicht nur ihr persönliches Verhängnis. Die Verdrängung dieser Tatsache bleibt ein Defizit in der Vergangenheitsbewältigung der SED.

Doch die SED verschweigt nicht nur die Anzahl der Opfer, selbst das Schicksal vieler wichtiger Parteiführer wird nicht erwähnt, bleibt ein

Tabu: Außer dem Politbürokandidaten Süßkind wurden auch der Organisationsleiter der KPD, ZK-Mitglied August Creutzburg, oder der langjährige Parteikassierer, ZK-Mitglied Artur Gohlke, Opfer der Säuberung. Das gilt ebenso für den Vertrauten Ernst Thälmanns, ZK-Mitglied Paul Dietrich, und den Leiter der „Roten Hilfe", Willi Koska.

Ermordet wurden während der Stalinschen Säuberung die Redakteure des KPD-Zentralorgans *Rote Fahne*, der Reichtagsabgeordnete Theodor Beutling, Alfred Rebe und Heinrich Kurella, sowie die engen Mitarbeiter Thälmanns, Erich Birkenhauer und Heino Meyer; der Mitbegründer der KPD und Leiter des „Roten Soldatenbunds" Willi Budich, sowie der Parteitheoretiker Kurt Sauerland.

Im ersten Moskauer Schauprozeß von 1936 wurde auch über drei führende deutsche Kommunisten das Todesurteil verhängt: Fritz David, noch 1935 bei der Vorbereitung des VII. Weltkongresses der Komintern engster Mitarbeiter des Parteivorsitzenden Wilhelm Pieck; Alexander Emel, Agitpropleiter des ZK, der vor 1933 zahlreiche Schulungsmaterialien der KPD verfaßte, und Hans Stauer (Berman-Jurin) von der Berliner Bezirksleitung.

Bis heute ist die genaue Zahl der KPD-Opfer Stalins nicht veröffentlicht. Außerdem fehlt von den meisten das genaue Todesdatum sowie die Kenntnis der Todesart. Sind es Gerüchte oder ist es Tatsache, daß der ehemalige KPD-Vorsitzende Hermann Remmele im NKWD-Gefängnis in geistige Umnachtung versank und dann 1939 doch erschossen wurde?

Warum nach wie vor kein Wort über die schlimme Tatsache, daß infolge des Stalin-Hitler-Pakts ab Januar 1940 zahlreiche deutsche Kommunisten nach Deutschland, also an die Gestapo ausgeliefert wurden? Unter ihnen waren sogar jüdische Kommunisten, die so Opfer des Holocaust wurden.

Die DDR-Medien behaupten jetzt, die Rehabilitierung der deutschen Kommunisten sei „längst erfolgt". Doch bisher war nicht zu erfahren, wann und wo und durch wen dies geschah. Im Gegensatz zur Sowjetunion blieb dies in der DDR bis heute bestenfalls eine Geheimsache. In allen wichtigen Publikationen der DDR werden die Opfer verschwiegen, meist die Säuberungen selbst gar nicht erwähnt.

So ist die Behauptung Hagers, die „Parteiehre" der Ermordeten sei wiederhergestellt, mehr als unbefriedigend. Offene Rehabilitierungen der Stalin-Opfer gab es eben in der DDR nicht. Dies geschieht nun erstmals für zehn der Hunderte deutscher Kommunisten.

Dabei hätte die SED allen Anlaß, ähnlich wie die KPdSU zu handeln und die früheren Verleumdungen und ungerechtfertigten Anschuldigungen zurückzunehmen. Schließlich hatte das ZK der KPD — als dessen Fortführung sich heute die SED-Spitze präsentiert und so mitverantwortlich zeichnet — nach dem Schauprozeß gegen Sinowjew 1936 nicht nur die „schonungslose Ausrottung des menschlichen Abschaums der trotzkistisch-sinowjewistischen Mörderbande" gefordert, sondern auch konkret den „abgefeimten trotzkistischen Schurken Fritz David" beschuldigt, „die Ermordung des uns teuersten Menschen, unseres großen Lehrers und Führers, des Genossen Stalin" geplant zu haben. Wann wird die SED die „Parteiehre" Fritz Davids öffentlich wiederherstellen und die Beschuldigung widerrufen?

Doch die „weißen Flecken" — oder besser gesagt „die dunklen Kapitel" — der Geschichte des deutschen Kommunismus liegen noch näher bei der SED — will Hager sie deshalb nicht „suchen" lassen? Das SED-Organ *Einheit* schrieb zum Beispiel im Juni 1953, es sei feindlichen „Agenturen" gelungen, auch in der Emigration in der Sowjetunion über ihre trotzkistisch-bucharinsche Agentur in die revolutionäre Bewegung einzudringen. So hatte sie solche Verräter wie Remmele, Neumann, Schubert, Schulte und andere gewonnen. Mit der „Zerschlagung" der „Agentur", so die SED 1953, seien die „Reihen der kommunistischen Emigration weitgehend gesäubert worden".

Die SED bejubelte nicht nur den Terror der Stalinschen Säuberungen gegen deutsche Kommunisten, sie behauptete gar, Schubert habe „nachweisbar der Gestapo in die Hände gearbeitet". Und selbst noch im Jahr 1974, im Bericht über die „Berner Konferenz" der KPD von 1939, wurde Piecks damalige Mitteilung völlig unkommentiert wiedergegeben, das Politbüromitglied „Flieg wurde wegen konterrevolutionären Verbindungen aus der Partei ausgestoßen" (Flieg wurde im gleichen Jahr 1939 in der UdSSR ermordet).

Hier zeigen sich einige der vielen „weißen Flecken", die Hager nicht aufgearbeitet wissen will. Zu Recht kann die SED darauf verweisen, daß deutschen Kommunisten im Kampf gegen die Hitler-Diktatur die größten Opfer brachten. Der kommunistische Widerstandskampf gehört als legitimer Teil zum deutschen Widerstand (was leider im Westen umstritten ist), und er ist allein schon von seinem Umfang her ein positives Kapitel der KPD-Geschichte. Die SED kritisiert zutreffend, daß durch die unglaubliche jahrzehntelange Verschleppung des Prozesses wegen des Mordes an Ernst Thälmann ein mutmaßlicher Mörder freigesprochen wurde. Zugleich ist die SED aber selbst nicht bereit, die Ermordung anderer KPD-Führer unter Stalin offen zuzugeben.

(...)

Aus: *Vorwärts*, Bonn, Nr. 41, 4. 10. 1988, Seite 36 und 37.

Dokument 11

Siegfried Mendel
Hermann Webers weiße Flecken

Ein „deutscher Politikwissenschaftler" ist Hermann Ludwig Leo Weber (Jahrgang 1928) laut Munzingers Biographischem Archiv. Der Mannheimer Professor habe 1947 bis 1949 „an der Parteihochschule der SED ‚Karl Marx' in Klein-Machnow bei Berlin" studiert, sei 1954 „aus der KPD ausgeschlossen" worden, „die 1956 verboten worden ist", habe dann „eine Unmenge Materialien über die Entwicklung des Kommunismus auf deutschem Boden zusammengetragen" und sei „einer der wenigen wirklich kompetenten DDR-Kenner und -Forscher". Zum SPD-Journal „Vorwärts (Nr. 41/88, Seiten 36/37) durfte der „wirklich kompetente DDR-Kenner" einen „Essay" beitragen, der den Titel „‚Die weißen Flecken' in der Geschichte" trägt, den man aber auch kürzer und viel treffender hätte überschreiben können: „Anschwärzen der Roten."

Die SED, so behauptet der „wirklich kompetente DDR-Kenner" Weber, „verdränge" jene ihrer Genossen, die in den dreißiger Jahren in der Sowjetunion Opfer falscher Anschuldigungen und ungesetzlicher Repressionen wurden, aus ihrem Bewußtsein. Die SED, so Weber wörtlich im „Vorwärts", „verschweigt nicht nur die Anzahl der Opfer, selbst das Schicksal vieler wichtiger Parteiführer wird nicht erwähnt, bleibt ein Tabu".

Als Beispiel nennt Weber den „langjährigen Parteikassierer, ZK-Mitglied Artur Gohlke". Daß die SED ihren Genossen Golke (er schrieb sich in Wirklichkeit ohne h) nicht „verdrängt", „verschweigt" oder „tabuisiert", kann man auf der nebenstehend abgebildeten Seite 159 jenes „Biographischen Lexikons" selbst nachlesen, das vom Institut für Marxismus-Leninismus beim ZK der SED herausgegeben wurde, und bereits 1970 (!) im Dietz Verlag Berlin, dem Parteiverlag der SED, in hoher Auflage erschien.

In der DDR ist Artur Golke auch deshalb gut bekannt, weil er am 1. Januar 1929 das KPD-Mitgliedsbuch des berühmten Reporters Egon Erwin Kisch unterschrieben hat, das in der DDR in jeder ordentlichen Kisch-Biographie abgebildet ist. Nachdem bestimmte BRD-Medien jahrzehntelang behauptet hatten, Kisch sei nie Kommunist gewesen, war es eine kleine Sensation, als zwei Reporter des SED-Zentralorgans „Neues Deutschland" in einem Prager Archiv das Kisch-Parteibuch aufspürten und im ND vom 25./26. April 1981 auf Seite 11 in voller Größe abbildeten. Dabei wurde Artur Golke ausdrücklich erwähnt. Dennoch ist die KPD-Mitgliedschaft von Egon Erwin Kisch in den meisten BRD-Medien und für die bürgerlichen Westberliner Blätter bis heute ein Tabu. Auch der „wirklich kompetente DDR-Kenner" Weber hat es nicht durchbrochen, sonst wäre ihm die Artur-Golke-Unterschrift im Kisch-Parteibuch nicht entgangen und er hätte im „Vorwärts" nicht die Unwahrheit geschrieben.

Die SED „verschweige" die Zahl der Opfer, behauptet Weber wider besseres Wissen. Verschweigen kann man eine Zahl nur dann, wenn man sie kennt. Niemand kennt bis heute die genaue Zahl der deutschen Kommunisten, die damals in der Sowjetunion umgekommen sind. Von vielen Opfern sind die Umstände des Todes und die Begräbnisplätze nicht bekannt. Es gibt geschichtliche Ereignisse, die sich der Statistik entziehen. Der „Politikwissenschaftler" Weber müßte das wissen. Wenn er dennoch von „Verschweigen" redet, kann es nur mit demagogischer Absicht sein. Wer indes die Nachkriegsgeschichte der KPD und der SED wirklich kennt, der weiß auch, daß die deutschen Kommunisten ihre schuldlos umgekommenen Genossen nie vergessen haben, sondern in stiller Kleinarbeit ein schwieriges Kapitel ihrer Geschichte seit langem schon untersuchen und bereits vor 1953, spätestens aber ab 1956 den Hinterbliebenen der Opfer jede mögliche Hilfe zuteil werden ließen.

Der Weber-„Essay" im „Vorwärts" ist mit einem großen Weber-Porträt und zwei geschichtlichen Abbildungen illustriert. Sie zeigen eine Demonstration des Roten Frontkämpferbundes, an deren Spitze Ernst Thälmann und Willy Leow (Zweiter Bundesführer des RFB) marschieren. Auf der zweiten Abbildung ist Willy Leow weggeschnitten. Als „Bildunterschrift" bietet der „Vorwärts" die Floskel an: „Vergangenheitsbewältigung, stalinistisch". Der Betrachter soll glauben, das Wegschneiden oder Retuschieren von Personen sei charakteristisch für die Geschichtsschreibung der SED. Indes waren Weber und der „Vorwärts" nicht imstande, auch nur eine einzige Stelle zu nennen, an der das „Foto" mit dem weggeschnittenen Leow veröffentlicht ist. Seltsam bei einem „wirklich kompetenten DDR-Kenner"!

Wir wollen, damit der „Vorwärts" unseren guten Willen sieht, mit einem Hinweis helfen: Das beschnittene Foto wurde auf Seite 98 des 1955 (!) in der DDR erschienenen Buches „Ernst Thälmann — Bilder und Dokumente aus seinem Leben" abgebildet. Offenbar stammt die „wirkliche" Kompetenz des Herrn Professor Weber aus jener Zeit vor nunmehr 33 Jahren! Und es gehört schon eine beachtliche Portion Frechheit dazu, so zu tun, als sei der „weiße Fleck" auf einem Foto von vor 33 Jahren typisch für die Geschichtsschreibung der SED. In der 1979 erschienenen großen Thälmann-Biographie beispielsweise ist der KPD-Vorsitzende mehrfach an der Seite seines später in der Sowjetunion umgekommenen Genossen Willy Leow abgebildet. Zum Beleg sind nebenstehend zwei Fotos aus der Thälmann-Biographie mit den dort gedruckten Bildunterschriften wiedergegeben.

Im Sinne eines kulturvollen Streits der Ideologien wäre es gut, wenn der „Vorwärts" die „Weißen Flecken" der Inkompetenz und Unwahrheit, die Weber in das SPD-Journal getupft hat, umgehend ausfüllen würde. Kulturvoll ist ein Streit nur dann, wenn beide Seiten der Wahrheit die Ehre geben. „Die Wahrheit" hat gewiß nichts dagegen, wenn der „Vorwärts" den vorliegenden Beitrag nebst Abbildungen übernimmt.

Aus: *Die Wahrheit*, SEW, West-Berlin, 24. Oktober 1988.

Dokument 12
Leserbriefe an *Die Wahrheit*, Oktober 1988
Nachholbedarf?

Schlagfertig weist Siegfried Mendel die von Hermann Weber im „Vorwärts" aufgestellte Behauptung zurück, die SED habe „weiße Flecken" in ihrer Geschichtsschreibung. Von Weber in die Debatte geführte Beispiele widerlegt er.

So weit, so gut. Sollte Mendel mit seinen Anmerkungen allerdings sagen wollen, daß die drei kommunistischen Parteien auf deutschem Boden keinen Nachholbedarf in der Bearbeitung ihrer (gemeinsamen) Geschichte haben, möchte ich widersprechen.

Allzu viele Fragen scheinen mir offen, so für die Periode Ende der 20er: In welchem Zusammenhang stehen sowjetischer Stalinismus und die KPD-Politik unter Thälmanns Leitung? Muß der Komintern-Zentralismus unter diesem Gesichtspunkt kritisch gesehen werden? Auf Antifaschismus konkretisiert: Sollte aus heutiger Sicht nicht die Faschismusanalyse August Thalheimers zum Ausgangspunkt für die Bewertung der KPD-Politik gemacht werden? Sind die 1928 in die KPD (Opposition) gezwungenen Genossen/-innen heute zu rehabilitieren? Usf.

Solche Fragen drängen nach Aufarbeitung, weil wir sie sonst von — an Weber gemessen — geschickteren Essay-Schreibern ständig um die Ohren gehauen bekommen, und weil kommunistische Identität nicht auf Gutgläubigkeit in lückenhafte oder verzerrte Parteigeschichtsschreibung beruhen kann. Dazu müssen die (Moskauer) Archive geöffnet werden.

Tobias Oswald, 1-21

Geschichtsdiskussion

Siegfried Mendel beschäftigt sich in seinen „Anmerkungen zu einem dubiosen Essay" im ‚Vorwärts' mit Vorwürfen, die SED verdränge jene Genossen (aus der KPD), die in den 30er Jahren Opfer stalinistischer Willkür wurden. Fürwahr ein heikles Thema, welches sorgfältiger Behandlung bedarf.

Es ist zunächst positiv, daß ein solches Thema nun in DW Behandlung findet. Wie es in dem konkreten Fall passiert ist, ist kritikwürdig. Leider hält sich S. Mendel viel zu lange dabei auf, den „Vorwärts"-Autor zu entlarven und seine antikommunistischen Absichten darzulegen. Das angesprochene Thema ist leider so schmerzhaft, daß es unnötige Polemik überhaupt nicht verträgt, hier kann nur wirkliche Selbstkritik zur Wiedergewinnung von Glaubwürdigkeit führen.

„Wer indes die Nachkriegsgeschichte der KPD und der SED wirklich kennt, der weiß auch, daß die deutschen Kommunisten ihre schuldlos umgekommenen Genossen nie vergessen haben, sondern in stiller Kleinarbeit ein schwieriges Kapitel ihrer Geschichte seit langem schon untersuchen und bereits vor 1953, spätestens aber ab 1956 den Hinterbliebenen der Opfer jede mögliche Hilfe zukommen ließen." So schreibt S. Mendel in DW am 24. 10. 1988 starke Worte, aber leider — so bitter das alles ist — nicht die Wahrheit! Schon bei dem eigenen Beleg, den Mendel dafür bringt, daß das ZK-Mitglied Artur Golke nicht vergessen wurde, geht es nicht solide zu. Gut, Golke steht im Biographischen Lexikon der Geschichte der deutschen Arbeiterbewegung, aber die Eintragung endet: „1937 wurde Golke unter falschen Anschuldigungen verhaftet." — Hier fängt doch die Aufklärung erst an: Wer war für dieses Verbrechen verantwortlich, was geschah mit Genossen Golke, wer wurde zur Rechenschaft gezogen, wurde Golke rehabilitiert? Alle diese Fragen sind offen, Genosse Mendel!

Ein weiterer schmerzlicher Punkt — unsere Geschichtsschreibung über diese Verfolgungen in den 30er Jahren: In der acht Bände umfassenden Geschichte der deutschen Arbeiterbewegung, die 1966 im Dietz Verlag erschien (Vorsitzender des Autorenkollektivs war Walter Ulbricht), kommen diese Verbrechen nicht vor. In dem Band 5 (1933-1945) werden nicht nur die von Mendel angesprochenen Genossen Golke und Leow (2. Vorsitzender des Rotfrontkämpferbundes) nicht erwähnt, auch von Hugo Eberlein wird z. B. nur erwähnt, daß er in der KPD-Delegation zum VII. Weltkongreß der Komintern war, nicht jedoch, daß er in der SU getötet wurde.

Sogar die großen Schauprozesse gegen Bucharin, Kamenew und Sinowjew bleiben unerwähnt — diese sind zwar zugegeben keine deutschen, aber doch hohe Funktionäre der Komintern gewesen, und ihre Hinrichtung ist doch nicht ohne Folgen für die KPD geblieben. Da das Werk insgesamt fast 5000 Seiten umfaßt, kann nicht Platzmangel der Grund für diese Auslassungen sein!

Aber leider bleiben nicht nur nach der Lektüre dieses Standardwerks, das vielen Schulungen zu Grunde gelegt hat, viele Fragen offen. In der „Einheit" 7/88 finden sich die „Thesen der SED zum 70. Jahrestag der Gründung der KPD". Hier (S. 608) wird erwähnt, daß in den 30er Jahren durch ungerechtfertigte Repressalien auch namhafte KPD-Funktionäre betroffen waren. Es werden zehn Genossen, die meisten ZK-Mitglieder, namentlich erwähnt, die „die KPD verlor". Auch hier bleiben viele Fragezeichen: Wie war das Verhältnis KPD/KPdSU, daß ZK-Mitglieder erschossen werden konnten? Was war mit der Komintern? Hat sich das ZK der KPD damals mit diesen Vorgängen befaßt? Gab es Denunziationen? Wurde jemand zur Rechenschaft gezogen?

Solch dunkle Stellen in der eigenen Vergangenheit aufzuarbeiten ist ein schwieriger, schmerzhafter Prozeß, uns hilft dabei nur Selbstkritik und rücksichtslose Wahrheitssuche.

Dieter Bongers, 1-37

Dokument 13

Axel Lochner
„Weiße Flecken" oder „weiße Weste"?
Wir brauchen eine offene Geschichtsdebatte.

Ich möchte hier auf einen Ausschnitt der Geschichtsarbeit zu sprechen kommen, den ich für unsere Partei von außerordentlicher Wichtigkeit halte und der sich mit den bevorstehenden Jahrestagen von DKP und KPD verbindet — unsere eigene Vergangenheit, die stalinistische Vergangenheit der kommunistischen Bewegung unseres Landes. Es gibt keinen Zweifel daran, daß auch wir, wie die Weltbewegung über Jahrzehnte insgesamt, eine stalinistische Partei waren. Richtig ist, daß das stalinistische Zentrum die Sowjetunion war, das ihr besondere Anstrengungen in der Aufarbeitung der Geschichte abverlangt. Richtig ist, daß es bei uns eine doppelte Besonderheit zu bedenken gibt: auf deutschem Boden (also unter der Führung der SED) gab es nicht diese furchtbaren und nie wieder gutzumachenden stalinistischen Exzesse, wie wir sie aus der Sowjetunion oder etwa der CSSR kennen. Und die zeitliche Nähe des 20. Parteitages der KPdSU zum KPD-Verbot 1956 hat eine ausführliche und offene Debatte über den Stalinismus in unseren Reihen natürlich nicht gerade erleichtert.

Aber haben wir deshalb eine „weiße Weste" statt „weißer Flecken", brauchen wir keine „Reue" und gründliche Aufarbeitung unserer eigenen Vergangenheit? Was ist, z. B. mit der systematischen Absetzung von Genossinnen und Genossen aus führenden Funktionen der KPD, weil sie während des Faschismus im sog. Westexil waren? Was ist mit den Verleumdungen und Parteirepressalien im Zuge der Verurteilung Jugoslawiens durch die KOMINFORM? als Beispiel dazu ein Zitat aus den als Broschüre veröffentlichten Materialien der Landesvorstandssitzung der KPD Hamburg vom 14./15. Januar 1950. Dort wird über die „parteifeindliche fraktionelle Gruppe unter Führung von Harry Naujoks und Walter Möller" formuliert: „Das Verhalten dieser parteifeindlichen Gruppe zur klassenfeindlichen Agentur Dethlefs, der von ihr Schutz und Unterstützung gewährt wurde, begünstigte die Zersetzungs- und Spionagetätigkeit der brandlerischen, trotzkistischen und titoistischen Agenten der deutschen und internationalen Reaktion" (Seite 6). (...)

Es gäbe natürlich viel mehr Beispiele zu nennen, viele persönliche Erfahrungen älterer GenossInnen einzubringen — aber die Frage bleibt: wie gehen wir mit dieser eigenen Geschichte um?

Uns liegen derzeit gewissermaßen zwei alternative und sich gegenseitig ausschließende „Modelle" zur Geschichtsarbeit in diesem Zusammenhang vor: Die sowjetische Diskussion im Zuge der Perestroika und jene Position, wie sie auf der jüngsten ZK-Tagung der SED formuliert und in Gestalt der auch in der UZ veröffentlichten Thesen zum 70. Jahrestag der KPD nachzulesen ist.

Kurt Hager stellt im Bericht des Politbüros in diesem Zusammenhang u. a. fest: „Unsere Historiker arbeiten intensiv an der vierbändigen Geschichte der SED. Dabei wird nichts verschwiegen oder geglättet. Die Geschichte wird so dargestellt, wie sie tatsächlich verlaufen ist, in ihrer ganzen Größe und ihrer Kompliziertheit. Wir sehen dabei keinen Grund, eine Suche nach ‚weißen Flecken' zu unternehmen und die fortschrittlichen Bestrebungen in der Geschichte des deutschen Volkes, die tatsächlichen Errungenschaften unserer Partei und der DDR in den Hintergrund zu drängen." (ND, 10. 6. 1988, Seite 8). (...)

Genau das möchte ich entschieden bezweifeln. Ich will deshalb, vielleicht etwas polemisch, aber in Deutlichkeit sagen: Wer noch nicht einmal neu tapezieren will, der kann eben auch hinter alten Tapeten keine Flecken an der Hauswand finden! Mich interessiert in diesem Kontext zunächst nicht die konkrete Bewertung einzelner historischer Abschnitte, ich finde die Art und Weise erst einmal wesentlich, auf der wir uns diesem Problem stellen, wenngleich beides natürlich zusammengehört. Wie ist unser Herangehen? Ich finde es bislang abwartend, unwissenschaftlich, unselbständig. (...)

Ein Beispiel: Unsere Reaktion auf eine Initiative mehrerer nichtkommunistischer Linker, die in einer Ende April 1988 der sowjetischen Botschaft in der BRD übergebenen Erklärung die Rehabilitierung — ausdrücklich auch deutscher Kommunisten — der Opfer stalinistischer Prozesse fordern. Günter Judick, Sprecher der Geschichtskommission des Parteivorstandes, ein kluger und kenntnisreicher Historiker, hat sich in einem Gespräch mit der UZ (4. 5. 1988) mit dieser Initiative beschäftigt. Er verweist darauf, daß bereits nach dem 20. Parteitag der KPdSU viele der in der Erklärung Genannten offiziell rehabilitiert worden seien, die Forderung der Initiative der konkreten Sache nach also lange erfüllt sei. Judick kritisiert deshalb die Initiatoren, weil sie den Eindruck erwecken wollten, „als ob sich deutsche Kommunisten um die kritische Aufarbeitung ihrer Geschichte nicht kümmern würden. Dem müssen wir eindeutig widersprechen". Genosse Judick führt dazu folgende Belege an: Die dem stalinistischen Terror zum Opfer gefallenen deutschen Kommunisten seien in dem in der DDR erschienenen biographischen Lexikon zur Geschichte der deutschen Arbeiterbewegung erwähnt und auch in weiteren Büchern gewürdigt worden. An der Karl-Liebknecht-Schule der DKP fänden überdies regelmäßig offene Diskussionsabende statt, bei denen historische Fragen immer eine große Rolle spielten. Und schließlich sei eines der Opfer Stalins „mit Bild lange Zeit an einer Wand der Karl-Liebknecht-Schule" dargestellt gewesen...

Man mag dies als ausreichende Antwort auf die genannte Initiative verstehen, obwohl auch dort Zweifel angezeigt sind. Aber: der Hinweis auf ein Foto an der Wand der Karl-Liebknecht-Schule oder die Erwähnung in einem biographischen Lexikon — sind das im Zusammenhang des Themas Stalinismus nicht Banalitäten oder bestenfalls Selbstverständlichkeiten?

Vielleicht sind wir mit der letzten Tagung des Parteivorstandes der DKP einen ersten Schrit in eine andere Richtung gegangen. Ich meine damit einige Bemerkungen im Referat unseres Parteivorsitzenden zu diesem Thema; etwa, wenn Herbert Mies auch sehr persönlich für sich und seine Generation von den „schmerzhaften Fragen nach Fehlern der Vergangenheit" spricht und offen seine Absicht bekundet, sich bei Genossinnen und Genossen, denen Unrecht geschehen ist, zu entschuldigen. Ich finde das menschlich und politisch sehr begrüßenswert und respektabel — aber ehrlicherweise muß man auch sagen: wir sind spät dran, dieses geschieht 20 Jahre nach der Konstituierung unserer Partei. Und ich füge hinzu, daß meines Erachtens die Forderung von Herbert Mies (die ich natürlich sehr teile), sich der eigenen Geschichte „ernsthaft, ehrlich und offen" zu stellen, nicht zusammengeht mit der Bewertung der Thesen der SED zur KPD-Geschichte als einer „Darstellung des gemeinsamen Kampfes ... sowie unserer gemeinsamen Lehren, die wir für künftige Kämpfe und Entwicklungen ziehen müssen" (12. PV-Tagung, Eigenbeilage UZ vom 22. 6. 1988, Seiten 19/21. (...)

Aus: *Forum Geschichte,* Hrsg. DKP Bezirksvorstand Hamburg, extra, Oktober 1988, S. 3-4 (Auszüge).

Dokument 14
Professor Dr. Wadim Jerussalimskij, Moskau
Die neue Sicht der eigenen Geschichte

Die sowjetische Gesellschaft erlebt heute die Stunde der Wahrheit, eine Art Krise, die schmerzvoll und heilend zugleich ist. Mythen, Stereotypen, Dogmen brechen zusammen. Es stehen so komplizierte Fragen wie: Wer sind wir? Von wo kommen wir? Wohin gehen wir? Gründlichkeit und Ehrlichkeit der Beantwortung dieser Fragen unserer Geschichte bestimmen entscheidend unsere Gegenwart und Zukunft. (. . .)

Den Mittelpunkt, den Focus des gesamten Prozesses der Erlangung einer neuen historischen Optik bildet selbstverständlich das Stalin- und das Stalinismus-Problem, wobei letzteres als ein bestimmtes System, ein gesellschaftliches Modell verstanden wird. In diesem Punkt fließen letztendlich alle Grundfragen unserer Vergangenheit, das Drama des Sozialismus des XX. Jahrhunderts zusammen. Ohne die Wurzeln und das Wesen des Stalinschen Regimes aufgedeckt, seine pseudosozialistischen Gewänder weggerissen zu haben, sind wir nicht in der Lage, auch nur eine einzige Frage des Abbaus des von ihm geschaffenen administrativ-bürokratischen Systems richtig anzuschneiden. Nur eine konsequente und klare Trennung des Stalinismus und des Sozialismus voneinander gibt dem letztgenannten eine Chance auf eine Wiedergeburt. (. . .)

Ein Scheideweg von größter historischer Tragweite für das Volk und die Partei und für die Durchsetzung des administrativ-bürokratischen Systems wurden die Umschwungjahre 1928 bis 1930, die Industrialisierung und die Kollektivierung im Tempo und in den Formen, die Stalin und seine Clique unter Verletzung aller Parteitagsbeschlüsse, aller Grundregeln der sowjetischen und Parteidemokratie draufgängerisch aufbürdeten. Lenin konzipierte die Vergenossenschaftlichung als ein riesengroßes soziales Programm zur Vermittlung des privaten kleinbürgerlichen, bäuerlichen Interesses mit denen der Gesellschaft, als eine Methode der Erfassung des Marktes durch den Sowjetstaat. Die Vergenossenschaftlichung in die Breite und in die Tiefe, in mannigfaltigen Formen war für ihn identisch mit dem Wachstum des Sozialismus.

Für Stalin war die Kollektivierung in erster Linie ein untergeordnetes Mittel für die gehetzte Industrialisierung, ein Instrument für systematisches, willkürliches Herauspressen von Mitteln aus der Landwirtschaft in die Stadt und die Industrie, eine Methode, den Bauern um den Ackerboden und die wirtschaftliche Souveränität zu bringen.

In diesem Umbruch wurde eine deutliche historische Alternative durch die sog. rechte Opposition vertreten, mit N. Bucharin, A. Rykow und M. Tomskis an der Spitze. Einer Industrialisierung „um jeden

Preis", einem Bürgerkrieg gegen die Bauernschaft, der Erhebung von außerordentlichen Gewaltmethoden in den Rang eines Systems stand ihre Linie entgegen. (...)

Die totale Konzentration in den Händen des Parteiapparates, die dirketen Befehlsvollmachten, die sich auf alle Lebensbereiche erstreckten — von der Wirtschaft, Verteidigung, über Wissenschaft und Kunst, bis zur Verkündigung der höchsten Wahrheiten in der Genetik, der Sprachwissenschaft, in der Filmkunst und im intimen Leben — entpuppte sich im Grunde genommen als ein Krisenzustand der Partei in ihrer Funktion als Vorhut der Arbeiterklasse.

Die Partei, genauer gesagt ihre oberen politisch-bürokratischen Strukturen, erhob sich über die Gesellschaft, wobei den Sowjets, den Gewerkschaften, dem Komsomol, beliebigen gesellschaftlichen Organisationen die Funktion von Tansmissionsriemen und der Persönlichkeit die eines stummen Schräubchens zugewiesen wurde. Von nun an konnte die Partei nur befehlen und nie anleiten. (...)

Die moderne Analyse des sich damals im Formierungsprozeß befindlichen administrativen Systems deckte seinen überaus wesentlichen Wesenszug auf. Massenängste und Massenrepressalien kommen heute zum Vorschein nicht als „tragische Unfälle", „dem Sozialismus wesensfremde Erscheinungen", sondern als ein ureigener unverzichtbarer Bestandteil dieses Systems, als eine Voraussetzung seiner Funktionsfähigkeit.

Die physische Vernichtung der am meisten politisch erfahrenen, ideologisch-theoretisch gestählten und entwickelten Parteikader, vom bolschewistischen Kern aus den vorrevolutionären Zeiten war eine notwendige Vorbedingung für die Umfunktionierung der Partei von Lenins Partei in eine stalinistische Partei. Von 29 ZK-Mitgliedern und -Kandidaten, die in der Oktoberrevolution politisch führend waren, starben nur sieben eines natürlichen Todes, sieben fielen durch die Hand des Klassengegners, vierzehn wurden von Stalin ermordet.

Von den sechzig Mitgliedern des revolutionären Militärkomitees des Petrograder Sowjets wurden vierundfünfzig ermordet (fünf starben eines natürlichen Todes, einer wurde vom Feind erschossen). In den Jahren 1935 bis 1940 wurden die restlichen Mitglieder der ersten sowjetischen Regierung (außer A. Kollontai, M. Muranow und J. Stalin) getötet. Von den 1986 Delegierten des XVII. Parteitages (1934, auf dem Stalin dreihundert Gegenstimmen bekam), wurden 1108 Repressalien ausgesetzt.

Von den damals gewählten 139 ZK-Mitgliedern und -Kandidaten kamen in Lagern und NKWD-Folterkammern 110 Genossen um. Die schwersten Verluste erlitt die Rote Armee. Die Verluste ihres Kommandobestandes belaufen sich schätzungsweise auf 40 000. Rotierende Säuberungswellen im NKWD selbst forderten an die 20 000 Opfer. Diese blutigen Orgien wurden auch weitergetrieben, als die deutsch-faschistischen Truppen bei Moskau standen. Es ist bestimmt etwas merkwürdiges an den Diskussionen um Stalin und sein Regime: Die Frage nach den Motiven seiner repressiven Praxis, deren Umfang jeder Rationalität entgleitet, wurde bisher kaum andiskutiert.

Nicht völlig unbegründet ist wohl auch die Version, Stalin sei geisteskrank gewesen. Paranoia soll bei ihm 1927 von Bechterew, der größten Autorität auf dem Gebiet, diagnostiziert worden sein; Bechterew kam sofort unter recht merkwürdigen Umständen ums Leben.

Wie dem auch sei, der schonungslose Terror war in Stalins Händen ein politisches Instrument im Machtkampf für die Vernichtung von Rivalen, ein Instrument für die Erstickung jeder Opposition, auch nur in ihren Ansätzen, ein Instrument zur Schaffung der „eigenen" Partei, für die Ablenkung von den katastrophalen Folgen seines unheiligen Kurses sowie für die Abwälzung der Verantwortung auf die "Volksfeinde", „Schädlinge", „imperialistische Agenten" etc. (...)

Gemäß dem heutigen Stand des Wissens könnte eine Antwort in allgemeiner Form wie folgt sein. Die immensen historisch belastenden Bedingungen, unter denen der Oktober siegte und der Sozialismus um sein Überleben kämpfen mußte, schufen von Anfang an ein gewisses Übergewicht zugunsten der Entstehung eines stramm zentralisierten, administrativ-bürokratischen Systems, mit einer breiten Palette außerökonomischer und undemokratischer Verwaltungsmethoden. Die Deformationen von diesem Ausmaße aber, ganz zu schweigen von dem Massenterror gegen das Volk, waren keineswegs „vorprogrammiert". Mehr noch — wirkliche Alternativvarianten, bei aller Spärlichkeit von kulturellen und Zivilisationsvoraussetzungen, waren eben nicht ausgeschlossen.

Aus: *Unsere Zeit (UZ)*, Düsseldorf, 2. Dezember 1988 (Auszüge).

Dokument 15

Roy Medwedjew
Wer kennt die Opfer, nennt die Zahlen?

Ich würde mich nicht damit befassen, die ungeheuerliche Menge der Opfer des Stalinismus zu zählen — die Millionen Inhaftierten, Erschossenen, Verhungerte, in den Norden und Osten Verbannten, an Folter Verendeten, in riesigen Massengräbern Bestatteten —, wenn diese grausige Statistik irgendwann veröffentlicht worden wäre. Aber eine derartige offizielle Statistik existiert nicht und wurde, wie ich vermute, auch nie aufgestellt. Ich aber erhalte bei jeder Diskussion zum Thema Stalinismus viele Zettel mit stets der gleichen Frage: „Wie viele Opfer des Stalinismus gab es insgesamt?" Also muß ich wenigstens annähernde Zahlen sammeln. Sie sind nicht so hoch wie die Daten westlicher Forscher, und ich möchte auch nichts übertreiben. Doch auch meine Rechnung läßt mich jedes Mal erschauern.

Die erste Welle der Massenrepressionen rollte bereits 1927/28 nach dem Sieg Stalins über die vereinigte linke Opposition. Ihr fielen damals Zehntausende Trotzkisten und Sinowjew-Anhänger, die in entfernte Landesregionen verbannt, in politische Zuchthäuser gesteckt, aus der Partei ausgeschlossen und vom Arbeitsplatz vertrieben wurden, zum Opfer. (Fast alle kehrten zwischen 1930 und 1933 nach einer demütigenden Prozedur der „Reue" und des „Treueeids" auf Stalin wieder in ihren Beruf zurück.) Ein Jahr später gingen diesen Weg auch Zehntausende „rechte Abweichler". 1936/37 jedoch wurden alle diese Personen erneut festgenommen und sahen nun ihre Angehörigen niemals wieder. Die ehemaligen Oppositionellen (oder sogar ehemalige Studenten und Komsomolmitglieder, die sie in den 20er Jahren unterstützten) wurden größtenteils auf geheimen Sonderbefehl in den Jahren 1938/39 erschossen. Nur ein paar hundert Häftlinge dieser Kategorie erlebten ihre Rehabilitierung in der Zeit von 1954 bis 1957. (...)

Vielleicht ist einzig das Jahr 1934 ohne irgendwelche großangelegten Repressionsfeldzüge abgegangen, obwohl auch in diesem Jahr Verhaftungen erfolgten und Gruppen von „Konterrevolutionären" entlarvt wurden. Doch schon am Ende dieses „ruhigen" Jahres, nach der Ermordung Kirows am 1. Dezember, begannen die Verhaftungen der Sinowjew-Anhänger und bald darauf die Massenaussiedlung „fremder Elemente" aus Moskau, Leningrad und anderen Städten. Dabei handelte es sich um Familien von einstigen Adligen sowie von vielen früheren Geschäftsleuten und Kapitalisten — rund eine Million Menschen. Auf diese Weise wurden nach annähernden Schätzungen noch vor dem Schreckensjahr 1937, das von vielen westlichen Autoren als Beginn des „Großen Terrors" bezeichnet wird, mindestens 17 bis 18 Millionen Menschen zu

Opfern des Stalinismus, von denen nicht weniger als zehn Millionen umkamen oder ermordet wurden.

1937/38 waren nach meinen Berechnungen zwischen fünf und sieben Millionen Menschen von Repressionen betroffen: Rund eine Million Parteimitglieder und rund eine Million ehemalige Parteimitglieder, die den Säuberungen Ende der 20er/Anfang der 30er Jahre zum Opfer gefallen waren; die restlichen drei bis fünf Millionen waren Parteilose aus allen Bevölkerungsschichten. Die meisten der 1937/38 Verhafteten gerieten in die über das ganze Land verstreuten Lager. Ein großer Teil einstiger sehr hoher Partei- und Staatsfunktionäre wurde sofort nach der Festnahme oder nach einer gefälschten Untersuchung erschossen. Die Todesurteile wurden in etwa registriert, und wie ich früher vermutete, hat es 700 000 bis 800 000 Erschießungen gegeben. Viele jedoch wurden auf Geheimanordnungen in den Lagern erschossen, so daß die Zahl von einer Million Menschen wahrscheinlicher sein dürfte. (...)

Aus: *Moscow News*, Nr. 1, Januar 1989, Seite 11 und 12 (Auszüge).

Abkürzungsverzeichnis

BL	Bezirksleitung
BRD	Bundesrepublik Deutschland
CSR	Tschechoslowakische Republik
DDR	Deutsche Demokratische Republik
DFD	Demokratischer Frauenbund Deutschlands
DKP	Deutsche Kommunistische Partei
EKKI	Exekutivkomitee der Kommunistischen Internationale
FDGB	Freier Deutscher Gewerkschaftsbund
Gestapo	Geheime Staatspolizei
Gulag	Lagerhauptverwaltung
IAH	Internationale Arbeiterhilfe
KJVD	Kommunistischer Jugendverband Deutschlands
KL-Schule	Karl-Liebknecht-Schule
KOMINFORM	Kommunistisches Informationsbüro
KP	Kommunistische Partei
KPO	Komunistische Partei Opposition
KPÖ	Kommunistische Partei Österreich
KPdSU	Kommunistische Partei der Sowjetunion
Komintern	Kommunistische Internationale
M-Apparat	Militär-Apparat (illegale militärische Organisation der KPD)
MdL	Mitglied des Landtags
MdR	Mitglied des Reichstags
NKWD	Volkskommissariat für Innere Angelegenheiten
NS	Nationalsozialismus
NÖP	Neue Ökonomische Politik
OMS	Abteilung Internationale Verbindungen (bei der Komintern)
PV	Parteivorstand
RFB	Roter Frontkämpferbund

RFMB	Roter Frauen- und Mädchenbund
RGI	Rote Gewerkschafts-Internationale
RGO	Revolutionäre Gewerkschafts-Opposition
RSFSR	Russische Sozialistische Föderative Sowjet-Republik
SBZ	Sowjetisch Besetzte Zone
SED	Sozialistische Einheitspartei Deutschlands
SEW	Sozialistische Einheitspartei Westberlin
SPD	Sozialdemokratische Partei Deutschland
SS	Schutzstaffel
SU	Sowjetunion
TASS	Telegrafenagentur der UdSSR
UB	Unterbezirk
UdSSR	Union der Sozialistischen Sowjetrepubliken
URB	Arbeitsverteilungsbüro
USPD	Unabhängige Sozialdemokratische Partei Deutschlands
UZ	Unsere Zeit (Zentralorgan der DKP)
ZK	Zentralkomitee

Personenregister

(Die fett gedruckten Ziffern verweisen auf Seiten
mit biographischen Daten)

Ackermann, Otto 82
Adenauer, Konrad 42
Alichanow 16
Altmann, Heinz **86**
Andrejew, A. A. 14
Angenfort, Jupp 59
Ansbach, Herbert 76
Antes, Kurt **86**
Apelt, Fritz 24
Arendsee, Martha 24
Arendt, Kurt **86**, 110
Artem, F. A. 14
Auerbach, Günther **86**

Bachmann, Kurt 75
Bandlofsky, Erich 82
Bär, Jakob **86**
Barmine, A. 15
Barta, Alexander **86**
Barutzki, Michael 82
Baturina, Klawida 54
Bauer, Leo 42
Baumann, Gustav **86**
Baumann, Herbert **86**
Bayer, Erich **86**
Beck, Hans 24 f., **87**
Becker, Ernst 108
Becker, Georg 109
Becker, Karl 21 f.
Beimler, Hans 38, **124**
Beimler, Johann **124**
Bergmann, Hermann **87**
Berija, Lawrenti 26, 72-74
Berman-Jurin, K. B.
 (s. Stauer, Hans)

Bernier, Traute (Gertrud) **87**
Bersch, Heinrich 82
Beutling, Theodor 21, 24-27, **87**
Biefang, Johann 21, **87**
Biletzki, Georg **87** f.
Binder, Alois 82
Birke, Reinhold 82
Birkenfeld, Ludwig **88**
Birkenhauer, Erich 24, 26 f., 51, 71, **88**, 93
Bismark, Willi **88**
Blatschek, Anton **88**
Blenkle, Konrad 20 f., 66
Bloch, Hans (Alexander) 84, **88**
Blücher, W. K. 14
Bogulawski, Else **88**
Bolze, Waldemar 40
Born, Georg **88**
Borowski, Noah 24 f., **89**
Brand, Gustav **89**
Brandler, Heinrich 49, **89**, 96
Brass jr., Otto **124**
Brass sr., Otto 35, **124**
Bräuning, Karl 40
Brecht, Bert 110
Breschnew, Leonid 50
Brinkmann (alias Müller), Georg **89**
Broede, Friedrich **89**
Broede, Paul **89**
Buber-Neumann, Margarete 36 f., 44, 94, 104 f., **124**
Bucharin, Nikola I. 7 f., 12, 14, 16, 55, 58, 69, 74, 119

Buchholz, Gustav 89
Buchta, Max 82
Budich, Willi 21, 24, 26 f., 46, 49, 70, 89
Bühren, Friedrich Karl 90
Bühren, Karl Robert 89
Bulian, Otto 24, 27, 90
Burde, Fritz 90
Bürger, Joseph 90

Cahn-Curt, Kurt 90
Calm, Werner 82
Carlebach, Emil 44
Charpentier, Fritz 90
Chemnitz, Walter 24
Chruschtschow, Nikita S. 14, 16, 57
Creutzburg, August 21, 24, 26, 46, 49, 51, 59, 70, 90

Dahlem, Franz 25, 26, 45 f., 57, 66, 74, 116
Damerius, Helmut 54, 110, 124
Dannemann, Erna 91
Dattan, Otto 22, 35, 91
David, Fritz 24, 27-32, 45, 62, 72, 91
David, Hans Walter 37, 84, 91
David, geb. Nathan, Lina 91
Dengel, Philipp 23-25, 66
Deutschländer, Oskar 91
Diehl, Ernst 68 f.
Dietrich, Paul 21 f., 24-26, 59, 70, 91
Dietzsch, Herbert 82
Dimitroff, Georgi 83, 92
Dittbender, Walter 24, 35, 70, 92

Doll, Franz 19, 22, 24, 43, 92
Drach, Hans 92
Dröll, Karl 124
Duti, geb. Peuker, Hilde 92
Dzierzynski, Felix E. 14

Eberlein, Hugo 7, 20-22, 24-26, 38, 46, 48 f., 51, 55, 57, 66 f., 70, 75, 92, 125
Eberlein, Werner 38, 92, 125
Eichenwald, Fritz 93
Eildermann, Wilhelm 24
Eitingon, Leonid 40
Emel, Alexander 24, 27-32, 45, 72, 93
Engels, Friedrich 78
Epe, Heinz 93
Erdmann, Joseph 93
Ernst, Wilhelm 93
Esser, Josef 93
Evers, Heinz 24
Ewert, Arthur 66

Fehler, Anni 94
Fehrmann, Heinz 94
Feuchtwanger, Lion 31
Finkemeyer, Gertrud 94
Finkemeyer, Heinrich 94
Finker, Kurt 51
Fischer, Gustav 94
Fischer, Karl 21
Fischer, Ruth 26, 49, 114, 118, 121
Fischmann, geb. Korschunow, Marie 94
Flemmig, Erich 94
Flieg, Leo 7, 20-26, 46 f., 49, 51, 55, 57, 66 f., 70, 94
Florin, Wilhelm 23-26, 35, 38, 66, 116

Forst, Leopold 94
Franke, Ernst 22, 95
Franken, Paul 95
Freund, Joseph 82
Friedländer, geb. Ehrlich, Dorothea 95
Friedländer, Leo 95
Fröhlich, geb. Hartog, Goldine 95
Fröhlich, Horst 95

Gabelin, Bernward 125
Gabriel, Waldemar 82
Gaidisa, Arthur 82
Gehrcke, Wolfgang 75
Geißler, Rolf 96
Gerschinski, Georg 96
Geschke, Ottomar 66
Geschonneck, Erwin 58
Globig, Fritz 24, 34, 125
Gog, Gregor 96
Golke, Arthur 21 f., 24-26, 49, 51, 53, 61-64, 70, 96
Gorbatschow, Michail 66, 78
Görber, Heinrich 82
Götz, Hans 96
Granach, Alexander 82
Granz, Bruno 96
Grether, Friedrich 82
Greve, Richard 87, 97
Grigorjew, Alexej 70 f.
Gropper, Roberta 25, 34, 125
Gross, Babette 41
Grube, Ernst 21
Grün, Franz 82
Gundelach, Gustav 24
Günther, Hans 33, 48, 53 f., 71 f., 97
Guska, Joseph 82

Güßfeld, Käthe 97
Gutmann, Hedi (Helene Bär) 97
Gyptner, Richard 25

Häbisch, Walter 21
Hagel, Franz 97
Hager, Kurt 67 f., 78
Halle, Felix 7, 24, 26, 46, 51 f., 55, 67, 70, 93, 97, 99
Halle, geb. Kämmrich, Ruth (Fannina) 97 f.
Hark, Joseph 21
Hauck, Hilde 83 f.
Haus, (richt. Hauschild, Robert), Rudolf 93, 98
Hauschild, geb. Löwenstein, Hilde 98
Hebel/Holz, Rudi 85, 98
Heckert, Fritz 23-26, 66
Heilmann, Friedrich 24 f.
Hein, Wilhelm 57
Hermann, Franz 82
Herrnstadt, Rudolf 42
Herzberg, Adele 98
Himmler, Heinrich 29
Hippe, Oskar 45
Hirsch, Werner 7, 22, 24, 26 f., 51, 55, 67, 70, 93, 98
Hitler, Adolf 17-22, 49, 62
Hoelz, Max 52, 98 f., 115
Hoernle, Edwin 23-25
Holm, (richt. Kaufmann, Georg), Peter 99
Honecker, Erich 66
Höpcke, Klaus 63 f.
Hopfgarten, Emil 82
Horn, Lambert 53

Horstmann, geb. Dirichs, Dagmar 99
Horstmann, Hermann 27, **99**
Horstmann, Sonja 99
Hotopp, Albert 33, 48, **99**
Hoyer, Karl 82

Isenmann, Xaver 82

Jagoda, Genrich G. 12
Jahnke, Paul **99**
Jährig, Martin **99**
Jäkel, Paul 24
Jakthold, Erich 100
Jasienski, Bruno 54
Jegorow, A. I. 14
Jenukidse, A. S. 13
Jerussalimskij, Wadim 19, 69
Jeschow, Nikolai 15, 26, 73 f.
Jewdokimow, G. E. 14
Jogiches, Leo 22
Judick, Günter 56-59

Kader, Michael 82
Kahmann, Franz 24
Kahn, Albert 45
Kalinin, Michail I. 14
Kamenew, Lew B. 8, 12, 14, 27, 67, 118
Karachen, L. M. 13
Kassler, Georg 24, **126**
Katzenellenbogen, Max (Samuel) 100
Kaufmann, Franz 100
Kerff, Wilhelm 24 f., 34 f., **126**
Kern, Otto 100

Kippenberger, Hans 21 f., 24, 26 f., 38, 46, 49, 51-53, 55, 57, 59, 67, 70, **100**
Kippenberger, Jeanette 38, 46, 100
Kippenberger, Margot 38, 46, 100
Kippenberger, geb. Niemand, Thea 38, 46, 100
Kirchner, Alexander 101
Klabund (Henschke, Alfred) 108
Klein, Paul 101
Kleine-Guralsky, August 20, 23 f., **126**
Klepper, Julius 24, 71, **126**
Klose, Willi 101
Kloß, Franz 82
Knipschild, Margarete 101
Knodt, Hans 24, 26, 70, 101
Knorin, Waldemar 16, 121
Kobilinsk, Felix 82
Koenen, Bernard 24 f., 34 f., 66, **126**
Kögler, Arnulf 101
Kolbe, Hans 101
Kolbe, Karl 101
Kolzow, Michail 105, 110
König, Gustav 101
Kopelew, Lew 7
Koritschoner, Franz 84
Korpus (Becher), Lilly 24
Koska, Willi 7, 21, 24, 26 f., 51, 53, 55, 58, 101 f.
Kostoff, Traitscho 41

Kratzke, Hans 102
Kreikemeyer, Willy 42
Krestinski, Nikolaj N. 13 f.
Krollmann, Erich 102
Kropp, Wilhelm 24

Krüger, geb. Faltersleben, Änne 102
Krugljanski, Ilja-David (s. David, Fritz)
Kuczynski, Jürgen 72
Kuhn, Paul 103
Kühne, Erwin 102
Kühne, Margarete 102
Kühne, geb. Hähnel, Martha 102
Kühnrich, Heinz 68, 73 f.
Kun, Bela 16
Kunick, Erich 103
Kuntz, Albert 21
Kupferstein, Hermann 103
Kurella, Alfred 103
Kurella, Heinrich 26, 103
Kürschner, Karl (Garai) 102

Landwehr, Christian 127
Langhans, Franz 82
Lask, Hermann 103
Lass, August („Hellmut") 103
Lass, geb. Pauli, Wilhelmine (Mimi) 103
Latyschew, Anatolij 70
Ledebour, Georg 116
Lehmacher, Wilhelm 82
Lehmann-Zirkel, Grete 82
Leisener, Paul 103
Lenin, W. I. 12-14, 17, 78
Leonhard, geb. Köhler, Susanne 33, 95, 127
Leonhard, Wolfgang 96, 105
Leow, Hans 104
Leow, geb. Langrock, Martha 104
Leow, Martha 104
Leow, Willy 7, 21, 24-26, 46, 51, 53, 55, 57, 62 f., 67, 70, 104
Lesch, Kurt 104
Leventh, Franziska 104
Levi, Paul 48, 95
Levien, Max 22, 104
Leviné, Eugen 22, 104
Levy, Alfred 22, 24, 104
Lhoste, Hubert 105
Liebknecht, Karl 22, 116, 126
Lindau, Rudolf 23 f.
Linke, Emil 105
Lochner, Axel 59
Lochthofen, Lorenz 105
Lodenkämper, Hermann 82
Lorenz-Malchow, Fritz 105
Löwen, Hilde 105
Löwenthal, Fritz 44
Löwenthal, Willi 105
Ludewig, Johanna 22, 24, 26, 105
Lurie, Moissej (Lurje, Moses) (siehe Emel, Alexander)
Lüschen, Heinz 106
Lux, Friedrich 21
Luxemburg, Rosa 22

Maddalena, Max 38
Madje, Alice 106
Mahlow, Bruno 24, 127
Mainz, Hans 106
Mammach, Klaus 68
Mansfeld, Ernst 106
Manuilski, D. 72, 74
Margies, Rudolf 27, 106
Marker, Wilhelm 106
Marx, Karl 78
Mauser, Robert 106
Medwedjew, Roy 13, 69, 80 f.

Meier, Willi 106
Meinicke, Erich 82
Mendel, Siegfried 61 f.
Mengel, Margarete 106
Merker, Paul 42, 66
Metzger, Georg 107
Meus, Gottwald 107
Meyer, Ernst 66
Meyer, Gertrud 107
Meyer, Heinrich (Heino) 22, 24, 26, 70, 107
Meyer, Kurt 107
Mielenz, Willi 107
Mielke, Max 107
Mies, Herbert 41, 60
Minster, Karl 22
Mirow-Abramow, Jakob 16
Mittenzwei, Werner 54
Mommer, Elvira 107
Moneta, Jakob 7
Morgner, Edwin 22, 107
Moritz, Martha 108
Mose, Alfred 108
Mosia, Franz 82
Mostadt, Erich 82
Mühlbeck, Ferdinand 82
Mühsam, Erich 44, 127
Mühsam, geb. Elsinger, Zensl (Kreszentia) 44, 127
Müller, Kurt 42, 73
Müller, Willi 108
Münz, Rudolf 82
Münzenberg, Willi 21-23, 40 f., 108
Muranow, M. K. 14

Nagl, Ambros 82

Nawrey (richt. Nußbaum), Jack 108
Nebel, Willy 108
Neher, Carola 7, 32 f., 53, 55, 58, 71, 93, 108, 119
Neitzke, Hermann 109
Neumann, Heinz 7, 19-21, 23-26, 44-47, 49, 51, 55, 57, 66 f., 70, 86, 93 f., 102 f., 109, 113, 121
Neumann, Kurt 109
Neusch, Willi 82
Nicolas, Waltraut 110
Niederkirchner, Michael 23 f.
Nixdorf, Kurt 109
Noffke, Ernst 127

Obuch, Gerhard 99
Oefelein, Karl 109, 114
Oertzen, Peter von 7
Olberg, Betty 37, 110
Olberg, Valentin P. 27 f., 37, 110
Osenbrügge, Heinrich 110
Osten (richt. Greßhörner), Maria 110
Ottwalt (richt. Nicolas), Ernst 33, 48, 53, 110
Overlach, Helene 66

Paschke, Richard 111
Paul, Hermann 111
Pawelke, Franz 82
Pelz, Herbert 111
Peter, Emil 82
Petermann 111
Peters, Heinz 111
Peters, Richard 111
Pfefferling, Friedrich 82

Pfeiffer, Karl 82
Pieck, Wilhelm 18, 23-26, 28 f., 34 f., 38, 67, 72-75, 83, 91, 116
Pietzka, Ernst 82
Pietzka, Franz 82
Pietzuch, Emil 82
Pike, David 33
Pjatakow, Juri 8, 12 f., 67
Pjatnizki, Ossip 16
Platten, Fritz 17
Podubecky, Irene 111
Podubecky, Rudolf 24, 27, 111
Pohl, Käthe 112
Preissler, Joseph 82
Preobraschenski, E. A. 14
Presche, Willy 22, 24, 112
Pries, Viktor 102
Pritt, D. N. 31
Püringer, Franz 82

Raabe, Otto 112
Radek, Karl 8, 12, 14, 67, 122
Rädel, Siegfried 21
Radtke, Wilhelm 82
Rahnsleben, Willi 112
Rais, geb. Gohlisch, Luise 82
Rajk, Laszlo 41
Rakowski, Christian 12, 14
Rambur, geb. Böhme, Gertrud 82
Rau, Heinrich 24
Rautenberg, Paul 82
Rebe, Alfred 24, 26, 67 f., 112
Reindl, Karl 82
Reinhardt, Erwin 82
Reisberg, Arnold 127
Reiterer, Karl 82
Remmele, Anna 113

Remmele, Helmuth 112
Remmele, Hermann 7, 19-21, 23-26, 45-47, 49, 51, 55, 57, 66 f., 70, 73, 93, 109, 113
Renner, Rudolf 21
Rentsch, Paul 113
Reuter, Ernst 122
Richter, Bernhard 35, 113
Richter, Trude 53
Rieger, Marie 82
Riemer, Franz 113
Riemer, geb. Kirschner, Marie 113
Ries, Erwin 113
Rietdorf, Otto 113
Rjasanow, D. 114
Rocker, Rudolf 44
Rogg, Ulrich 22
Rösch, Joseph 82
Roscher, Max 24
Rosenhainer-Fleischer, Helene 21
Rosenke, Walter 113
Roth („Victor"), Leo 27, 114
Rothe, Hans 82
Rubiner, Frieda 24
Rudenko, Roman A. 111
Rudsutak, Jan E. 14
Rykow, Alexej 8, 14, 55, 69

Sappe, Johann 82
Sauerland, Kurt 7, 26, 55 f., 58, 114
Sayer, Michael 45
Schaaf, Fritz 82
Scheel, David 114
Schehr, John 20, 21, 57, 66
Schettkat, Albert 21

Schimanski, Fritz 21, 24, 26, 114
Schirinja, K. 72, 83
Schlöer 102
Schmidt, Alfred 45
Schmidt, Erich 114
Schmidt, Käthe 114
Schmidtsdorf, Bruno 110, 114
Schmückle, Anna 114
Schmückle, Karl 33, 114, 115
Schneck, Karl 22, 24, 115
Schneider, Joseph 33, 48, 115
Schneller, Ernst 20 f., 66
Schnichels, Hubert 115
Scholem, Werner 20 f.
Scholze, Paul 116
Schöneburg, Volkmar 51 f.
Schönfeld, Betty 116
Schrader, Bärbel 72
Schramm, Günther 116
Schramm, Joseph 82
Schubert, Hermann 7, 20-26, 45-47, 49, 51, 53, 55, 57, 59, 66 f., 70, 93, 116
Schulte, Fritz 7, 20-26, 45-47, 49, 51, 53, 55, 57-59, 66 f., 70, 116
Schulz, Helene 82
Schulz, Karl 22
Schulze, Max 117
Schumann, Georg 21
Schwab, Sepp 24
Schwarzmüller, Franz 82
Schwenk, Paul 24 f., 34 f., 71, 123, 128
Sedow, Leo 29, 31
Seiler, Johann 117
Senglaub, Rudi 82
Serebrjakow, Leonid P. 12, 14

Seydewitz, Fridolin 38
Seydewitz, Horst 38
Seydewitz, Max 35, 38
Siebert, Wilhelm 82
Singvogel, Kurt 117
Sinowjew, Grigori E. 8, 12, 14, 16, 27, 39, 47, 67, 91, 93, 110, 118
Skjellerup, Johann 22, 24, 26, 117
Slansky, Rudolf 41
Smilga, I. T. 14
Smirnow, I. N. 14
Sobottka, Gustav 24 f., 28, 117
Sobottka, jr. 117
Sommer, Michael 24, 117
Sorge, Walter 117
Spaan, Heinrich 117
Sprung, Paul 82
Stahl, Gertrude 118
Stajner, Karlo 98
Stalin, J. W. 13-16, 18 f., 21-23, 25, 28-31, 34, 37-39, 41 f., 45, 47, 49-51, 62, 64, 66, 70, 73-76, 78
Stassowa, Jelena 14
Stauer (Berman-Jurin), Hans 24, 27-32, 118
Steffen, Erich 24, 70, 118
Stegmaier, Anna 118
Steinberger, geb. Lewin, Edith 128
Steinberger, Marianne 128
Steinberger, Nathan 128
Steinbring, Ernst 118
Steinhauer, August 82
Stenzer, Franz 21, 53
Stoecker, Walter 20 f., 66
Strötzel, Max 21, 24-26, 118

Struchlik, Karl 82
Sturm, Fritz (Sachs-Gladjew, Samuel) 22, 118
Sturz, Karl 82
Stutschka, P. I. 14
Sumpf, Hermann 24, 128
Süßkind, Heinrich 7, 20 f., 24-26, 55 f., 58, 67, 93, 119
Swerdlow, Jakow M. 14

Taubenberger, Else 119
Taubenberger, Hermann 119
Tennenbaum, Kasimir 119
Thälmann, Ernst 19-21, 25 f., 46, 51, 57, 63, 66 f., 88, 92, 98, 101, 104, 107, 109, 113, 118
Thonke, Heinz 119
Thöring, Fritz 82
Tomski, Michail 24
Trettau, Otto 119
Trotzki, Lew D. 14, 28-31, 39 f.
Tuchatschewski, Michail N. 13 f., 53
Tugend, Otto 119

Ulbricht, Walter 23-26, 35, 57, 66, 116
Unger, Hermann 120
Unger, Otto 24 f., 120

Vatter, Clara 120
Victor (s. Roth, Leo)
Vogeler, Heinrich 120
Vogt, Kurt 120
Vohralik, Karl 82

Waade, Karl 82
Walden, geb. Bork, Ellen 121
Walden, Herwarth 33, 120
Wallendorf, Philipp 121
Walter, Kurt 121
Weber, Hermann 24, 121
Wedrich, Heinrich 121
Wehner, Herbert 34, 73, 111
Weiz, Franz 29
Wendt, Erich 129
Werner, Wenzel 82
Westnik, Leopold 82
Wilde, Grete 24, 121
Wilke, geb. Hartog, Johanna 122
Willert, Fritz 122
Winterich, Jean 66
Wittfogel, Karl August 128
Wloch, Lothar 122
Wloch, Willy 37, 122
Wolf, Felix 22, 122
Wolf, Winfried 7
Wolff, Lothar 122
Wolfsdorf, Eduard 122
Wollenberg, Erich 109, 119, 122
Wollweber, Ernst 24
Wundersee, Erich 122
Wurm, Christoph 24
Wyschinski, Andrej J. 13, 29-31, 45, 74

Zaisser, Wilhelm 42
Zetkin, Clara 66, 120
Zwicker, Albert 24, 70, 123

isp-Verlag

Leo Sedow

Rotbuch über den Moskauer Prozeß 1936

Trotzkis Sohn klagt an
ISBN 3-88332-142-7, 168 S., DM 21,-

Zur gleichen Zeit in der die Forderung nach Rehabilitierung der Opfer des stalinistischen Terrors erneut auf der Tagesordnung steht veröffentlicht der isp-Verlag die erstmals 1937 in Belgien auf deutsch erschienene Schrift Leo Sedows.

Mit diesem Buch zertrümmerte Trotzkis Sohn das Lügengebäude des ersten Moskauer Prozesses gegen 16 alte Bolschewiki (August 1936).

Die Angeklagten, darunter Trotzki und Sedow wurden nicht nur beschuldigt, in ihrem Kampf gegen die Stalinführung zum Mittel des Terrorismus gegriffen, sondern sich auch in den Dienst der Gestapo gestellt zu haben. Die Liberalen, die große Mehrheit der Linksintellektuellen, die reformistischen Parteien in aller Welt verkündeten, es sei nicht an der Zeit, die Front der antifaschistischen Kräfte zu spalten — und schenkten den Geständnissen nur zu bereitwillig Glauben oder schwiegen

"Eine der scharfsinnigsten Untersuchungen stammt aus der Feder Leon Sedows..." **Süddeutsche Zeitung, München.**

Alexander Simin

Sozialismus und Neostalinismus

Eine Stimme aus dem sowjetischen Untergrund
ISBN 3-88332-089-7, 184 S., DM 21,80

„Sozialismus und Neostalinismus" nimmt den Kampf mit den offiziellen Thesen des „real existierenden Sozialismus" auf. Simin zerpflückte die stalinistischen Fälschungen, indem er die „Theoretisierungen" und andere von Stalin und seinen Nachfolgern ausgearbeitete „Grundgesetze des Sozialismus" zum einen der marxistischen Theorie, zum anderen der sozialistischen Wirklichkeit gegenüberstellt. Simin ist ein Überlebender der stalinistischen Lager, einer von denen, die eigentlich verschwinden sollen, damit man sagen könnte, sie hätten niemals existiert.

"Simin hat mit diesem Buch einen wertvollen Beitrag geliefert." **Gegenstimmen, Nr. 23, Wien.**

MICHAEL LÖWY
REVOLUTION OHNE GRENZEN

Die Konzeption der Permanenten Revolution war und ist Gegenstand heftiger Kontroversen.

Dies ist die erste Studie, die sowohl die theoretische Debatte rekonstruiert wie auch die Nützlichkeit der Theorie anhand der revolutionären Prozesse dieses Jahrhunderts untersucht.

isp

248 Seiten, mit
Personenregister
DM 29,-
ISBN 3-88332-114-1

Der Autor beginnt mit einer Erörterung des Verhältnisses von ökonomischem Fortschritt und sozialistischer Revolution in den Schriften von Marx und Engels, die in der Analyse der deutschen Revolution von 1848 von der „Permanenz der Revolution" sprachen. Er geht dann auf den „Marxismus der II. Internationale ein, nach dessen Schema die russische Revolution unvermeidlich eine bürgerliche sein mußte, und analysiert Trotzkis entgegengesetzte These im Verhältnis zu den Ansichten anderer revolutionärer Marxisten (wie Parvus, Lenin, Luxemburg).

In einem zweiten Teil seines Buchs befaßt sich Michael Löwy mit der politischen Entwicklung *nach* dem Zweiten Weltkrieg mit den erfolgreichen antikapitalistischen Revolutionen in rückständigen Ländern *(Jugoslawien, China, Vietnam, Cuba und Nicaragua),* und mit den „unvollendeten", bürgerlich-demokratischen Revolutionen in einigen Ländern, in denen unter kapitalistischen Verhältnissen durchaus eine gewisse, allerdings abhängige Industrialisierung stattgefunden hat *(Mexiko, Algerien, Indien, Ägypten, Venezuela, Türkei).*

isp-Verlag, Postfach 111017, D-6000 Ffm. 1